DIE LEUTE VOM MARIENSTIFT

ANDREAS MÜLLER

Die Leute vom Marienstift

ROMAN

Bibliografische Information der Deutschen Nationalbibliothek:
Die Deutsche Nationalbibliothek verzeichnet diese Publikation
in der Deutschen Nationalbibliografie; detaillierte bibliografische
Daten sind im Internet über http://dnb.d-nb.de abrufbar.

Das Buch wurde auf alterungsbeständigem Papier gedruckt.

Gesamtgestaltung und Satz: Anja Haß, Leipzig
Druck und Binden: CPI books GmbH, Leck

ISBN 978-3-86160-564-5
www.wartburgverlag.net

Für Birgitt

Vorwort

Im Jahr 1905 war das Fürstentum Schwarzburg-Sondershausen einer der vielen Kleinstaaten im Deutschen Kaiserreich. Eine geordnete soziale Arbeit an Menschen mit körperlichen und geistigen Behinderungen war im Land zu Anfang des neuen Jahrhunderts nicht entwickelt. Darum wurde in Arnstadt eine »Heil-, Pflege- und Erziehungsanstalt« gegründet. Fürstin Marie von Schwarzburg-Sondershausen stiftete deren Grundkapital. Emil Petri, Superintendent in Arnstadt, organisierte und leitete die Anstalt. Spenden aus der Arnstädter Bürgerschaft unterstützten die neue Einrichtung. Im nach der Fürstin benannten »Marienstift« wurden geistig unterschiedlich entwickelte Körperbehinderte aufgenommen, behandelt und unterrichtet. Junge Leute wurden zum Beispiel zu Korb- und Stuhlflechtern oder Schuhmachern ausgebildet und die tägliche Arbeit durch evangelische Diakonissen des Eisenacher Mutterhauses und Helferinnen und Helfer getan.

Dieses Buch ist natürlich keine vollständige Geschichte des Marienstiftes in Arnstadt. Doch stehen hier Geschichten, die sich in einhundert Jahren ereignet haben oder ereignet haben könnten. Auch das einhundertste Jubiläum der Stiftung 2005 ist längst selber Geschichte. Wie viele Ereignisse, wie viele Menschen haben in der langen Zeit die Arbeit und das Leben im Marienstift geprägt! Von allen zu erzählen, reichten einhundert Bücher nicht aus.

Auf den folgenden Seiten sind Episoden aus dem Leben der »Leute vom Marienstift« zu lesen, wobei Familie Katt frei erfunden ist. In alten und aktuellen Mitarbeiterlisten wird sich der Name nicht finden. Ob diese Familie typische »Leute vom Marienstift« sind, weiß ich nicht. Wahrscheinlich gibt es gar keine »typischen« Menschen, auch nicht in sozialen, christlichen Einrichtungen. Die Generationen der Katts machen aber typische Erfahrungen in wechselnden politischen Zeiten, in denen sich die Arbeit mit kranken und behinderten Menschen beständig änderte und doch letztlich gleich und notwendig und gesegnet blieb.

Einige der Persönlichkeiten, die auftauchen, sind historisch. Im Anhang kann man ihre Lebensdaten erfahren. Sie haben sich im Stift engagiert oder eingemischt.

Doch auch wenn die geschilderten Szenen der Phantasie entspringen, so kommen hoffentlich viele Situationen und Leute vom Marienstift den Lesern und Leserinnen dennoch bekannt vor, denn in den diakonischen Einrichtungen gleichen sie sich alle – ob im Marienstift Arnstadt oder anderswo. Überall sind ihre Erfahrungen ähnlich. Überall trifft man auf Menschen, die Unterstützung brauchen, und auf Menschen, denen der Herrgott Kraft und Willen zum Helfen gibt. Überall fehlte und fehlt es mal mehr und mal weniger an Geld. Dennoch wird überall die Arbeit getan, die notwendig ist, und fast immer noch mehr.

Arnstadt, im April 2019
Andreas Müller

Inhalt

EINE FREMDE ZEIT UND EIN FREMDER MANN (1918–1932)

AUF LEBEN UND TOD (1933–1939)

WIEDER KRIEG (1939–1945)

HOFFEN (1945–1949)

»DON'T EAT THAT YELLOW SNOW« (1949–1980)

ALLES WIRD ANDERS – ALLES BLEIBT GLEICH (1980–2005)

Das Alte Haus,
Heil-, Pflege- und Erziehungsanstalt

Fürstin
Marie von Schwarzburg-
Sondershausen

Die guten Jahre

IM OBEREN SAAL 4. April 1905. Die wichtigen, festlich aufgeputzten Arnstädter mussten eng beieinander auf schmalen Stühlen Schulter an Schulter sitzen. Es war außergewöhnlich warm im oberen Saal des Kinderheims und es roch nicht nur nach Parfüm und frischer Farbe. Fürstin Marie von Schwarzburg-Sondershausen, die erste Frau im Fürstentum, saß ganz vorne in der Mitte. Sie durfte ihre Arme auf zwei gepolsterten Lehnen ruhen lassen, während die anderen Honoratioren nicht wussten, wohin mit ihren Armen. Für feine Leute schien der Turnsaal nicht gemacht.

Durch die Fenster strahlte die Frühlingssonne. Trotz der drängenden Enge richteten sich alle Augen auf die Fürstin auf dem Ehrenplatz. Das Festkleid der sechzigjährigen Dame war dem Anlass entsprechend würdig und auffällig bescheiden. So manche Arnstädter Bürgerin funkelte und glitzerte im neuen Frühjahrskleid bunter als ihre Landesherrin. Hier im Krüppelheim kamen die Kleider sowieso noch nicht zur Wirkung. Dann aber, im Schloss beim Festessen, würde man sie nicht übersehen.

Fürstin Marie sprach leise und freundlich mal nach rechts, mal nach links. Zur Linken saß der Wirkliche Geheime Rat von Wurm in seiner Funktion als Vorsitzender des »Vereins für Krüppelpflege im Fürstentum Schwarzburg-Sondershausen«. Der Mann war aufgeregter als es seinem Stand geziemte. Gleich musste er vor der Festversammlung seine Rede halten. Mit einem dreifach kräftigen »Hoch!« auf die Fürstin wollte er die Festansprache schließen und er hatte die berechtigte Sorge, dass ihm dabei die dünne Stimme versagen würde. Die Fürstin sprach beruhigend mit ihm über die ungewöhnliche Wärme im Monat April. Zur Rechten der Fürstin saß der Mann des Tages, Emil Petri. Der Superintendent brauchte ihren Zuspruch nicht.

Marie von Schwarzburg-Sondershausen repräsentierte an diesem Tag das Fürstenhaus allein. Sie tat es mit Würde. Begafft und bejubelt zu werden, war der Fürstin alltäglicher, hoher Dienst am Land.

Heute, in dem neuen Haus, war die Frau mehr bei der Sache als zu anderen Gelegenheiten. Dieses Marienstift lag ihr am Herzen. Auch eine Fürstin ging jeden Tag ihrem Herrgott einen Schritt entgegen. Und wenn sie durchs Land fuhr, machten sie die winkenden Untertanen nicht blind. Das Elend war nicht zu übersehen und die Not bettelnder Krüppel verfolgte sie oft bis in den Schlaf. Das Marienstift Arnstadt sollte helfen, die Not zu bezwingen. Die neue Anstalt war überfällig. Gott wollte sie. Gott will, dass allen Menschen geholfen wird.

Die Fürstin achtete auf jedes Wort, das Emil Petri sprach. Der Mann war ihr wichtig. Für sie war er wie eine Brücke aus ihrer Fürstinnenwelt in die Wirklichkeit – mehr noch, der Mann war wie ein Werkzeug, mit dem sie ihr Land bessern konnte. Superindendent Emil Petri war ein Organisator. Das neue Heim war sein Werk. Er verwandelte das Geld des Fürstenhauses und die Spenden der gutwilligen Bürger in eine moderne Anstalt zur Krüppelpflege, die erste ihrer Art in diesem kleinen Land. Erst vor drei Jahren hatte man ihn geworben, zum »Konsistorialrat« ernannt und ihm neben dem Dienst als Superintendent auch die Planung, Finanzierung und den Aufbau des Marienstiftes übertragen. Die erste Etappe der Arbeit war nun getan. Emil Petri war ein Macher. Ein schmaler, drahtiger Mann, Mitte fünfzig, mit Erfahrung und ungebrochenem Ehrgeiz. Fromm, nicht nur mit Worten. Ohne Zweifel war der Mann hier in Arnstadt am richtigen Ort und wusste das auch. Mit dieser Anstalt war der Anschluss an die Innere Mission, die aktive Sorge um die Armen und Verkrüppelten, wie sie überall in Deutschland längst üblich war, geschafft. Das Fürstentum brauchte sich nicht mehr zu verstecken und die Fürstin hatte ein christliches Werk angestoßen, das Wert besaß, weit über allen äußerlichen Schein ihres Daseins.

Auch Fürstin Marie tat ihre Arbeit souverän. Sie grüßte lächelnd Bankiers, Kommerzienräte und wackere Handwerksmeister. Sie dankte allen wichtigen Beamten und der ganzen ehrwürdigen Bürgerschaft. Wenn sie huldvoll lächelte, adelte es jeden, den ihr Lächeln traf. Die »Landesfee« sorgte für Spenden und gab Spendern ein gutes Beispiel.

In Gottes Welt gab es Fürsten und Krüppel. Die Arbeit der Fürstin war es, den Krüppeln Häuser zu bauen. Sie war sich sicher, dass Gott ihr diese Aufgabe gegeben hatte, und erfüllte sie ehrlich und gut.

VOR DER TÜRE »Du guckst, als wolltest du deine Hände nie mehr waschen.« Frieder hatte sich frech vor das Mädchen gestellt, das den Mantel der Fürstin offenbar nicht mehr loslassen mochte. Er lachte ihr ins Gesicht. Die beiden standen jetzt alleine vor dem Saal des Heimes hinter einem Garderobentisch. Die Saaltür war geschlossen. Die Festgäste saßen drinnen auf ihren harten Stühlen. Alle Mäntel und Jacken hingen an den Haken, nur den einen, den Fürstinnenmantel mit seinen goldenen Knöpfen und dem Samtbesatz, hielt das Mädchen noch immer fest in ihren Armen. Träumend stand es da und schien durch die geschlossenen, weiß lackierten Saaltüren hindurchzublicken. Fürstin Marie hatte ihr gnädig die Hand gereicht. Der Handschlag wirkte nach.

Eigentlich hatte Frieder Katt dem hübschen Mädchen nur ein paar gute Worte sagen wollen. Es war zart und strahlend und er beobachtete Marie im Haus schon einige Tage. Nun hatte er es leider nur zu einem Witz gebracht und bereute ihn sofort. Mit Spott konnte er sie nicht beeindrucken.

Ihre schmalen Hände strichen noch immer über den teuren Stoff. Das Mädchen hieß Marie Xylander und war eine der Schwesternschülerinnen des Stiftes, eine Pfarrerstochter aus der Rhön. So viel hatte Frieder Katt schon herausbekommen.

Immer wenn Marie ihren Nachnamen aussprach, musste sie ihn und die Geschichte ihrer Familie, die früher einmal nur Holzmann hieß, erklären. Alle ihre Vorfahren waren Pfarrer und gebildete Menschen.

Marie Xylander war siebzehn Jahre alt, gekleidet in ein schwarzes Kleid und eine weiße Schürze. Eine Schwesternhaube und die Schwesternbrosche trug sie nicht. Noch war sie den Eisenacher Diakonissen nicht beigetreten. Marie träumte mit offenen Augen, was an dem außergewöhnlichen Tag, der Frühlingssonne und vielleicht auch an dem jungen Mann neben ihr lag, den Emil Petri persönlich zum Garderobendienst eingeteilt hatte. Die Schwesternschülerin mit den feinen Händen und der Schustergeselle mit den kräftigen Armen alleine vor der Saaltür – das alles vermochte eine Pfarrerstochter vom Land leicht zu verwirren.

Frieder Katt war Schustergeselle, Sohn des Schustermeisters Heinrich Katt, der mit Emil Petri einen Vertrag geschlossen hatte. Die verkrüppelten Füße der Bewohner der Anstalt brauchten besonderes Schuhwerk. Mehr noch, Meister Katt würde die fähigen Krüppel zu Schustern ausbilden, denn im neuen Haus sollte viel mehr geschehen als das bloße Verwahren behinderter Menschen. Die jungen Männer sollten Berufe erlernen. Schustergesellen, die selber verkrüppelte Füße und Beine hatten, wussten besser als die Gesunden, was Leidensgenossen wirklich brauchten. Der Sohn des Meisters, Geselle Frieder Katt, sollte täglich die Werkstatt leiten. Deshalb war er hier.

Die Sonne glitzerte in Maries braunem Haar, obwohl sie es züchtig und streng zu einem festen Knoten gebunden hatte. Auch das kleine Silberkreuz an Maries Hals glitzerte. Auf das Kreuz blickte Frieder skeptisch. Dieses Zeichens hätte es nicht bedurft. Frieder wusste, dass Marie Diakonisse werden wollte.

Mit Fräuleins in der Stadt kam Frieder meist leicht ins Gespräch. Jetzt aber suchte er krampfhaft nach einem Thema. Er nahm das naheliegende und sagte: »Diese Fürstin beeindruckt mich auch. Sie ist so erstaunlich menschlich. Ihr Mann soll da anders sein. Hast du gehört, dass Fürst Günther krank ist und deshalb nicht gekommen ist?«

Marie hatte es noch nicht gehört. Sie schüttelte den Kopf.

»Nichts gegen Fürstin Marie, aber den alten Petri finde ich noch erstaunlicher als sie«, fuhr Frieder fort.

In den vergangenen Tagen war der Herr Konsistorialrat wie ein Schutzmann von morgens bis abends durch das Haus gelaufen und hatte jeden und alles im Blick behalten, Anweisungen gegeben, gerügt und gelobt. Mit dem Schustergesellen war Petri nicht anders umgegangen als mit seinen eigenen Leuten.

Vor einer Autorität wie Emil Petri fühlte ein Mädchen wie Marie Xylander mehr Respekt als Zutrauen. Sie sah Frieder ungläubig an. Ein Schustergeselle hatte den Konsistorialrat Emil Petri zu respektieren, nicht aber »erstaunlich« zu finden.

»Glaubst du, ich mache Witze?«, fragte Frieder, der ihre Gedanken erriet. »Vor zwei Jahren stand hier eine hässliche alte Fabrik. Alles, was jetzt geworden ist, hat der Mann geschafft. Das neue Haus, euch Diakonissen, uns Handwerker. Petri kümmert sich um alles. Sogar die Krüppel, die hier übermorgen einziehen, musste er erst suchen. Freiwillig haben sich nur wenige angemeldet. Die Familien schämen sich für ihre kranken Kinder und befürchten das Gerede der Nachbarn. Die Krüppel haben Angst vor der Fremde und den Ärzten und dass sie es nicht schaffen mit der Lehre. Und Petri organisierte und predigte und redete gut zu. Ich finde das sehr erstaunlich.« Frieder blieb bei seiner Wortwahl und breitete vor Marie sein Wissen über die Gründung des Marienstiftes aus.

»Nicht mal alle Arnstädter Bürger waren von der Idee unsrer Fürstin begeistert. Ich weiß es von meinem Vater. So viele kranke, entstellte Leute mitten in der Stadt! Ohne Petri hätte auch unsere Fürstin das nicht geschafft!«

Marie hatte sich über das Stift nicht so viele Gedanken gemacht wie dieser Schuster. Maries Vater hatte bestimmt, was gut für sie war. Darum wurde sie Diakonisse. Darum war sie nun hier. Im Mutterhaus der Diakonissen in Eisenach hatte Schwester Gertrud gewusst, was aus Marie werden sollte. Als Gertrud im Marienstift Arnstadt gebraucht wurde, sollte Schwesternschülerin Marie sie dorthin begleiten, und es wurde ihr erlaubt. Alles war für Marie wie von selbst gekommen und nun arbeitete und lernte sie im Marienstift.

Noch immer hatte Marie zu dem Schustergesellen kein Wort gesprochen. Alleine vor der Türe stehen ließ sie ihn aber auch nicht.

»Und der Petri war einmal in Afrika. Ganz unten im Süden«, fuhr Frieder fort.

Vielleicht war es das, was den jungen Mann am meisten an Petri »erstaunte«, denn heute träumten alle jungen Männer von Afrika, von Schätzen und von Abenteuern.

»Ein Abenteurer oder ein Soldat war der Herr Petri nicht. Er war nicht einmal als Missionar auf dem Schwarzen Kontinent, nur ein Kirchenmann mit dienstlichem Auftrag.«

Bis eben noch hatte Marie verlegen wie ein junger Backfisch an Frieder vorbeigesehen. Jetzt hatte sie den Jungen durchschaut. Jetzt lächelte sie spöttisch auf ihn hinab, obwohl sie etwas kleiner war als er. Ihre kleinen Brüder im Rhöner Pfarrhaus schwärmten vom fernen Afrika genauso wie dieser Geselle. Hatte sich Frieder vielleicht auch ein paar schwarze Püppchen im Schrank versteckt wie ihre Brüder?

Warum Marie lächelte, ahnte Frieder nicht einmal. Er nahm ihr Lächeln dennoch als gutes Zeichen. Das schweigsame Mädchen war anders als die Fräuleins in der Stadt.

Marie ordnete die Mäntel noch einmal von rechts nach links und zurück und strich danach den der Fürstin zum zehnten Mal glatt. Ganz aus den Augen kam ihr Frieder aber dabei nicht. Drinnen im Saal sang der Kinderchor »Ich will den Herren preisen ...« und danach alle zusammen »Lobe den Herren!«

Marie summte mit. Eine Pfarrerstochter wie sie, konnte nicht anders.

Danach redete Emil Petri. Seine scharfe Stimme drang bis ins Treppenhaus zu ihnen hinaus.

»Hör zu, Frieder! Vielleicht sagt er auch etwas über Afrika.«

Scherze auf seine Kosten liebte Frieder eigentlich nicht. Aber sie hatte mit ihm geredet und schien ihn nicht zu fürchten. Sie gefiel ihm nun noch mehr.

Petri predigte über den Beistand Gottes zum Bau des Heimes. Das war zu erwarten. Dann sprach er über die große Unterstützung aus dem Fürstenhaus.

»Es ist Sein Werk!«, rief Petri endlich, meinte den Herrgott und irgendwie klang dieser Ruf nicht mehr so selbstverständlich wie alle seine Sätze davor. Zumindest Marie fiel das auf. Sie hatte schon hunderte Predigten gehört und konnte vergleichen.

»Es ist Sein Werk!«, rief Petri noch einmal. »Und übermorgen soll in diesen Räumen die eigentliche Arbeit beginnen! Übermorgen ziehen sie ein, unsere Pfleglinge, und eröffnen die

Reihe derer, denen wir dienen wollen, so gut wir können. Unsere Schwestern sehen den Pfleglingen mit freudiger Erwartung, aber auch mit einigem Bangen entgegen.«

Selbst Frieder begriff, dass einem Mädchen wie Marie vor der Arbeit im Krüppelheim bang sein musste. In diesem Haus musste sie jeden Dienst verrichten, der notwendig war. Die Pfarrerstochter musste Ekel und Scheu überwinden. Schuhe machte Frieder aus Leder, Nägeln und Leim. Damit kam jeder zurecht, der sich Mühe gab. Maries Pfleglinge aber waren armselige, hilflose Mädchen und Jungen, denen zuallererst der Dreck vom Leib gewaschen werden musste. In der Stadt gingen schlimme Gerüchte um, was für fremde Ungeheuer im Haus untergebracht werden sollten. Irre, die rund um die Uhr gefesselt werden mussten, damit sie ihren Pflegern nicht an die Gurgel gingen. Ungeheuer ohne Arme und Beine, Wilde aus den Dörfern im hintersten Wald. Gottlose Kreaturen.

Frieder glaubte nicht die Hälfte von all dem Gerede. War aber auch nur die Hälfte davon wahr, hatte das Mädchen keine leichte Zeit vor sich.

»So schlimm wird es nicht werden«, flüsterte er ihr zu. Mehr fiel ihm nicht ein. Und schon wieder hatte Frieder nicht die richtigen Worte gefunden.

»Gott will, dass allen Menschen geholfen wird«, zischte Marie scharf zurück. »Was hat ein Heide wie du in unserem christlichen Haus zu suchen? Nächstenliebe kennt keine Furcht.« Sie hätte ihm gerne noch mehr gesagt, kam aber nicht dazu.

Im Saal verklang der letzte Choral. Die Stühle scharrten über das Parkett. Die Gäste drängten hinaus. Schon schob man die Türen auf. Der Festakt zur Eröffnung der Heil-, Pflege- und Erziehungsstätte »Marienstift« war vorüber. Ungeduldig drängten die Arnstädter an die Garderobe und verlangten alle zugleich nach ihren Mänteln. Man hatte es eilig. Es lockte die Geladenen der zweite Teil dieses Vormittages, das Festessen im Schloss. Marie und Frieder taten ihr Bestes, aber nie hatten sie das richtige Kleidungsstück beim ersten Griff in der Hand. Da drängte sich ein vornehmer Diener im Livree durch die ungeduldige Menge und verlangte die Robe der Fürstin. Die fand Marie sofort.

Einige Festgäste hatten es nicht eilig. Das waren die, die man nicht zum Festessen ins Schloss geladen hatte und deren

Laune deshalb nicht die beste war. Auf sie wartete nur eine dünne Suppe zu Hause. Da sie die letzten im Saal waren, fühlten sich zwei von ihnen unbeobachtet und redeten drauf los, um ihren Ärger zu vergessen. Die jungen Leute hinter dem Garderobentisch beachteten sie nicht.

»Gott sei Dank!«, sagte ein hagerer Herr in einem offenbar nur geborgten, viel zu großen Gehrock. »Gott sei Dank kommen nach Arnstadt nur die ›Bildungsfähigen‹. Die in Blankenburg trifft es schlimmer. Die Krüppel dort können gar nichts. Da werfen sie das schöne Geld völlig umsonst aus dem Fenster. Wenn du mich fragst, haben wir noch Glück im Unglück.«

Sein Gegenüber, ein stadtbekannter Schneider, dünn wie der Erste, nur nicht so lang, sagte: »Mir hat dieses neue Haus noch keinen Pfennig eingebracht. Meine Kleider werden hier nicht getragen.«

Der erste Hagere, ein Handschuhmachermeister, war ein »moderner Mensch«, ganz ein Kind des neuen Jahrhunderts. »Wir werden es erleben«, sagte er. »In ein paar Jahren braucht es solche Anstalten gar nicht mehr. Da werden keine Krüppel mehr geboren und wir werden in Automobilen fahren, fliegen und nur noch gesunde Kinder auf die Welt kommen lassen.«

»Kann sein. Bis dahin ist aber noch Zeit. Was werden denn die Krüppel heute jeden Tag machen?«, fragte der Schneider seinen Freund. »Richtig arbeiten wie wir müssen die wahrscheinlich nicht.«

Der andere nickte bedeutungsvoll und antwortete: »Die werden gepflegt und erzogen. Das steht so schon im Namen der Anstalt. Ich sage dir, irgendwie ist das gegen die Natur. Den Krüppeln hier könnte es besser gehen als uns, die wir im Schweiße unseres Angesichts das Brot verdienen müssen. So kann der Herrgott das doch nicht wollen.«

Sie besahen sich die frisch gestrichenen Wände, die heller und sauberer waren als ihre zu Hause. Schwesternschülerin Marie hatte jedes Wort gehört. Sie reichte ihnen die Mäntel mit zitternden Händen. Als das die Männer bemerkten, wurden sie verlegen und still.

»War eine erhebende Feier. Ein großartiger Anfang«, sagte der lange Hagere, und der kurze meinte: »Die tätige Nächstenliebe ist doch das Wichtigste am christlichen Glauben.«

Nun wollten beide Herren schnell hinaus und eilten die Treppe hinab, so als säße ihnen das Mädchen im Nacken.

Bevor auch Schwester Gertrud den geladenen Gästen ins Schloss folgen konnte, musste sie im neuen Haus für Ordnung sorgen. Es sollten alle von den Etagen zusammengesuchten Stühle zurückgetragen werden. Auch Marie und Frieder trugen Stühle.

»Die einen spazieren an die Festtafel, die anderen schleppen sich ab«, meinte Frieder. Bald war die Arbeit getan. Die Helfer machten Pause. Als wäre es selbstverständlich, brachte Frieder dem Mädchen einen Becher mit Tee. Er sah, dass Marie immer noch wütend war. Sie lehnte nicht ab, obwohl sie wusste, dass man sie und Frieder bereits beobachtete.

»Über das Geschwätz der alten Dummköpfe musst du dich nicht ärgern.« Frieder gab sich sehr abgeklärt. »Die lassen ihren Ärger raus, weil sie nicht mit ins Schloss durften. Ich kenne die. Kein Mensch nimmt die ernst.«

Sie standen am Fenster und sahen den Frühling über der Stadt. Das größte Gebäude war das neue Arnstädter Krankenhaus. Ein modernes Haus aus roten und gelben Backsteinen. Das Krankenhaus galt als große Errungenschaft, als Inbegriff des neuen Jahrhunderts.

»Warum arbeitest du nicht dort oder im Eisenacher Krankenhaus?«, fragte Frieder.

»Ich werde hier gebraucht«, antwortete Marie entschlossen. »Warum schleppst denn du hier die Stühle und arbeitest nicht unter deiner Schusterlampe in der Werkstatt zu Hause?«

»Als Geselle soll ich den Krüppeln das Schustern beibringen. Und außerdem bin ich hier etwas weiter weg von meinem Vater.«

»Ich glaube, du nimmst gar nichts ernst.«

»Dich schon«, antwortete Frieder, und sie wusste nicht wirklich, wie er das meinte.

»Egal, was du denkst, für mich ist die Anstalt eine heilige Sache. Es geht hier um Nächstenliebe und darum, dem Herrn Jesus zu folgen. Das gilt für alle und nicht nur für uns Schwestern und den Herrn Konsistorialrat.«

Das Mädchen sprach über fromme Sachen so selbstverständlich, wie Frieder über das Wetter. Das machte Eindruck. Er griff sich den schweren Ehrenstuhl der Fürstin, der als letzter im Saal stand, und trug ihn hinaus.

Heute ahnten sie nicht, wie ihr Leben im Stift übermorgen oder in ein paar Jahren aussehen würde. Bang vor der Zukunft war beiden. Marie bekämpfte ihre Furcht mit frommen Worten, Frieder mit Witzen.

EIN TAG IM HEIM ZWISCHEN DEN JAHREN

Wie heute war es jeden Morgen.

Die Glocken des Weckers schreckten Marie unbarmherzig auf und das Mädchen, das eben noch träumte, mochte so wenig wach werden wie alle anderen Schläfer im großen Haus. Erst das Geklapper der Töpfe aus der Küche brachte sie in die Wirklichkeit. Die Köchin musste noch früher als Marie an die Arbeit. Der Krach, mit dem sie jeden Tag begann, war wohl kein Versehen.

Marie knipste das elektrische Licht auf dem Nachttisch an. Da lag das Buch noch aufgeschlagen, das sie bis in die Träume verfolgt hatte. Marlitts »Goldelse«. Ein Geschenk einer Tante, weil die Autorin doch auch aus Arnstadt kam und »Helene vom Walde«, die Heldin, fast so verkrüppelt war wie die Pfleglinge, die Marie zu versorgen hatte. Maries Pfleglinge glichen den Romanfiguren der Marlitt nur wenig und ein glückliches Ende wie im Buch konnte Marie Xylander bei ihrer Arbeit nicht erwarten. Was wussten sie im Pfarrhaus in der fernen Rhön über die Arbeit ihrer Tochter in Arnstadt?

Marie stieg endlich aus dem warmen Bett und begann den Tag. Für die »Bangigkeit«, die sie damals am Einweihungstag gespürt hatte, war in den vergangenen Monaten keine Zeit geblieben. Aus »bange sein« war Entsetzen, Mitleid und dann das gute Gefühl einer Schwester bei der Arbeit geworden, die ihre Sache mehr und mehr verstand. Diese Marie, die sich im Halbdunkel ihrer Kammer ankleidete, die Haare zum Knoten steckte und die Bänder der weißen Schürze auf dem dunklen Kleid zur Schleife band, war in kurzer Zeit eine andere geworden.

Sie fror. Die zentrale Heizung, die man im Stift so viel lobte, begann erst jetzt mit der Arbeit. Bevor Marie die Kammer verließ, sah sie auf ein Kruzifix, das über ihrer Türe hing. Man hatte es in einem der Dörfer geschnitzt, in denen ihr Vater predigte. Ein Gebet hätte sie ihren Blick nicht genannt und doch konnte der Blick auf den Herrn nicht schaden, würde doch auch dieser neue Tag voller Ungewissheit und Überraschung sein, so wie jeder, den Marie bis heute im Stift erlebt hatte.

Die kleine Uhr, die Marie in der Schürzentasche trug, zeigte 5 Uhr 30. Obwohl es heute, zwischen Weihnachten und Silvester, keinen normalen Arbeitstag im Stift geben würde, war sie pünktlich. Sie stieg die Treppen hinab. Die modernen Lampen machten der Nacht ein Ende. Sie hob den Hausgong von dem Haken. Die Gongschläge drangen in jeden Schlafsaal und unter jedes Federbett.

Nun kam Leben ins Haus – lautes Husten und Gähnen, Fluchen und leises Lachen. Marie öffnete Tür um Tür und schaltete das Licht ein. Die ersten Kinder waren aus ihren Betten und schlurften und hinkten in die Bäder.

Schwester Gertrud betrat den Korridor. Sie trug ihre Haube und ihre Schwesterntracht am frühen Morgen so selbstverständlich korrekt, als wäre sie darin geboren. Nur die Brille mit den dicken Gläsern erinnerte daran, dass auch die leitende Diakonisse nicht vollkommen war. Sie begrüßte die Schwesternschülerin freundlich und fragte, ob alle Kinder gut aufgewacht seien. Damit übernahm die Diakonisse die Verantwortung für den Tag und glich einem Kapitän beim Betreten der Brücke.

Marie öffnete den Jungenschlafsaal, rief »Guten Morgen!« und begann ihre Arbeit.

Zuerst zog sie sanft einen schlaffen Arm zurück auf eine durchgeschwitzte Decke. Der Junge tat nur, als würde er noch schlafen. Auf Maries Berührung wartete er jeden Morgen.

Dem nächsten Jungen zog Marie die Decke vom Kopf, bewegte seine leblosen Beine und setzte ihn vorsichtig auf. Dann hielt sie ihm die Ente vor. Es war schon sehr dringend und nicht alles traf in die Flasche. Nachher würde Marie auch sein Bett frisch beziehen. Sie trug die Ente zum Ausguss. Mittlerweile kam sie mit dem Würgereiz besser zurecht als damals, als sie die Arbeit begonnen hatte. Marie wusch den großen Jungen, kleidete ihn mit Hilfe einer anderen Pflegerin an und setzte ihn in seinen Rollstuhl. Der erste Pflegling war für den Tag bereit. Andere im

Saal wuschen sich selber. Marie musste nur aufpassen, dass sie es wirklich und gründlich taten.

Nun ging Marie zu den Kleinen. »Die Fürstin kommt!«, rief ihr Lisa entgegen. Lisa war ein gelähmtes Mädchen von neun Jahren. »Fürstin«, rief sie jeden Tag. Für Lisa war es wohl kein Scherz. Lisa liebte Marie. Eine alte Fürstin Marie kannte Lisa schließlich auch.

Selbst zwischen den Jahren geriet das Leben im Stift nicht aus der Ordnung. Die Ordnung dehnte sich nur und ließ mehr Lücken als sonst. Das Christfest mit seinen Träumen von Geborgenheit klang nach. Doch geputzt, gewischt und gekocht musste immer werden. Alle handwerkliche Arbeit, zu der die männlichen Pfleglinge ausgebildet wurden, geschah in diesen Tagen nur um ihrer selbst, ohne Lob oder Tadel, denn die Gesellen und Meister waren nicht im Haus.

Marie ging von Raum zu Raum und rief die Pfleglinge zur Morgenandacht. Es war fast sieben, als das Lied vom »frischen, neuen Morgen« über die Gänge schallte.

Auch Ernst Jakob, der »Kriecher«, saß dabei. Singen tat er nicht. Er hatte seinen Rollstuhl leicht Richtung Fenster gedreht und sah zu, wie Schneeflocken aus dem Morgendunkel gegen die Scheiben wehten. Ernst Jakob mochte den Winter nicht. Kälte und Schnee fesselten ihn noch härter an den Stuhl als im Rest des Jahres. Er war geboren, wie er war. Er wusste nicht, wie man geht und läuft. Dennoch träumte er jede Nacht davon.

Für diesen Tag hatte der Geselle Frieder Katt versprochen, Ernst zur »Eremitage«, einem beliebten Waldgasthaus, zu schieben. Aber jede fallende Flocke machte diesen Ausflug in das Leben fraglicher. Fast hätte Ernst darum gebetet, dass das Schneetreiben aufhöre. Aber das tat er nicht. Er war mit dem Herrgott nicht einig. Für Ernst Jakob war alles, war das ganze Leben eine einzige große Frage. Der unbenutzbare Weg vor dem Haus, die Gnade Gottes, von der die Kinder um ihn herum sangen, das kommende Jahr, das ihn auch nicht aus dem Rollstuhl befreien würde, der ewig wunde Hintern und die lächerliche Sehnsucht nach Mädchen, die in seinem Krüppelkörper tobte. All das war ihm eine bedrückende Frage nach dem Sinn seines Daseins.

Ernst Jakob war der Älteste unter den einunddreißig Pfleglingen im Marienstift. Im nächsten Jahr wurde er achtzehn. Er konnte reden wie ein großer Mann. Alle Kraft, die ihm in den Beinen fehlte, hatte sich in seinen Kopf gedrängt. Auch das tat ihm nicht gut. Ernst wusste zu genau, was war und wie es mit ihm werden würde. Nein, er sang nicht mit. Er hoffte nur, dass der Schneefall aufhöre, damit ihn Frieder am Nachmittag zum Biertrinken in die »Eremitage« schieben konnte.

Sie sangen »Oh Gott, du schöner Morgenstern«.

Der kleine Gerhardt, der sich an Ernsts Rollstuhl festhielt, krähte am lautesten. Der »Kriecher« musste lachen. Etwas trieb Ernst dazu, dem einarmigen Jungen über das schwarze Haar zu streichen. Gerhardt lächelte zurück.

Alle Plätze im Saal waren besetzt. Wie immer standen die ungelenken Rollstühle im Weg. Marie, nicht nur Lisa nannte sie »die Fürstin«, saß wie immer neben ihrem Lieblingspflegling. Wer Lisa nicht kannte, konnte denken, das blonde Mädchen säße zum Spaß im Rollstuhl. Ernst Jakobs Rollstuhl stand gleich dahinter, der Schwesternschülerin Marie ganz nah. Das war kein Zufall.

An diesem Morgen las Schwester Gertrud den Bibeltext. Es war die Geschichte der Heiligen drei Könige. Dann sagte sie dazu ihre Gedanken. Sie redete vom Schenken, vom Nehmen und vom Geben. Sie sagte, das Schenken mache den Schenkenden glücklich. Die Kinder teilten die Meinung der Diakonisse nicht. Niemals würden sie auch nur eines ihrer wenigen Weihnachtsgeschenke wieder hergeben.

Das Frühstück begann eine viertel Stunde später als üblich. Wie jeden Tag erwartete die Helferinnen und Schwestern nun Schwerstarbeit. Sie fütterten Haferbrei, schenkten Hagebuttentee aus, wischten wieder und wieder Pfützen vom Tisch. Sie schmierten, schnitten und reichten Brote, stopften Mäuler, säuberten Mäuler, klopften auf schmale, krumme Rücken, um krampfende Kehlen vor dem Ersticken zu bewahren.

Auch Marie arbeitete ohne Pause. Sie trug für ihren Tisch mit sieben Kindern die Verantwortung. Nicht jedes musste sich füttern lassen. Die Geschickten halfen den Ungeschickten so gut sie konnten. Aus der Ruhe brachte Marie nach den vergangenen

Monaten beinahe gar nichts mehr. Marie rief und schimpfte nicht. Meistens lächelte sie sogar. Das war nicht an jedem Tisch so.

Schwester »von«, die mit Marie den Morgendienst teilte, hatte es mit den Kindern schwer, obwohl der Herr Christus gesagt hatte: »Lasset die Kinder zu mir kommen und wehrt ihnen nicht.« Wahrscheinlich hatten sich die Kinder, die Jesus gesegnet hatte, nicht mit Apfelgriebsen und unflätigen Worten beworfen. Jedenfalls hatte der Herr Christus einst mehr Geduld besessen als sie. Das eine oder andere ihrer lauten »lieben Kinder« hätte die Frau in der dunklen Diakonissentracht gern vor die Türe gesetzt. Schwester »von« hatte es schon an den Krankenbetten der Erwachsenen im Eisenacher Diakonissenhaus schwer gehabt. Man hatte sie nicht zufällig ins ferne Arnstadt entsandt. Nun kämpfte sich die Tochter aus einem verarmten Landadelshaus betend und manchmal auch still für sich fluchend durch den Alltag. Manchmal hasste sie sich selber, wenn sie lieblos war oder neidisch, etwa auf Marie, der die Zuneigung der Leute im Stift nur so entgegenflog.

Die Arbeit am Tisch hielt Marie nicht davon ab, immer wieder zur Türe zu sehen. Auch heute, zwischen den Jahren, würde Frieder kommen.

»Dein Prinz ist da!«, rief Lisa. Das Mädchen hatte Frieder zuerst gesehen. Alle kicherten.

Marie errötete. Schwester »von« rief laut: »Ruhe!«

Der Vormittag im Haus ging beinah alltäglich dahin. In den Werkstätten, bei den Bürstenbindern und Schustern wurde etwas öfter gelacht als sonst und die Pausen dauerten länger. Die Stuhlflechter trieben es besonders laut. Einmal trat der Konsistorialrat aus seinem Büro und sah nach dem Rechten. Dann ging er eine Runde durchs Haus und fünf Minuten lang herrschte Stille.

An diesem Tag ruhte die Schule. Die unbeschäftigten Schüler horchten neidisch auf das Pochen und Hämmern, das aus den Werkstätten tönte, denn dort hatten sie wenigstens etwas zu tun.

Behandelt, gepflegt und geübt wurde auch zwischen den Jahren. Massagen und elektrische Stimulationen mussten regelmäßig angewendet werden. Darauf legte der Anstaltsarzt größten Wert.

Auch Lisas Behandlung stand an. Wie immer musste Marie das Mädchen begleiten. Lisa konnte sich nicht an den festen Griff des Masseurs und das Zucken der Muskeln, wenn der Reizstrom floss, gewöhnen. Ihr Wimmern und Heulen war nicht zu ertragen. Lisa wusste, wie sie ihre Fürstin ganz für sich haben konnte. Stand Marie neben ihr, war alles nicht so schlimm. Der Masseur tat seine Arbeit, Lisa wimmerte nur leise und Marie hielt ihr die Hand. Auch die Schwesternschülerin hatte dabei etwas Zeit für sich.

In ihrer Schürzentasche steckte der Weihnachtsbrief des Vaters. Sie spürte das Papier. Die Sätze hätte sie auswendig aufsagen können. Maries Vater schrieb:

Wir alle haben unsere Pflichten vor Gott und den Nächsten zu erfüllen. Dafür sind wir auf der Welt. Deine Pflicht ist die tätige Nächstenliebe. Fast könnte ich dich darum beneiden, wenn du uns schreibst, wie dankbar deine Pfleglinge (zuvorderst deine Lisa) sind. Grüße das arme Mädchen von deinen Eltern und schenke ihr etwas von den Lebkuchen, die dir deine Mutter zusandte. Mit solcher Dankbarkeit für meinen Pfarrdienst kann ich im Amt hier in den Bergen nicht rechnen. Die Gottlosigkeit nimmt auch hier oben Jahr um Jahr zu.

Aber ich will nicht klagen, freue mich nur, dass du, liebe Tochter, deinen Weg als Diakonisse gehen willst und damit dein Zeugnis ablegst vor dem Herrn und der Welt. Gott segne dich im neuen Jahr 1906 im Arnstädter Marienstift! Der Tag deiner Einsegnung rückt näher. Im Sommer dann werden wir von unseren Bergen »steigen« und dich besuchen.

Ein Gefühl, gemischt aus Scham und Ärger, gärte in Marie. Der Brief machte ihr schon seit Tagen das Herz schwer. Hatte irgendjemand aus dem Stift ihrem Vater über Frieder und sie geschrieben? Hatte Schwester »von« den Eltern eine besorgte Mitteilung gemacht? Dabei war doch nichts vorgefallen, wofür Marie sich schämen müsste. Sie wusste nicht, was sie antworten sollte. Vielleicht würde sie eine Postkarte zum neuen Jahr hinauf in die Rhön schicken.

Lisas Behandlung war vorbei. Sie gingen zurück in den Gemeinschaftsraum. Lisa beschäftigte sich mit Handarbeiten,

Schwester Marie kümmerte sich um wunde Stellen am Rücken eines anderen Kindes. Gebraucht wurde Marie in diesem Haus immer. Die Arbeit schreckte sie nicht.

Als die Glocke zum Mittag läutete, hatte das Leben im Haus wieder Pünktlichkeit.

Es gab Reste vom Weihnachtsessen, kein Fleisch mehr, aber immerhin Klöße und Bratensoße und, weil das nicht ausreichte, eine Kohlsuppe dazu, die den Kindern die Mägen füllte. Noch immer, nach all den Monaten, aßen die Pfleglinge so, als könnten sie nicht daran glauben, auch am nächsten Tag satt zu werden.

Das Mittagessen brachte für Marie wieder schwere Arbeit. Danach hatte sie etwas Zeit. Die Kinder hielten Mittagsschlaf, die Großen spielten auf den Gängen. Eine Stunde lang durfte Marie sich zurückziehen. Es gab eine ruhige Ecke im Haus nahe der Schusterei, in der Marie fast täglich zu finden war. Die »Goldelse« der Marlitt in der Hand saß sie dort am Fenster.

Als sie plötzlich beim Namen gerufen wurde, war es nicht Frieder, der nach ihr suchte. Schwester Gertrud stand vor ihr. Marie wagte nicht, der Diakonisse in die Augen zu sehen. Gewiss wusste sie alles und mehr.

Schwester Gertrud sagte:»Marie, ich werde bald ganz offiziell mit dir reden. Du musst dich entscheiden, wie es weiter geht. Sage jetzt nichts, sondern denke ruhig darüber nach. Geh in dich und bete um Gottes guten Rat. Dass ich mit dir sehr zufrieden bin, weißt du. Und dass wir hier im Stift eine Schwester wie dich brauchen, das weißt du auch. Nur verhätschle mir die Lisa nicht zu sehr! Sie wickelt dich nur so um die Finger. Und – halte Abstand zur Schusterei. Es wird sehr viel geredet im Stift. Du bist ein gutes Mädchen. Ich weiß das. Verzicht macht uns frei für den Dienst. Denke darüber nach, mein Kind! Verzicht und Pflichterfüllung ist unsere Antwort auf Gottes Erbarmen.«

Schwester Gertrud sah Marie bis ins Herz. Sie meinte es gut mit ihr. Dennoch ärgerte Marie sich darüber wie Gertrud Mitleid und Vorwurf mischte. Marie brauchte kein Mitleid. Marie hatte sich auch nichts vorzuwerfen. Sie liebte was sie tat – und sie liebte Frieder Katt. Fast war das ein und dasselbe. Jetzt sah sie Schwester Gertrud an. Die Vorgesetzte verstand das Mädchen und wusste, was sie erwartete.

Frieder Katt hatte als Geselle auch diesen Vormittag zwischen den Jahren bei den Lehrlingen verbracht. Als er aus der Werkstatt trat, war die Oberschwester längst weitergegangen. Marie reichte ihm heute nicht einmal die Hand.

»Was ist?«, fragte er, und sie antwortete nur: »Gar nichts.« Das konnte alles heißen.

Sie standen nebeneinander am Fenster. Draußen fiel immer noch Schnee.

»Ich werde trotzdem mit Ernst bis zur Eremitage gehen«, sagte Frieder. »Ich hab es ihm versprochen. Der Ernst tut mir leid.«

»Die Pfleglinge brauchen kein Mitleid, sondern Hilfe. Hörst du nicht zu, wenn Petri predigt? Seit wann tut Ernst Biertrinken gut?« Maries Stimme klang hart. Frieder wagte nicht, zu fragen, was wirklich los sei. Er wartete ab.

»Gertrud will mit mir sprechen«, sagte Marie endlich. »Sie will, dass ich mich entscheide. Sie will, dass ich mich einsegnen lasse. Irgendjemand hat meinem Vater über uns geschrieben. Er drängt mich auch.« Manchmal passte Maries Stimme nicht zu ihrem kindlichen Gesicht.

Die Mittagsstunde war vorbei. Überall regte es sich wieder.

Über den Gang quietschte ein Rollstuhl. Es war Ernsts dreirädriger Wagen. Er war überpünktlich.

»Ehe es noch dicker kommt«, rief er. »Oder schaffst du es nicht mit mir bei dem bisschen Schnee?«

Frieder und Ernst brachen auf.

Für die anderen Bewohner des Stiftes begann ein ruhiger Nachmittag. Die Mädchen stickten und häkelten. Drei von ihnen hielten mit Armstümpfen die Wolle. Die eine Hand arbeitete für zwei. Marie hatte sich an solche kleinen Wunder lange gewöhnt.

Ein guter Nachmittag ohne Krämpfe oder epileptische Anfälle. Eine gute Zeit im warmen Haus, ohne Hunger, ohne Verspottung.

Der Höhepunkt des Tages war die Singstunde. Noch einmal wurden Weihnachtslieder angestimmt. Die »Stille Nacht« klang kurz vor Silvester schon seltsam.

»Ännchen von Tharau« sang sich leichter. »Ännchen von Tharau hat wieder ihr Herz auf mich gerichtet in Liebe und

Schmerz.« Liebe und Schmerz waren heimliche, große Themen im Haus, über die nur gesungen, nie laut geredet wurde.

Um 6 Uhr läutete der Gong zum Abendbrot. Alle saßen an ihren Plätzen. Bis auf Ernst Jakob.

»Sind die noch immer unterwegs?«, fragte Fräulein »von« laut durch den Saal. Jeder hier wusste die Antwort. »Man sollte zukünftig solche Freiheiten nicht dulden!« Das sagte Fräulein »von« zwar etwas leiser, doch noch immer laut genug, dass Schwester Gertrud es hören musste.

Ernst und Frieder kamen endlich zurück. Sie versuchten, sich während der Abendandacht in die hinterste Reihe zu schleichen. Der Gesang verstummte. Fräulein »von« entfuhr ein fassungsloses »Skandal!« Die Reifen von Ernsts Rollstuhl verdreckten unübersehbar die Dielen. Frieder bereute, nicht gleich auf der Türschwelle des Stiftes umgekehrt zu sein. Er war hier nur Gast, nur der Geselle vom Schustermeister. Er musste zu dieser Stunde nicht hier sein. Wie ein Schuljunge saß er nun da. Er blätterte sein Gesangbuch vor und zurück. Kaum, dass er es wagte, kurz zu Marie zu sehen.

Nach der Andacht rief die Oberschwester Ernst Jakob zu sich. Sie saß an ihrem Schreibtisch. Ernst Jakobs Rollstuhl hatte kaum Platz in ihrem Arbeitszimmer. Sie roch deutlich, dass ihr Pflegling getrunken hatte. Der ganze Raum stand voll von Bier- und Glühweingestank. Zwar wusste die Oberschwester, dass Ernst ihre Ermahnungen an sich abfließen lassen würde, doch hielt sie ihre Strafpredigt trotzdem. Sie zitierte die Hausordnung Wort für Wort und drohte mit Konsequenzen, denn der erste Vorfall dieser Art war es nicht und ein ernstes Gespräch mit Konsistorialrat Petri unvermeidlich. »Willst du wirklich zurück nach Stadtilm? Willst du uns wirklich verlassen?« Ernst verneinte.

Dann ließ sie ihn gehen. Schwester Gertrud hatte dem verkrüppelten Jungen gesagt, was notwendig schien – nicht mehr. Würde sie ihr Mitleid jemals beherrschen?

Der vergangene ruhige Nachmittag im Heim hatte Marie viel Zeit zum Nachdenken gelassen. Nun wusste sie, was sie wollte: weder Mitleid noch Nachsicht.

Als Oberschwester Gertrud Ernst Jakob ermahnte, saßen Marie und Frieder in der verglasten Veranda des Hauses. Jedermann sollte sie sehen. Das hatte Marie entschieden ohne Frieder lange darum zu fragen. Dieser Auftritt geschah aus Trotz. Frieder aber, den sehr wohl das schlechte Gewissen plagte, konnte Maries Willen nichts entgegensetzen.

»Musste das sein?«, fragte sie ihn nicht einmal leise. »Konntest du mit Ernst nicht pünktlich sein? Und warum hat Ernst so viel getrunken? Sie werden ihn rauswerfen.«

»Es gab Ärger«, antwortete Frieder.

»In der Eremitage?«

»Sie haben uns vorführen wollen und Ernst hat mitgespielt.«

»Wie denn?«, fragte Marie. »Warum hast du nicht besser aufgepasst?«

»Da waren ein paar Burschen aus meiner alten Schule. Ich weiß nicht, warum sie schlechte Laune hatten. Als ich Ernst in die Gaststube schob, merkte ich sofort, wie sie uns ansahen. Der Rollstuhl machte Dreck und der Wirt fluchte. Irgendjemand sagte: ›Was will der Krüppel hier?‹ Ich dachte: schnell ein Bier und weg. Dann ging es aber erst los. Sie machten Stimmung. Ob ich nur noch mit Krüppeln umgehe, fragte einer und ob ich jetzt vielleicht selbst schon einer von denen wäre. Im Kopf oder so. Ich habe nichts gesagt, Marie, ich wollte zahlen und raus, aber dann brachten sie Ernst einen Schnaps und noch ein Bier und ließen ihn hochleben. Und Ernst sieht mich an und sagt: ›So billig besaufe ich mich nie wieder!‹, und kippt einen nach dem andern.«

»Und du hast mitgetrunken?«

»Nicht viel.«

»Und dann?«

»Dann wollten sie sehen, wie er kriecht.«

»Und dann?«

»Habe ich auf den Tisch geschlagen.«

»Und dann?«

»Hat uns der Wirt rausgeworfen.«

Es war bitterkalt in der Glasveranda. Lange hielten Marie und Frieder es hier nicht aus.

Da traf ein strenger Blick Schwester Gertruds das Paar. Frieder ging und Maries Trotz schlug um in Bedauern.

DIE GUTEN JAHRE

»Gute Jahre«, so würden die Leute vom Stift und mit ihnen die halbe Welt die Zeit bis zum Krieg nennen. Die Erinnerung sollte sie verklären. Auch diese Zeit war voll mit Streit und Plage. Bessere Jahre jedoch, damit hatte die Erinnerung Recht, folgten den »Guten« nicht. Solange die Welt noch die Alte war, wurde gebetet und geheuchelt wie immer. Illusion und Ernüchterung tanzten im Kreis. Noch blieb alles, wie es war. »Oben« blieb dort, wo es meinte hinzugehören. »Unten« kam von seinem angeborenen Platz nicht weg. Arm und reich, perfekt und verkrüppelt, blöde und schlau, fromm und gottlos, alles schien fest dort verwachsen, wo es immer schon war. Doch der heile Schein trog. Die Katastrophen wurden längst vorbereitet. Die »guten Jahre« waren wie ein Ausatmen. Einatmen würde der gemeine Soldat bald Giftgas, das über Schlachtfeldern wabert, und sterbend würde er es auskotzen in den großen Wirbel, in dem die »guten Jahre« und er untergingen.

Im Jahr 1906 ahnte niemand, was kommen würde. Jetzt fingen die »guten Jahre« erst an, eine Zeit, in der die Leute vom Stift mit Geduld, Schweiß und Glauben eine »Anstalt« aufbauten, die vielen zur Heimat wurde.

EIN GRUPPENBILD UND LEUTE VOM STIFT, DIE NICHT DARAUF ZU SEHEN SIND

Da standen sie in Pose, die Leute vom Stift, vor der Linse des Lichtbildners. Das frisch getünchte Haus an der Wachsenburger Allee gab den fotografischen Hintergrund. Ein Wappen zu ihren Häuptern zeigte den schwarzen Arnstädter Adler. »Die auf den Herren harren, kriegen neue Kraft«. Rund um das Wappenschild, auf weißem Grund, stand dieses Bibelwort, das Emil Petri fromm und pragmatisch gewählt hatte. Der Herrgott und der Direktor wussten genau, wie oft hinter den Türen des Marienstiftes die Kräfte nicht reichten.

Da standen, stolzierten und saßen sie, die Leute vom Stift. Keiner wollte fehlen, wenn der Fotograf unter dem schwarzen Tuch die Platten belichtete.

Schwester Gertrud hatte ihren Platz gleich links von der Mitte. Sie war eine schmale, junge Person mit peinlich korrekt gescheiteltem Haar unter der schneeweißen Haube und trug schon damals dieselbe kreisrunde Brille, die sie ihr gesamtes Leben lang tragen würde. Auch während die Leute vom Stift sich auf ihre Posen für das Foto konzentrierten, konnte Getrud von ihrer Arbeit nicht lassen. Gerade in den Momenten, in denen das Bild entstand, sah die Diakonisse auf die jungen Männer am Rand, aus deren Gesichtern die Verwahrlosung, mit der sie das Haus betreten hatten, noch nicht gewichen war.

Lisa, das niedliche Kind, Maries Liebling, saß stolz auf der Erde ganz vorn. Sie hielt eine große, ebenso stolze Puppe im Arm. Lisas Blick war voller Erwartung. Ein Mädchengesicht mit schmalen Augen, die nicht zur Beschränktheit des Kindes passten. Lisa wartete wirklich darauf, dass das Vögelchen aus der Kamera flog.

Schon in zwei Jahren sollte diese Lisa durch Pfarrer Petri Konfirmationsunterricht erhalten. Die Frage bestand, ob Petri der Schwachsinnigen danach das Abendmahl reichen dürfe oder nicht. Wie könne eine wie Lisa begreifen, was im Abendmahl an ihr geschah? Weil Lisa so unverschämt freundlich in die Welt sah, nahm man ihr das Unvermögen, die Welt zu verstehen, fast übel.

Emil Petri segnete das Kind im Jahr 1908, mitten in den guten Jahren, ein. Lisa sagte weder die Gebote noch das Credo her und Petri konfirmierte sie dennoch. »Im Marienstift ist die geistliche Ordnung der Evangelischen Kirche außer Kraft. Dort konfirmieren sie Jeden und Jede, egal ob Idiot oder nicht.« Amtsbrüder zerrissen sich mit diesen Worten über die mangelnde Kirchenzucht in der »Heil-, Erziehungs- und Pflegeanstalt« die Münder. Sie neideten dem Superintendenten den Erfolg: »Ohne die Protektion der Fürstin wäre so etwas nicht möglich!« Keiner der Pfarrer sprach mit Lisa je ein Wort. Außer den Leuten vom Stift würde niemand die Freundlichkeit Gottes gespürt haben, die Lisa tagtäglich verschenkte.

Ganz links, so dass er später leider nur noch halb in der Fotografie zu sehen sein würde, saß Ernst Jakob, der »Kriecher«, in seinem dreirädrigen Rollstuhl. Er sah herausfordernd in die Kamera.

Ernst Jakob behauptete, sein Leben sei gleichmäßig schlecht und sinnlos. Er ließ keine Gelegenheit aus, dieses sinnlose Leben zu spüren. Er trank, rauchte, las heimlich Verbotenes, glotzte Mädchen nach, wo immer es ging. Niemand, nicht Emil Petri und nicht Schwester Gertrud, verwies ihn des Stiftes, auch wenn er von Weitem nach Fusel stank. Niemand warf ihn hinaus, egal welche Reden er schwang, patriotische oder solche vom sinnlosen Leben. Am Tag machte der »Kriecher« gutes Schuhwerk für verkrüppelte Kinderfüße. Die Arnstädter Schusterinnung heftete ihm dafür sogar einen Ehrenpreis an. Auf diese Auszeichnung berief sich Emil Petri Jahre lang wieder und wieder, wenn er Zweiflern den Wert der Arbeit im Marienstift austreiben wollte.

Unter den Kindern, denen man auf der späteren Fotografie nicht ansehen konnte, ob sie vor dem Fotoapparat sitzen oder auf Stümpfen stehen, war auch Max Vollroth. Das kranke Kind war der erklärte Liebling der Fürstin Marie von Schwarzburg-Sondershausen. Zu jeder Gelegenheit erkundigte sich die Hohe Frau nach seinem Befinden. Die Auskünfte der Pflegerinnen beruhigten die Fürstin nicht. Max trug von morgens bis abends ein kleines Glockenspiel bei sich. Es war ein Geschenk der Fürstin Marie. Als die Fürstin das Geld für die Stiftung gab, hatte sie auch das Wohl dieses Jungen im Sinn. Auch als Max im Jahr 1914 starb, hielt er das Glockenspiel in der Hand. Die traurige Geschichte ging damals von Mund zu Mund durch die Stadt und das Land und rührte zu Tränen. Max Vollroth zeigte den Leuten vom Stift ihre Grenzen. Heilen konnten sie ihn nicht, nur begleiten bis in den frühen Tod.

Nicht alle Leute vom Stift bekam der Fotograf vor die Linse. Der Wichtigste fehlte: Direktor, Pfarrer und Konsistorialrat Emil Petri.

Emil Petri war ein Mann der Kirche, im Hauptberuf Superintendent von Arnstadt, eine Amtsperson und ein Macher, eine Respektsperson im schwarzen Gehrock, entschlossen und dynamisch. Er spann seine Netze. Er zog seine Strippen. Ein Geldeinsammler und Verbauer des gesammelten Geldes. Drahtig und energisch ging der alte Mann durch sein Stift. Ein Mensch, an den sich die Kinder mit emporgerissenen Armen drängten, war Petri wohl nicht. Der Respekt vor ihm überwog.

»Gott will es!«, schrieb Petri in einem Jahresbericht aus der Arbeit der Stiftung. Jeden Tag bekämpfte er den Zweifel daran, ob sich die Fürsorge an Krüppeln lohne. »Spenden für verkrüppeltes Bettelvolk? Kann man das Geld denn nicht sinnvoller ausgeben?« – Laut sagte das niemand. Petri hörte das neidische Geschwätz dennoch. »Gott will es!«, schrieb er dagegen an. »Gott will, dass allen Menschen geholfen wird.« Emil Petri war rastlos tätig. Wahrscheinlich hatte er schlicht und einfach keine Zeit, als man die »Leute vom Stift« fotografierte.

Auch Albin Schmitz hatte zu dieser Stunde anderes zu tun. Auch er würde auf dem Bild fehlen. Ihn zog es zurück in die Freiheit.

Tatsache war, dass Albin den Leuten vom Stift auf seine Art ebenso viel Grund zum Denken gab wie der Direktor. Er kam und ging und kam zurück – und verschwand ganz und gar auf seinen Krücken. »Wann wird die deutsche Polizei endlich das Landstreicherunwesen beseitigen?«, so fragte sich der Direktor, als Albin Schmitz zum zweiten Mal der tätigen Nächstenliebe den Rücken kehrte und dem Leben im Stift ein Leben auf der Straße vorzog. Während eines begleiteten Spaziergangs durch die Stadt verschwand der klumpfüßige junge Mann hinter einer Straßenecke spurlos. Nun, so vermutete Petri, ziehe Schmitz wieder sinnlos humpelnd und bettelnd über die Landstraßen. Es war Albin Schmitz' Undankbarkeit, die Petri verletzte. Einige Pfleglinge aber hatten Albin verstanden und immer, wenn im Mai die Sonne lockte, beneideten sie heimlich den humpelnden Landstreicher

MARIE UND FRIEDER Für die Helferin Marie Xylander und den Schustergesellen Frieder Katt begannen die »guten Jahre« voller Arbeit und Sehnsucht. Schwester Gertrud schickte Fräulein Xylander im Jahr 1906 für einige Wochen nach Eisenach. Während der wiederholten Aufenthalte im Mutterhaus der Diakonissen sollte Marie lernen und sich endlich bekehren. Gertrud hoffte, dass die Gemeinschaft der Schwestern Maries Trotz brechen und das Mädchen auf den richtigen Weg führen würde. Ginge es nach ihr, so sollte Marie Diakonisse werden. Gertrud wusste, was Marie in Eisenach erwartete. Sie wusste, wie es sich anfühlte, wenn die »Schwester Oberin« jemanden besonders im Auge behielt. Und sie wusste auch, was es hieß, wenn der Anstaltspfarrer eine zukünftige Diakonisse besonders ins Gebet nahm und keine Gelegenheit ausließ, einer Suchenden den richtigen Weg des Entsagens zu weisen. Am Ende aber, so hoffte Gertrud, würde Marie die Diakonissenhaube so stolz tragen wie sie. Alle – insbesondere aber Maries Eltern – hofften das. Nein, alle erwarteten es. So als wäre das Diakonissenleben für eine Pfarrerstochter aus der Rhön, die über die Jahre nicht jünger wurde, letztlich der einzige standesgemäße Weg. Sie irrten sich.

Auch zwei Jahre später, 1908, nahm Marie Xylander am Einsegnungsgottesdienst der jungen Diakonissen in Eisenach nicht teil. Das Mädchen hatte dort gut gelernt, hatte gearbeitet und gebetet und sich nichts zu Schulden kommen lassen. Niemand hatte an Marie etwas auszusetzten – außer daran, dass sie trotzig zögerte, den großen Schritt zu wagen. Die Leitung des Eisenacher Diakonissenhauses war klug genug, Marie Xylander immer wieder ohne Vorwürfe und ohne falsche Versprechen zurück ins Stift zu schicken. In Arnstadt wurde sie als einfache Helferin geschätzt und gebraucht.

An ihren Vater in der Rhön schrieb Marie entschuldigende Briefe. Sie schrieb über die Liebe, die niemals aufhört, und die Nächstenliebe, zu der sie und jeder Christ berufen sei, egal wohin ihn der liebe Herrgott stelle. Das war alles nicht falsch und bewies Maries Bibelkenntnis und war doch nicht das, was ihr betagter, besorgter Vater lesen wollte. Denn Maries Nächste hießen nicht nur Lisa, Ernst oder Albin, sondern auch Frieder Katt. Der Vater in der Rhön wusste Bescheid.

Marie blieb also vorerst eine unentbehrliche Helferin im Stift. Niemand im Haus verstand die Pfleglinge so gut wie Marie.

Zum Beispiel Lisa: Manchmal verkroch sich das Kind grundlos in die dunkelste Ecke unter ihr Bett und niemand konnte es aus seinem verzweifelten Weinen retten außer Marie, ihre »Fürstin«. Marie kroch zu ihr und wiegte sie in den Armen.

Oder Landstreicher Albin: Bevor er sich endgültig auf und davon gemacht hatte, schlug er an bösen Tagen wieder und wieder mit seinem Kopf gegen Wände. Dann legte Marie ihm ihre zitternde Hand auf die Schulter und brachte den jungen Mann nur damit zur Ruhe. Die Zwangsjacke, die zwei Helfer bereithielten, wurde nur selten gebraucht.

Selbst Frieder Katt brachte Marie Xylander immer wieder zur Ruhe und Vernunft. Frieder musste warten, bis irgendwann einmal ihr gemeinsames Leben in Ehren beginnen würde. Nur einmal bedrängte Frieder sie doch. Er kam aus einer Kneipe und hatte den Kopf voll mit Bier und den Witzen, die man über ihn und sein seltsames Verhältnis zu der »Nonne« dort riss. Da fand er plötzlich einen wichtigen Grund, zu nachtschlafender Zeit unbedingt in die Kammer Maries zu stürmen. Im Stift angekommen, stieg er die Treppe hinauf bis unters Dach und klopfte an Maries Tür. Er meinte, sehr leise zu sein, aber das halbe Haus hörte mit. Die Helferinnen von der Nachtwache waren in »Hab Acht!«. Marie kroch unter ihre Decke. Die Oberschwester ließ nicht lange auf sich warten. Gertrud beförderte den jungen Mann persönlich vor die Türe und verweigerte am anderen Tag neugierigen Fragern jede Antwort. Dass Frieder Katt vorhatte, Marie in der Nacht einen förmlichen Heiratsantrag zu machen, glaubte ihm fast niemand – außer Marie und Schwester Gertrud.

So gingen die »guten Jahre« für das Paar dahin. Zwischen Frieder und Marie geschah weniger als alle dachten. Die christliche Sitte und gute Moral des Stiftes brachte das Paar nicht in Gefahr – so schwer es auch fiel.

DER BESUCH DES VATERS Der Besuch von Maries Vater war lange angekündigt. Nun sollte er geschehen – gleich nach dem Pfingstfest 1908. In den vergangenen Jahren war Marie zweimal zur Rhön hinaufgefahren, hatte für eine Nacht ihr Zimmer bezogen und sich für ein paar Stunden zur kurzen Freude ihres vereinsamten Vaters zurück in die Pfarrerstochter verwandelt, die sie mal war. Zeit, um die Frage nach Maries Zukunft zu stellen, blieb dabei nie. Die Helferin wurde immer dringend im Stift gebraucht. Sie konnte nicht so lange bleiben, wie sie wollte. Schon saß sie wieder in der Bahn, fuhr längs der Felda zu Tal hinab und atmete durch. Nicht einmal Frieder Katts Name fiel bei diesen Besuchen.

Als Pfarrer Xylander nun aber im Arnstädter Bahnhof aus dem Zug stieg, lagen die Dinge sehr anders. Marie führte den Vater durch die Stadt bis zum Hotel und spielte die Fremdenführerin, die den Reisenden mit Geschichten und Historie unterhält. Im Hotel »Zur Sonne« zum Beispiel hatte einstmals die Bachsche Familie mit Sang und Klang und reichlich Bier gefeiert. Gewiss sei der große Johann Sebastian auch dabei gewesen. »Dort sollst du wohnen. Ist dir das recht?«

Es war ihm recht. Pfarrer Xylander liebte Bach. Aber die Frage, mit der er angereist war, vergaß er darüber nicht.

In der »Sonne« packte Marie ihrem Vater den Koffer aus. Dann musste sie wieder zu ihrem Dienst. Schon fand sich der alte Herr allein und sah ihr durchs Fenster nach, wie sie im Licht der Abendsonne über den Riedplatz lief. Hätte sie nicht eben noch neben ihm gestanden, hätte er seine Tochter aus dieser Entfernung niemals erkannt.

Die offizielle Visite des Landpfarrers Xylander im Marienstift war für den kommenden Tag angesagt. Alle wichtigen Personen im Haus erwarteten ihn. Der Rhönpfarrer war ja nicht nur der Vater einer Helferin, sondern auch ein wichtiger Spendensammler für die armen Kinder in der Stiftung. Es galt, dem »verdienten Manne« zu danken und ihn neu zu motivieren. Emil Petri persönlich führte den Gast durch die Schlafsäle, Wohnräume, das Klassenzimmer, die Werkstätten und die Küche, in der auch jedes Jahr die Erntegaben aus der Rhön verkocht wurden. An Besuche wichtiger Gäste gewöhnt, winkten die Pfleglinge freundlich aus ihren Rollstühlen oder schwangen grüßend ihre Krücken. Xylander streichelte über Köpfe und bemühte sich redlich, über die verstümmelten oder verwachsenen Gliedmaßen der Kinder und jungen Leute kein Entsetzen zu zeigen. Er wollte sich keine Blöße geben und die Pfleglinge nicht verletzen. Also suchte er lieber das Gespräch mit Petri über allgemeinere Dinge, zum Beispiel die Lage im Land und den Stand des Glaubens im deutschen Volk.

»Herr Konsistorialrat«, sagte er, »ich bin davon überzeugt, dass die soziale Frage im Reich, zu der die Krüppelfrage durchaus gerechnet werden muss, auch ihre Auswirkungen auf die Kirchlichkeit der Bevölkerung hat.«

Petri stimmte zu.

»Nur wenn die Verkündigung des Evangeliums mit der konkreten Nächstenliebe, wie Sie sie hier im Marienstift leben, Hand in Hand gehen, wird unsere Kirche auf Dauer im Volk Gehör finden. Einrichtungen wie diese Anstalt sorgen darum in bester christlicher Weise nicht nur für die Armen, sondern auch für das Ansehen des Protestantismus im Vaterland. Sie strafen alle politische Infamie der Sozialdemokratie Lügen. Auch darum sammeln wir in der Rhön unsere Gaben für Ihre Arbeit.«

Man kam sehr bald auf die große Politik zu sprechen, wobei sich der Gastgeber auffällig zurückhielt. Ein Mann wie Petri musste viele Meinungen gelten lassen, weil er für seine Stiftung der Unterstützung vieler bedurfte.

»Ich sage Ihnen, Bruder Petri, unser Kaiser weiß sehr genau, was er tut. Die Seeflotte und die Unterseeboote sind in der Hand des Kaisers alles andere als teures Spielzeug, wie die böswilligen Spötter behaupten. Von Feinden umgeben, ja umzingelt, braucht unser Vaterland ein starkes Heer. Nimmt Deutschland aber endlich den Platz in der Welt ein, der ihm zukommt, wird dem Elend begegnet werden und dauernder Friede sein.«

Emil Petri teilte die Meinung seines Gastes durchaus. Weltgewandt wie er war, hätte er aber nicht so große Worte darum gemacht. Er gab lieber ein paar Anekdoten aus dem Leben der Fürstin Marie zum Besten. »Einmal bei einer ihrer zahllosen Reisen, sah sie den kleinen Max Vollroth an der Straße sitzen. Ein Bild des Jammers ...« Solche Geschichten kamen bei allen Gästen gut an, auch bei Herrn Pfarrer Xylander.

Vor der Glasvitrine mit den besten Schaustücken aus den Werkstätten blieben sie stehen und betrachteten die Schuhe, Topflappen, Handschuhe, Strümpfe und Bürsten jeder Art. Xylander lobte die Schaustücke, von denen besonders Ernst Jakobs schöne Kinderschuhe aus dem Rahmen fielen. Petri berichtete stolz von der Anerkennung der Arbeit durch die Schusterinnung und lobte nicht nur den verkrüppelten Schuster Jakob, sondern auch Frieder Katt, der als Geselle großen Anteil an dessen Ausbildung hatte.

»Wo wäre ein armer Mensch wie der kluge Ernst Jakob ohne einen, der sich seiner annimmt, wie Frieder Katt?«

Zu spät bemerkte der ins Schwärmen geratene Petri das zur Grimasse verzogene Gesicht seines Gastes. Er erinnerte sich, was ihm Schwester Gertrud und einige andere, weniger Wohlmeinende als sie, über Frieder Katt und Xylanders Tochter zugetragen hatten, und so fiel dem leicht verlegenen Stiftungsdirektor plötzlich noch eine andere wichtige Verpflichtung ein, die es ihm leider unmöglich mache, Herrn Xylander länger zu begleiten. Petri verabschiedete sich hastig und übergab den alten Herrn Schwester Gertrud.

Schwester Gertrud und Pfarrer Xylander blieben vor dem Turnsaal stehen. Hinter der Türe übte Marie mit den Kindern. Mit gemischten Gefühlen betrat Xylander den großen Raum, doch als er seine Tochter bei der Arbeit sah, siegte der väterliche Stolz über die Verlegenheit.

»Sie wissen doch, wie einige Kinder Ihr Fräulein Tochter nennen?«, fragte Schwester Gertrud, um den alten Mann zu erfreuen.

»Die Fürstin«, antwortete Xylander leise.

Einen Moment lang zögerte Schwester Gertrud, bevor sie, dem Gast den Vortritt lassend, auch die Schusterwerkstatt zeigte. Sie fanden Meister Katts Sohn mit den Lehrlingen bei der Arbeit. Höflich und förmlich begrüßte der Geselle den Pfarrer im Namen seines Vaters. Dann stellte er ihm die jungen Schusterlehrlinge der Reihe nach vor. Sieben junge Männer unterbrachen ihr Hämmern, Leimen, Zuschneiden und Nageln. Wie üblich diente Ernst Jakob als herausragendes Beispiel der Handwerkskunst, und Pfarrer Xylander lobte ihn, weil er das preisgekrönte Schuhwerk bereits hatte bewundern dürfen. Daraufhin bedankte sich der Gast für alle Erklärungen und versprach, unter den Christen in der Rhön von der guten Arbeit im Stift zu berichten.

Xylander stand bereits in der offenen Türe, als er sich noch einmal umdrehte und Frieder Katt unvermittelt fragte, welche Pläne fürs Leben er habe. »Wollen Sie wie alle Gesellen auch hinaus in die Welt?« Frieder verneinte. Er wolle in Arnstadt bleiben und Schustermeister werden. Xylander sah ihn an und schwieg.

Als die Situation peinlich wurde, machte ihr Schwester Gertrud ein Ende. Sie schob den Landpfarrer freundlich hinaus.

Auch dieser Vormittag verging. Am Nachmittag hatte Marie frei. Sie wollte die Zeit nutzen, um ihrem Vater die Sehenswürdig keiten Arnstadts zu zeigen. Die beiden besuchten die Kirchen und das Rathaus. Wieder erzählte das Mädchen alles, was sie über Johann Sebastian Bach wusste, dazu alles über die Marlitt, die die Mutter so gerne gelesen hatte. Die Sage von den zwei Baumeistern der Türme der Liebfrauenkirche erzählte sie auch. Dann war Marie mit ihrer Weisheit am Ende. Fürsorglich bestand sie darauf, dass sich ihr Vater nun etwas Ruhe gönne. Sie selber hatte bald Nachtdienst. Zum Abschied hielten sich Vater und Tochter etwas länger in den Armen als gewohnt.

Am anderen Tag blieb ihnen leider nur Zeit, um gemeinsam zum Bahnhof zu gehen. Schon fuhr Pfarrer Xylander wieder zurück ins Gebirge und Vater und Tochter hatten kein Wort darüber gesprochen, was ihnen wirklich durch die Köpfe ging.

»Deine Tochter liebt die kranken Kinder, aber eine Diakonisse wird aus ihr wohl nicht«, murmelte Xylander im einschläfernden Stoßen der Schienen. »Reg dich nicht auf! Wir müssen uns wohl damit abfinden.« Es war lange schon Xylanders Eigenart, leise mit seiner verstorbenen Frau zu reden, wann immer er zur Ruhe kam.

SIE SPIELEN KRIEG   Herbst war Manöver-Zeit. Alte und junge deutsche Männer dachten ans Marschieren und träumten vom Schießen. Die Zeitungen waren voll von Wut und Verachtung. Die meisten Deutschen waren davon überzeugt, dass sich das Kaiserreich, wenn nötig auch mit Gewalt, den Platz in der Welt erstreiten dürfe, der ihm zukomme. Keinen Tag länger ertrug man die schändliche Ruhe. Bekäme der Franzmann eine aufs Maul, würde das Leben wohl besser! So raunte es durch deutsche Köpfe und darin waren sie alle sich einig – in Berlin wie in Arnstadt, an Universitäten und Schulen, in Küchen und an Stammtischen. Ein deutscher Sieg schien außer Frage; die Gebote standen außer Kraft, wenn es ums Vaterland ging.

Die patriotische Stimmung machte vor den Türen des Marienstiftes nicht Halt. Auch einen christlichen Gesellen wie Frieder Katt trieb sie um. Frieder war angesteckt von der großen Sehnsucht nach Donner und Blitz. Und so kam sein Entschluss zwar plötzlich, aber nicht ohne Ankündigung. Er entsprang der Enttäuschung, dem Trotz. Sollte Marie sich nicht endlich für ihn entscheiden, würde Frieder bald den grauen Soldatenrock tragen. Doch Marie blieb stumm, und Frieder Katt drohte immer ernsthafter damit, sich freiwillig zur Infanterie zu melden. Er hatte Marie gewarnt. Nun sollte sie sehen, wie es ohne ihn ging. Aber noch war der unruhige Schustergeselle nicht fort. Bis zum letzten Tag wollte er im Stift seine Pflicht erfüllen. Marie sollte ihm nichts Übles nachsagen können.

Herbstausflug. Die Leute vom Arnstädter Marienstift fuhren in den Steigerwald bei Erfurt. Zu so einem Ausflug brauchte es viel Personal. Sämtliche Schwestern, Helferinnen, Lehrer und die Handwerker schoben und führten die Pfleglinge durch den bunten Wald. Begonnen hatte der Tag im Andachtsraum mit einem Gottesdienst. Petri predigte über den Wappenspruch: »Die auf den Herren harren, kriegen neue Kraft«. Der Hausspruch passte vortrefflich auf diesen Tag. Am Nachmittag mitten im Wald wollten sie Manöver spielen.

Die Jungen fanden Stöcke und schlugen sich so gut sie konnten. »Alles auf die Russen!« Wer Russe und wer Deutscher war, blieb ungeklärt, bis Ernst Jakob zwischen die Fronten rollte, um Ordnung in das Spiel zu bringen.

Er rief: »Angetreten!«, und fast alle gehorchten ihm. Der junge Schuster in seinem Rollwagen war ganz bei der Sache. Er ließ nicht locker bis alle Mädchen und Jungen wie Soldaten in Reih und Glied dastanden, saßen oder sich auf ihre Krücken stützten. »Haltung!«, rief Ernst Jakob und die verkrümmten Rücken streckten sich durch. Alle wollten dazugehören. Alle gegen den unsichtbaren Feind, den sie mal Russen, mal Franzman, mal Bobby nannten.

Ernst Jakob hielt eine Rede. Er sprach von der Kraft des deutschen Vaterlandes. Seinen Lieblingssatz sagte Ernst mehrmals: »Das höchste Gut auf Erden ist nicht der Friede. Das höchste Gut ist Stolz und Ehre.«

Jedes Jahr redete Ernst Jakob seine Rede. Jedes Jahr hörten ihm auch die Schwestern und Helfer nicht ohne Rührung und Stolz dabei zu. Die Leute vom Stift wollten dazugehören, wenn das Vaterland zusammenstand, wenn es darum ging, sich in der

Welt voller Feinde zu behaupten. »Heil dir im Siegerkranz!«, sangen sie alle zusammen und es flossen einige Tränen der Rührung. Dann begann das kämpferische Spiel. Humpelnd und rollend rangen die Pfleglinge um jeden kleinen Sieg.

Frieder nutzte die Gelegenheit. Er zog sich Marie auf die Seite.

»Ich habe mich noch nicht in der Kaserne gemeldet«, sagte er. »Wenn du dich endlich für mich entscheidest, bleibe ich hier. Sag mir, was werden soll!«

»Also hast du mich belogen«, antwortete Marie und tat so, als wäre sie darüber verärgert. Sie fand aus ihrem stolzen Trotz nicht heraus. Sie blieb auch jetzt die unnahbare Pfarrerstochter, die halbe Diakonisse.

Frieders Stimme wurde wütend. Er fühlte sich im Recht. »Wenn du so vornehm tust, was soll ich denn machen? Entscheide dich endlich, bitte!«

Marie antwortete, wie sie es immer tat. Sie sagte nichts und dachte, Frieder müsse ihr Schweigen verstehen.

»Das vornehme Fräulein will keinen Schuster«, sagte Frieder sehr leise. »Spiel du die Fürstin! Ich melde mich morgen bei den Soldaten. Dann bist du mich los.«

Für den Rest des Tages gingen sie sich aus dem Weg.

Der Manövertag und eine weitere volle Woche gingen vorüber, bis Marie endlich den Entschluss fasste, zu reden. Jetzt wollte sie über ihren Schatten springen und zugeben, dass sie Frieder brauchte. Nun aber war es zu spät.

Noch im Oktober zog man den Freiwilligen Frieder Katt zu den Soldaten. Die Pfleglinge beneideten ihn, weil er, anders als sie, ein richtiger Held werden durfte. Selbst Schustermeister Katt war von Frieders Entscheidung freudig überrascht und stolz auf den erstgeborenen Sohn. Sein Frieder im Soldatenrock für Kaiser, Gott und Vaterland. Frieders Mutter aber schwieg, weinte, wenn es niemand sah, und betete öfter als je. Im Marienstift in ihrer Kammer tat Marie es nicht anders.

Frieder und Marie schrieben sich Briefe. Einen anderen Weg zueinander gab es nicht mehr. Der erste erreichte Marie noch im November, da war Frieder kaum drei Wochen fort von zu Haus.

Liebe Marie! Nun bin ich in Sondershausen in die Kaserne ein-
gerückt und denke an dich und an zu Hause. Warum haben wir
nicht miteinander reden können? Aber ich mache dir keine
Vorwürfe. Mache ich nicht.

Ich denke jeden Tag an Arnstadt – nicht nur, weil das
Essen im Stift besser ist als hier. Wenn ich zu Hause am Abend
aus der Werkstatt ging, hatte ich ein gutes Gefühl. Dann besah
ich noch einmal, was geschafft wurde, und hatte meine Freude
daran. Das wird dich wohl wundern, Marie, weil ich oft kein
gutes Haar am Stift und an allem dort ließ. Aber man redet viel
oder auch zu wenig. Hier ist es anders. Meine Füße sind wund
vom Marschieren. Kommissstiefel taugen nichts.

Mach dir nur keine Sorgen! Ich komme mit den meisten
Kameraden gut aus. Seit sie wissen, dass ich im Krüppelheim
arbeite, geht es etwas schlechter. Aber ich gehe allen Streite-
reien aus dem Weg. Ist nicht leicht im Quartier und auf dem
Übungsplatz.

Von den Herren Offizieren nahm mich noch keiner zur
Kenntnis und das ist gut. Beim Kommiss darf man nicht auffallen.
Das lernt man hier schnell. Nur nicht raus aus Reih und Glied.

Wenn ich nicht wüsste, wie sehr uns das Vaterland
braucht.

Ich hoffe, Marie, der Brief findet seinen Weg bis zu dir
und geht nicht verloren.

Ich denke jeden Tag an dich, Marie. Wir waren sehr
dumm, wir beide.

Dein Frieder

Lieber Frieder! Danke für deinen lieben Brief. Du musst nicht
alles aufschreiben, was dich bedrückt. Ich kenne dich ja auch
so. Wer weiß, wer deine Briefe prüfen muss. Sei vorsichtig!

Ich weiß auch, der Dienst am Vaterland ist kein fröhli-
cher Stiftsausflug und die Befehle der Offiziere klingen anders
als die Reden von unserem Ernst. Halte dich tapfer! Du trägst
den Soldatenrock für uns alle. Möge er dich immer gut warm-
halten.

Auch hier unter uns und unter der Aufsicht des Konsis-
torialrats und der guten Schwester Gertrud ist nicht ein Tag
wie der andere.

Du musst wissen, dass ich nun wirklich keine Diakonisse mehr werden will. Ich habe es der Schwester erklärt und bleibe nun dabei, was auch noch werden mag. Ich hätte das früher sagen sollen.

Natürlich geht man mit mir jetzt anders um als vorher. Das kannst du dir denken. Die liebe Schwester »von« sagt, sie habe es schon immer gewusst und der Ruf des Herren treffe nur die, die dafür taugten.

Schwester Gertrud ist nicht so. Sie nimmt es nicht übel, hoffe ich. »Ich würde auch ohne Tracht im Haus gebraucht«, hat sie gesagt. Und das stimmt.

Lisa lässt dich grüßen. Sie denkt, du würdest immer hoch zu Ross über die Felder reiten, wie es die Prinzen aus dem Märchenbuch tun. Nun ist sie konfirmiert und arbeitet. Mehr als Putzen und Kartoffeln schälen wird sie wohl nie. Neulich hat sie in der Küche laut gesungen. »Sabienchen war ein Frauenzimmer...« Ich weiß nicht, woher sie es hat. Schwester »von« ist fast ohnmächtig geworden. »Da kam aus Treuenbrietzen...« und so weiter. Du jedenfalls bist und bleibst der »Prinz« für sie und für mich auch.

Was gibt es sonst Neues? In der Stadt ist ein großes Luftschiff niedergegangen. Denk nur, in Arnstadt! Ein paar Lehrlinge von uns sind ihm nachgelaufen und gerollt.

Das Wichtigste aber ist, Petri will wieder bauen. Wir werden immer mehr und der Platz reicht nicht. Petri sagt, dass es gut ist, wenn die Anstalt wächst, weil alle Krüppel ihr Recht darauf haben, zu arbeiten und gepflegt zu werden, denn Gott liebt alle Christenmenschen. Sie reden nun über ein »Handwerkerhaus«. Ganz groß und neu. Ich denke immer, da drin wirst auch du einmal arbeiten, und das macht mich froh. Noch bevor es fertig an der Krappgartenstraße steht, bist du wieder zu Hause ...

Liebe Marie! ... Was Du über Pfarrer Petri geschrieben hast und wie er weiter baut und alles im Stift noch größer und besser wird und was er gesagt hat über die verkrüppelten Kinder, die so viel wert sind wie andere Menschen, das erzähle ich unter den Kameraden lieber nicht. Das würde auch keiner verstehen. Wer nicht gesund und stark ist, der kriegt hier keinen

Respekt, der frisst den anderen nur das Brot und die Butter weg. Neulich erst habe ich einem eine aufs Maul geschlagen, weil er mich Krüppelschuster genannt hat. Die anderen fanden es lustig und ich musste mich wehren.

In zwei Monaten ist das erste Jahr herum. Ich glaube, danach wird es besser ...

Lieber Frieder! Auch hier in Arnstadt vergeht die Zeit. Das ist gut. Bald ist endlich ein Jahr herum und es wird Herbst. Denk nur, unser Albin Schmitz, den sie von der Straße erst vor ein paar Wochen hergebracht haben, ist schon wieder auf und davon. Einfach ab durch die Mitte auf seinen Krücken. »Des Menschen Wille ist sein Himmelreich«, sagt Schwester »von« und da hat sie mal Recht. Kannst du dich noch daran erinnern wie sie Albin mit der Polizei von der Straße direkt zu uns ins Stift geführt haben? Wie er halb verhungert und verlaust bei uns ankam? Der Krüppelbettler aus dem Rinnsteig.

Ging es dem Albin nicht gut bei uns? Hat er denn bei uns hungern müssen? Hat er nicht was gelernt? Niemand kann das verstehen. Vielleicht fehlt ihm wirklich der weite Himmel oder nur der Schnaps. »Keine Dankbarkeit unter den Menschen«, sagt Schwester »von«. Aber das sagt sie über jeden.

Denk nur, vorgestern beim Abendbrot ruft Ernst Jakob durch den Saal: »Dieser dröge Frieden ist unerträglich!« Die Kleinen wussten gar nicht, was los war. Und ich eigentlich auch nicht. Wäre Krieg, müsstest du schießen und die Feinde würden dich vielleicht ... Ich kann gar nicht dran denken. Wie kann man den Frieden nicht ertragen? Nur weil die Engländer und die Franzosen und sonst wer uns nicht mögen? Schwester Gertrud hat Ernst jedenfalls das Wort verboten und zur Ruhe gemahnt.

Zwei Jahre lang war Frieder Katt Soldat und wurde als Gefreiter in Ehren entlassen. Als er auf Bahnsteig 1 aus dem Zug stieg, war ihm seine Stadt, waren ihm die Leute, die geschäftig ihrer Wege gingen, fremd. Der Weg zwischen Bahnhof und Marienstift dauerte nicht länger als fünf Minuten. Frieder sah nicht nach links, nicht nach rechts. Er betrat kein Gasthaus und suchte nicht Vater und Mutter. Ohne Gruß lief er an den Pfleglingen vorbei, die auf dem Hof in der Sonne saßen. Er achtete nicht auf die Schwestern, nicht einmal auf Gertrud, die ihm mit ausgestreckter Hand entgegenging. Frieder betrat das Heim und stieg die Treppe hinauf bis ins Dachgeschoss. Er klopfte kaum an und stand schon in Maries Kammer.

Da saßen sie und hielten sich bei den Händen. Wenigstens sie waren über die Jahre einander vertraut geblieben. Sie machten Pläne und hatten keine Zeit zu verlieren. Sie wollten heiraten. Sie wollten ein Paar sein. Nun stand ihnen niemand im Weg, auch nicht sie selbst.

»Freu mich, dass du wieder da bist, Herr Gefreiter!«, rief ihm Ernst Jakob nach, als Frieder endlich das Stift verließ, um nach Hause zu den Eltern zu gehen. Der Schuster saß in seinem alten Rollwagen am Weg und rauchte Pfeife. Frieder grüßte ihn wie einen Kameraden.

»Du hast hier gefehlt«, sagte Ernst. »Trotzdem, an deiner Stelle wäre ich draußen in der richtigen Welt geblieben. Es gibt bald Krieg. Da brauchen sie dich an der Front und nicht hier, bei uns Krüppeln. Glaub mir! Ich habe dich sehr beneidet.«

»Das fühlt sich da draußen anders an«, antwortete Frieder. »Die richtigen Krüppel leben in Kasernen und nicht hier.«

Kopfschüttelnd sah Ernst Jakob Frieder Katt nach. Warum saß der nicht im Rollstuhl fest? Was für eine Welt war das, in der die Helden keine Füße und die Gesunden keine Vaterlandsliebe hatten?

DIE GUTE ZEIT GEHT ZU ENDE Am anderen Tag betrat Frieder ganz offiziell das Marienstift und meldete sich zurück. Man stürmte ihm entgegen, als käme er aus einem Abenteuer. Das Haus glich einem wimmelnden Ameisenhaufen. In den zwei Jahren hatte sich hier vieles verändert. Fast doppelt so viele Menschen drängten sich unter dem Dach. Lauter neue Gesichter, fremde Pfleglinge, neue Helferinnen und Schwestern, neue Helfer, die man Diakone nannte. Das »Handwerkerhaus« wurde eine Sensation, der Stolz aller Leute vom Stift.

Ein paar Kinder, die Frieder noch kannte, eigentlich waren sie jetzt junge Leute, zogen ihn mit sich durch das fast fertige Haus und hörten nicht auf, von all dem Neuen zu schwärmen. Dort gab es genug Licht und Platz für alle. Licht zum Leben und Platz zum Arbeiten. Der Einzug in das Haus stand bevor.

»Du kommst genau richtig. Deine Schusterei wird die schönste Werkstatt von allen. Oder gehst du zu den Soldaten zurück?«

Nein, Frieder wollte nie mehr eine Kaserne von innen sehen. Aber das sagte er nicht laut, denn er war Reservist unter Eid und auf immer Soldat seines Kaisers.

In seiner alten Schusterwerkstatt begrüßten ihn die Kollegen und Lehrlinge respektvoll. Danach machte Frieder seinen Antrittsbesuch im Direktorenzimmer. Emil Petri reichte ihm freudig die Hand.

»Willkommen, Herr Katt!« Frieder sah, wie alt der Konsistorialrat geworden war, doch der Eindruck verlor sich, als Petri zu reden begann. »Sie haben uns allen gefehlt. Fürs Vaterland haben wir auf Sie verzichtet. Nun aber hoffe ich, Sie werden Ihre Arbeit bei uns wieder aufnehmen. Das Vaterland ist auch hier im Stift. Und unsere armen Schutzbefohlenen gehören so gut dazu wie alle anderen. Ich werde nicht müde, die Welt daran zu erinnern.«

Petri schob Frieder ans Fenster. Offenbar war der Direktor so stolz wie alle Leute im Stift. Der Neubau ließ ihn nicht los. »Es ist wie ein Wunder, wie rasch das Haus in den Himmel wuchs! Aber ein zweiter Turm zu Babel wird es nicht. Das neue Haus steht ganz im Dienst der Arbeit. Ganz im Dienst am Nächsten. Ganz im Dienst des Herrn. Geht alles großartig voran. Unser Architekt ist der Herr Schwarz. Eine Berühmtheit auf seinem Gebiet. Schwarz hat auch an der Liebfrauenkirche gearbeitet und sie gerettet. Ein großartiger Mann. Jeder an seinem Platz ist ein Werkzeug Gottes. Sie auch, Herr Katt. Sie hatten immer das richtige Gespür für unsere Pfleglinge. Eine Mischung aus Verständnis und Ansporn. Sie haben nie so von oben herab geredet, wie das einige gerne machen. Das ist mir aufgefallen. Ich hoffe auf Sie, Gefreiter Katt. Unser Exerzierplatz ist das Stift. Ihr Herr Vater wird nicht jünger. Ich rechne auf Sie.«

Der warme Schauer wohlmeinender Worte ergoss sich nicht ohne Absicht über Frieder Katt. Der Geselle wurde wirklich dringend gebraucht. Schuster gab es im Land reichlich. Schuster aber, die in das Marienstift passten, waren selten.

Frieders Dank kam ihm soldatisch aus dem Mund und er versprach förmlich, sofort seine christliche Pflicht zu erfüllen. Petri war damit zufrieden – und Frieder auch. Er war nun sechsundzwanzig Jahre alt, Marie fünfundzwanzig und ihre Mädchentage lange vorbei. Für ihn war es höchste Zeit, auf eigene Füße zu kommen. Jetzt endlich wollte das Paar mit dem richtigen Leben beginnen. Nicht irgendwo auf der Welt, sondern hier im Marienstift.

SEDANTAG   Der Sedantag stand vor der Tür, als Frieder Katt seine Arbeit im Stift neu antrat. Der Fest- und Erinnerungstag war beliebt bei Jung und Alt. Man gedachte des deutschen Sieges über Frankreich im Krieg 1870/1871 und jeder wollte sein Stück vom Heldentum – die Evangelische Kirche vornweg. Ein Pfarrer hatte den Feiertag dafür erfunden. So läuteten am »Sedantag« Glocken über der Stadt, wurden Hände zum Beten gefaltet, Choräle gesungen und kriegerisch in Reih und Glied gestanden. Auch war Turnen am Sedantag sehr beliebt, denn es stählte die Körper.

Im Marienstift gab man sich ebenfalls stramm patriotisch und war mitten dabei. Vor dem Heim, parallel zur Wachsenburgallee, standen fast neunzig Pfleglinge zum Appell, Mädchen und Jungen auf Krücken gestützt oder frei, in Rollwagen sitzend, mit krummen und gerichteten Rücken und Gliedmaßen. Auf den Befehl »Achtung!«, den auch an diesem Tag Ernst Jakob rief, gingen die Köpfe nach links. Alle richteten sich aneinander aus und nahmen Haltung an. Die geladenen Festgäste aus der Stadt schauten den Pfleglingen zu und waren von ihrer Disziplin tief beeindruckt. Es herrschte deutsche Ordnung und jeder war ein Teil von ihr.

Konsistorialrat Petri ergriff das Wort. Der Weitgereiste, dessen Stiefel auf afrikanischer Erde gestanden hatten, drückte in einer kurzen Ansprache sein Unverständnis darüber aus, dass sein liebes Vaterland so viele Feinde um sich hatte. Deutschland werde nicht gegönnt, was Deutschland zustehe. Er kenne sie alle aus eigenem Erleben: die neidischen englischen Vettern, die rachsüchtigen Franzosen und die gierigen Russen. »Sind eigentlich auch gute Menschen da draußen!«, rief Petri und kam dabei etwas aus dem Konzept. »Es denken nur alle an ihren eigenen Vorteil.« Dann kam der Direktor schnell auf seine Lieblingsthemen, die Entwicklung des Marienstiftes, das zukünftige »Handwerkerhaus« und den Willen Gottes, dass allen Menschen geholfen werde, zurück.

Alle beklatschten Petris abschließendes »Amen«. Außer Ernst Jakob. Man sah es ihm an. Die Rede des Direktors war ihm zu friedlich, zu christlich, zu lau. Der patriotische Schuster im Rollwagen wollte einen anderen Ton anschlagen. Jakob redete, als säße er vor Reservisten, nicht vor den Pfleglingen des Marienstiftes. Seine Wut auf den Rest der Welt fiel wie ein Streichholz auf dünnes Papier. Sie entzündete die Zuhörer, die Krüppel und die Helfer, ein bisschen sogar Emil Petri.

Der Sedantag gab Stiftungsdirektor Emil Petri gute Gelegenheit, in der »feinen Gesellschaft« für die Arbeit des Marienstiftes Spenden zu werben. Stadträte, Bankiers und sogar der Bürgermeister waren zu Gast und lobten die patriotische Gesinnung des Hauses. Emil Petri, der weltgewandte Gastgeber, redete mit jedem. Jeder von ihnen war ein potentieller Unterstützer.

Marie und Frieder näherten sich den Honoratioren, die im Garten bei Kaffee und Kuchen saßen, mit Vorsicht.

»Das ist jetzt nicht die richtige Stunde. Lass uns morgen mit dem Konsistorialrat sprechen.« Frieder zog Marie am Ärmel, die aber ließ sich nicht von ihrem Ziel abbringen. Schon winkten einige der Damen den jungen Leuten freundlich zu.

Man kannte den Sohn von Schuster Katt und kannte auch die Pfarrerstochter, die keine Diakonisse hatte werden wollen. »Nein«, hatte Schwester Gertrud schon mehrmals sehr spezielle Fragen neugieriger Arnstädter beantwortet. »Nein, Fräulein Xylander ist nicht in anderen Umständen. Diesem Gerücht muss ich sehr ernst widersprechen.«

Marie und Frieder standen nun zehn Schritt vom Tisch des Direktors entfernt, traten nicht näher und gingen nicht weg. Petri erhob sich und kam ihnen entgegen.

»Was gibt es, Herr Gefreiter? Haben Sie etwas auf dem Herzen, Fräulein Xylander?«

»Wir wollen heiraten und bitten um Ihren Segen«, antwortete Marie kurz entschlossen.

Vor kurzer Zeit hatte Petri das Fräulein noch als halbe Diakonisse gesehen. Nun wollte sie Ehefrau werden?

»Was sonst?«, beantwortete er sich selbst diese Frage. Er brauchte nicht lang, um die Situation zu verstehen. Dennoch, Schwester Gertrud hätte ihn vorwarnen sollen! Spontane Freude war im Gesicht des Direktors nicht zu erkennen.

Heute, am Sedantag vor den Festgästen, ließ er sich auf kein Gespräch mit dem Brautpaar ein. Er bestellte die jungen Leute auf morgen zehn Uhr in sein Dienstzimmer.

DAS HANDWERKERHAUS Eine Nacht lang raubte das Paar dem Konsistorialrat den Schlaf. Standen Frieder Katt und Marie Xylander für die Zukunft der ganzen Stiftung? Schon jetzt war das Marienstift ein Haus, in dem die verschiedensten Menschen Hilfe und Arbeit fanden. Es war offen, weil in ihm alle gebraucht wurden. Mit bestem Willen konnte Petri nicht jeden der Handwerker sehr christlich nennen. Noch waren die Diakonissen die Mehrheit im Haus. Aber würde das immer so bleiben? Kompromisse zu schließen, war Petris tägliches Brot. Also musste es im Stift auch Ehepaare geben und Diakonissen und Schuster, nüchterne Rechner und Beter und den Herrgott, der alles zusammenhielt. Ein Haus voller lediger Diakonissen, fast wie ein Kloster, war das Stift jedenfalls heute schon nicht.

Von diesen Gedanken ahnten Frieder und Marie nichts, als Emil Petri die beiden am nächsten Morgen begrüßte. Etwas umständlich teilte er dem Paar seine Entscheidung mit. Er sprach von Martin Luther und der Freiheit der Christenmenschen, über die große Aufgabe der Krüppelpflege im Land und den Segen der Ehe. Nicht einmal die eigene Ehefrau ließ Petri unerwähnt, die ihm eine große Stütze war.

»Also, eine lange Verlobungszeit unter diesem Dach ist nicht zuträglich«, sagte er schließlich. »Dem bösen Gerede in der Stadt dürfen wir keinen Vorschub leisten! Die Heirat soll rasch vollzogen sein und bis dahin erwarte ich im Haus Sitte und Anstand – und danach natürlich auch!«

Marie und Frieder hatten nicht jedes Wort des Direktors verstanden. »Sie wollen uns also trauen, Herr Konsistorialrat?«, fragte Marie, um sicherzugehen.

Petri nickte. Die Antwort bedeutete, dass sie auch als Ehepaar weiter im Stift leben und arbeiten durften.

Nur wenige Tage später reisten die Verlobten hinauf in die Rhön. Dort bat Frieder Katt den Schwiegervater um die Hand der Tochter. Der alte Herr gab sie ihm und war froh, dass sein Sorgen um Maries Zukunft nun ein Ende hatte.

So rasch, wie von Petri gewünscht, kam der Hochzeitstag aber nicht. Die Vorbereitungen für die Feier und die Einrichtung einer Wohnung brauchten Zeit und Geld. Darum lebten Marie und Frieder in ihrer Verlobungszeit nicht nur tugendsam und sittlich, sondern auch sehr sparsam.

Das neue Handwerkerhaus stand auf dem Gelände der Stiftung fertig und bereit. Nicht einmal zehn Jahre war es her, dass die Leute vom Stift das erste Heim eröffnet hatten. Nun nannten sie es bereits das »Alte Haus«.

Das »Neue Haus« bezogen die Handwerkerlehrlinge. Die jungen Männer würden hier lernen, arbeiten und leben, bis sie auf eigenen Füßen stehen konnten. Und es war gleichgültig, ob diese Füße verkrüppelt waren oder nicht. Jeder hatte das Recht, so viel zu lernen, wie es ihm möglich war. Daran glaubte Petri, dafür hatte er dieses Haus bauen lassen. Wie Marie es erträumt hatte, sollte Frieder im Namen seines Vaters hier die Schusterei leiten.

Das Handwerkerhaus war hoch, durchdacht gebaut, praktisch und hell, mit einem kupfernen Kuppeldach. Es hatte genügend Schlaf- und Wohnräume, Werkstätten, einen Fahrstuhl und eine Dampfwäscherei. Das Haus machte viel neidisches Reden in der Stadt.

Es war Emil Petris Haus und Werk. Der alte Mann hatte nicht lockergelassen, war von Pontius zu Pilatus gelaufen und nun stand das Haus da. Architekt Schwarz hatte sein Bestes gegeben, Baufirmen und Handwerkern war nichts anderes übriggeblieben, als sich dem Willen des Direktors zu fügen und pünktlich zu Ende zu kommen. Die Einweihung des Neubaus sollte ein Fest für das Stift und die Stadt werden.

Heute, zur Einweihungsfeier 1914, standen Bläser in schwarzen Anzügen vor dem Portal und hielten funkelnde Instrumente in den Händen. »Sind das denn auch alles Krüppel?«, fragte man sich und konnte kaum glauben, was man da sah und hörte. »Fast wie feine Leute!«, war die einhellige Meinung.

Den größten Eindruck machte die Besichtigung des neuen Hauses. Zuerst die Werkstätten: Schuhmacher, Bürstenbinder, Maschinenstricker. Stolz präsentierte man moderne Maschinen. Dann die Schlafräume – »So viel Licht und Luft haben wir zu Hause nicht!« –, die Wohnung der Hauseltern und die Räume für Verwaltung und Versammlungen und ...

Petris Freude war groß. Als der Konsistorialrat aus der Hand eines Hofbeamten der Fürstin den » Orden vom Weißen Falken« verliehen bekam, vermissten einige der Gäste an ihm christliche Demut.

VOR DER DUNKLEN ZEIT Der 28. Juni 1914 war ein Sonntag. Nach diesem Tag schien der Weg in den Krieg unvermeidlich. Das Ereignis geschah von Arnstadt gesehen weit weg in Sarajevo in Serbien. Mitten in Deutschland kannte man bis dahin nicht einmal den Namen der Stadt. In Sarajevo erschoss Gavrilo Princip, der wütende, patriotische Anarchist, Erzherzog Franz Ferdinand und dessen Gemahlin Sophie.

Doch in Arnstadt interessierte an diesem Sonntag keinen, was auf dem Balkan geschah. Der Nachrichtenfluss brauchte Zeit, und so nahm der Sonntag für die Leute vom Stift seinen gewohnten Verlauf.

Marie und Frieder besuchten den Gottesdienst im Betsaal des Alten Hauses. Sie saßen unter ihren Pfleglingen und die Pfleglinge nahmen sie in Beschlag. Immer musste mitten in der Predigt eine von ihnen aufs Klo. Immer bestand diese eine darauf, dass Marie sie begleitete. Immer benahm sich einer von Frieders Lehrjungen daneben. Immer sah Petri dann vorwurfsvoll auf den Gesellen, als hätte der laut gehustet oder an falscher Stelle gelacht. Und dennoch war die Stiftsgemeinde wie eine Familie und jeder Gottesdienst dauerte nur kurz. Schläfrig wie in der »Neuen Kirche« am Markt wurde hier keiner. Zumeist predigte

Petri so, dass man ihn im Saal verstand. Geistlichen Höhenflügen konnten seine Hörer im Stift nicht folgen und das tat Petris Predigten gut. Die Pfleglinge saßen in Sonntagskleidung, die Herren des Posaunenchores in korrekten schwarzen Anzügen. Stolz blickten sie nach jedem Stück über die Gemeinde hinweg.

Heute predigte Petri über das Reich Gottes. Natürlich redete auch er übers Vaterland und dessen Anspruch auf Platz in der Welt. Dann aber über das Senfkorn und dessen still wachsende Kraft, die sich auswuchs zu einem Baum, der wohltuenden Schatten gab. Nicht mit lauten Trompeten und nicht mit Sturm kündige sich das Gottesreich an – es beginne im Stillen und Kleinen, gleich einem keimenden Korn, und verändere die Welt geduldig zum Guten. Irgendwie war der Weg Gottes anders, als der laute Befreiungsschlag, auf den alle im Land hofften. Nein, Petri wusste an diesem Vormittag gar nichts von den Ereignissen in Serbien. Dennoch lag eine Ahnung über seinen Worten, an die sich viele aus der Gemeinde bald schon erinnern mussten.

Frieder ging nach dem Gottesdienst mit besorgtem Gesicht nach Hause.

»Was schaust du so?«, fragte Marie etwas beleidigt. »Freust du dich nicht auf die Hochzeit?«

»Darauf schon, aber was wird danach?«

»Dann geht es erst los mit dem Leben und es wird groß wie der Senfstrauch. Hast du denn nicht zugehört?«

Die Welt schien noch sommerlich heiter.

Die Verlobten wurden von Frieders Eltern erwartet. Pünktlich um zwölf Uhr stand bei den Katts der Sonntagsbraten auf dem Tisch. Sie mussten sich nicht eilen und nahmen den langen Weg die Allee hinauf, durch den Park, an der Neideck vorbei Richtung Wollmarkt.

Der Mittag des 28. Juni war in Arnstadt still, friedlich und warm. Marie genoss die Sonne. Frieder suchte Schatten und setzte sich auf die Bank unter der großen Rotbuche. Während seiner Dienstjahre hatte man ihn zu oft zum Appell in der Mittagshitze brüten lassen. Nun mochte er pralle Sonne nicht mehr. Marie wusste das.

»Du willst nur, dass ich mich auf deinen Schoß setze«, lachte die Braut, als sich Frieder wie ein alter Mann auf die Holzbank fallen ließ. Sie hörte nicht gern, wenn ihr zukünftiger Gatte auf die Soldatenzeit schimpfte. »Du tust so, als hätten sie dich in einem Kerker gehalten. Bist mir ein schöner Held.«

Da hielt Frieder lieber seinen Mund. Ein kleiner Held für sie zu bleiben, war ihm lieber, als dass sie genau wusste, was es hieß, Soldat zu sein. Er zog sie zu sich und küsste sie.

Marie ließ nicht locker. »Sogar unser Herr Konsistorialrat bekommt immer strahlende Augen, wenn er über den Kaiser und sein Heer spricht. Ich glaube, er ist stolz auf dich. Ganz umsonst waren die zwei Jahre bestimmt nicht.«

Frieder ließ ihr diese gute Meinung.

Hand in Hand gingen sie unter Linden zum Wollmarkt weiter. Von hier aus waren es bis zu Frieders Elternhaus in der Längwitzer Straße nur wenige Schritte.

Das Haus war alt und klein. Dennoch war die Schusterei der Familie Katt gut im Haus untergebracht und der Meister arbeitete in ihr immer noch jeden Tag. Sobald Frieder selber Meister war, wollte der alte Katt sich ganz hierher zurückziehen. Das war der Plan und die Heirat mit Fräulein Xylander passte sehr gut da hinein. Hätte der Sohn das Pfarrersmädchen doch schon früher gefragt!

»Setz dich, mein Kind! Die Klöße im Topf schwimmen schon oben.« Frau Katt schob Marie an den gedeckten Tisch. Marie aber bestand darauf, die Kloßschüssel eigenhändig aus der Küche ins Wohnzimmer zu tragen.

Das Tischgespräch kreiste um naheliegende Dinge. Das Hochzeitskleid, zu dessen Anprobe Marie am Nachmittag verabredet war, Thüringer Klöße und die neue Wohnung des Ehepaares. Der Schustermeister wagte Marie gegenüber ein paar Bemerkungen über dünne vornehme Fürstinnen, die über kurz oder lang gewiss auch noch dicker werden würden, wofür ihn seine Frau böse ansah.

»Nach unserem Frieder hat deine Schwiegermutter auch zugelegt.« Der alte Katt fand sich lustig. Die Frauen überhörten seine Sprüche so gut es ging.

»Wird nicht mal rot, deine Marie«, meinte Katt zu seinem Sohn, als sie allein im Zimmer saßen. Nach der Mahlzeit rauchten die Männer Zigarren und die Frauen wuschen in der Küche ab.

»Musst den alten Zottel nicht ernst nehmen, mein Kind. Eigentlich freut er sich nur auf einen Enkel und weiß es nicht besser zu sagen«, sagte Frau Katt zu Marie, die glaubhaft versicherte, ihren Schwiegervater nicht ernster nehmen zu wollen als nötig.

Schon mussten die jungen Leute wieder los. Maries Schneiderin wartete auf die Braut. Die Schneiderin war unter der Woche eine Putzfrau und bediente darum ihre Kundschaft am Sonntag – preiswert und ohne schriftliche Rechnung.

Frieder gab seine Braut an der Wohnungstüre ab. Bei der Anprobe dabeizubleiben, war unmöglich. Er wusste auch so, den Sonntagnachmittag zu verbringen, ging ins nächste Gartenlokal und machte sich ein paar gute Stunden. Das stand ihm zu. Noch war er Junggeselle.

Marie aber stand zehn Minuten später auf dem Küchentisch der jungen Schneiderin im halb fertigen Brautkleid und hielt still, bis der Rocksaum exakt abgesteckt war. Dann kletterte sie über den Küchenstuhl zurück auf den sicheren Boden und wurde vom weißen Tüllstoff befreit.

»Steht Ihnen gut, Fräulein!«, sagte die alte Mutter der Schneiderin, die auch in der Wohnung lebte und wie zufällig, als der Kaffee auf dem Tisch stand, die Küche betrat.

»Passt schon«, meinte ihre Tochter. Sie war mit der Arbeit zufrieden.

Der Kaffeeklatsch begann.

»Und was denken Sie über ihr prächtiges Brautkleid, Fräulein?« Eine kritische Antwort erwartete die Mutter der Schneiderin nicht.

»Jetzt glaube ich erst wirklich, dass das alles wahr wird«, antwortete Marie. »Wir haben ja so lange gewartet.«

Betretenes Schweigen.

»Der Herr Bräutigam wollte wohl nicht so richtig und nun muss er wohl?« Die Mutter der Schneiderin konnte sich diese Frage nicht verkneifen, obwohl sie den Ellenbogen ihrer Tochter deutlich in der Seite zu spüren bekam.

Marie wurde rot und verneinte sehr heftig. Dann erzählte Marie ihre Geschichte.

»Ah so?«, fragten die fremden Frauen mehrere Male, denn solche Geschichten waren in ihrem Haus selten. Bei den

Bräuten, die die Schneiderin bislang versorgt hatte, war es einfacher zugegangen und meist waren die Kleider auf Zuwachs genäht.

»Sie sind eben eine Pfarrerstochter«, fasste die Mutter der Schneiderin Maries Erzählung zusammen. Ihr sagte das alles.

Das Gespräch stockte.

Da blieb ihnen nur noch das Thema »Marienstift«. In Arnstadt redete man über das Stift oft und gern.

»Ihr aus dem Stift seid schon so was von ...«, die Schneiderin ließ das Ende des Satzes klugerweise offen. »Jetzt habt ihr die halbe Allee für eure verkrüppelten Pfleglinge und die Krappgartenstraße dazu. Und dabei immer sehr vornehm und christlich. Frau Fürstin hier und Herr Konsistorialrat da. Alle Achtung! Ich bin ja sehr für die Nächstenliebe. An Geld scheint es bei euch zumindest nicht zu fehlen.«

Marie kannte das Gerede in der Stadt. Als eine, die so lange schon zum Stift gehörte, war Marie fast etwas stolz auf die Gerüchte. So kam sie auch nicht auf den Gedanken, der jungen Frau zu widersprechen. Sie erzählte einfach, wie es in dem neuen großen Haus aussah. Mochten sie doch neidisch sein. Das Haus war eine Gabe Gottes für die Nächstenliebe.

Etwas arrogant klang es schon, wie Marie zuerst die gute Ausstattung der Schusterei beschrieb, in der ihr Bräutigam arbeitete. Dann berichtete sie, wie die Mädchen in der Schneiderei arbeiteten, wo es nicht notwendig war, dass man auf Tischplatten Maß nahm.

»Aber für ein richtiges Hochzeitskleid reicht es dann doch nicht, Fräulein«, meinte die Schneiderin nicht weniger von oben herab als Marie und dem war nicht zu widersprechen.

So erzählte Marie vom elektrischen Fahrstuhl im Handwerkerhaus und von den Schlafsälen und der Dampfwäscherei. In dieser Gesellschaft machte das großen Eindruck. Marie klang wie der Konsistorialrat selbst.

»Liebes Fräulein Xylander«, sagte da die alte Mutter. Sie konnte nicht länger an sich halten. »Sie können uns doch nicht erzählen, dass aus allen Krüppeln, die das Stift in unsere Stadt lockt, Handwerker werden. Das geht doch gar nicht. Manchmal treffe ich die armen Kinder im Park. Ein Elend ist das – ein einziges Elend. Wie sollen aus denen Schneider und Schuster werden?«

Marie erschrak. Im Stift stellten sich die Leute solche Fragen nicht.

»Die armen Menschen müssen versorgt, gepflegt und gebildet werden. Das ist Christenpflicht«, antwortete Marie trotzig.

»Die Krüppel haben es besser als wir«, murmelte die alte Frau. »Unsereins spendiert keine Fürstin ein gutes Leben.«

Marie wurde blass.

»Nichts für Ungut!«, sagte die Schneiderin rasch. Verärgerte Kundschaft konnte sie nicht brauchen. Darum fing sie heftig in einer Schublade zu suchen an und holte einen Stapel Zeitschriften hervor. Neueste Modebilder aus Paris retteten die Stimmung.

So verging für Marie Xylander der 28. Juni 1914, während ihr Verlobter in einem Gartenlokal noch einmal die Sonne und die Freiheit eines Junggesellen genoss. Ein normaler Sonntag in Arnstadt.

KRIEGSGERÜCHTE   Für die Leute aus dem Stift begann das Unheil nicht am 28. Juni 1914, sondern erst Tage danach. Es begann mit Gerede, Gerüchten und ersten Bildern in Zeitungen, die einen wahnwitzig mordenden Serben zeigten. Der hielt eine Pistole gezückt gegen Österreichs Thronfolger nebst Gattin. So sah er aus, der Feind auch des deutschen Vaterlands. So sah er aus, der Serbe, dem Einhalt geboten werden musste. Der Beweis dafür, was jedermann längst wusste, war blutig erbracht. Diese Welt brauchte den Krieg, um Frieden zu erzwingen, denn mit wahren Idealen war nur das deutsche Volk gesegnet. Der Rest der Welt versank in Gier und Barbarei.

Dieser Wahnsinn war allgemein. Niemand widersprach dem Kriegsgetön. Auch nicht die Leute vom Stift. Man redete über Bündnisse, Freunde und Feinde.

Vielleicht waren Marie und Frieder in diesen Tagen die einzigen im Stift, denen martialische Kaiserworte weniger wichtig waren. Marie und Frieder dachten an ihre Hochzeit und an ihre Arbeit und hatten damit genug zu schaffen.

»Ist doch gut, dass du nun schon unter den Soldaten gewesen bist«, sagte Marie, als sie über den Zaun hinweg junge

Männer in Hochstimmung in die Kasernen laufen sah. »Da wird man dich nicht brauchen.«

Der Satz war dumm und Frieder wusste das, widersprach seiner Braut aber nicht.

Wie so oft hatten die Leute vom Stift viel mit sich selber zu tun. Es lebten nun einhundert Pfleglinge in der Anstalt. Darauf war man stolz. Und man war stolz darauf, dass die Pfleglinge Woche für Woche an Gewicht zunahmen. Jedes neue Gramm Fett bewies den Erfolg der täglichen Arbeit.

Auch Maries Mädchen waren nicht mehr so dünn, wie an dem Tag, als sie ins Heim einzogen. Das galt auch für Lisa. Niedlich und hübsch war sie längst nicht mehr. Marie in ihrem Stolz sah das nicht, wohl aber Schwester Gertrud. »Da hat das Mädchen wenigstens ein Polster, wenn es mal anders kommt«, antwortete die Diakonisse, als Marie ihr stolz die Gewichtstabelle zeigte, in der alle Maße des Pfleglings verzeichnet waren. Ein Lob hörte sich anders an.

Marie erzählte es ihrem Bräutigam. Frieder aber gab der Schwester Recht. »Wenn der Krieg erst richtig ausbricht, brauchen wir alle ein gutes Polster.«

»Meinst du, das wird so schlimm?«, fragte Marie.

Vorerst noch schwebte Marie durch die Tage. Der Kanonendonner, der sich vom Ohrdrufer Truppenübungsplatz alle Tage über die Stadt ergoss, störte sie nicht. Maries Gedanken kreisten um die Trauung, die Wohnung und Frieder.

Als der sagte: »Geht Österreich gegen Serbien, gehen wir mit«, antwortete sie zum zweiten Mal: »Wie gut, dass du deine Soldatenzeit hinter dir hast.«

Sie planten die Hochzeitsfeier im Gasthaus »Jungfernsprung«. Maries Bedenken wegen des doppeldeutigen Namens, wurden vom Schwiegervater lächelnd abgewiesen. Auf solche zweideutigen Gedanken kämen nur zugezogene Pfarrerstöchter, meinte er, Arnstädter nie.

Als sie beim Jungfernsprungwirt das Festessen bestellten, bekam Marie doch etwas von der großen Krise in der Welt zu spüren.

»Ich habe zwar reichlich im Eiskeller für gute Gäste

gelagert«, sagte der Gastwirt und rieb sich die dicken Hände. »Aber Sie wissen ja selbst, junge Frau, die Menschen raffen, was sie nur können. Wie die Hamster. Da kann ich die alten Preise natürlich nicht halten. Hoffentlich geht es mit dem Krieg recht bald richtig los. Dann wird es besser werden. Stehen wir erst in Paris, wird uns der Franzmann schon liefern. Aber bis dahin ...«

Er drückte ihr ein neues Angebot in die Hand, das Marie erbleichen ließ.

»Frieder, sieh dir das an, wir können uns das Heiraten nicht leisten.«

Frieder besah das Blatt. Überrascht war er nicht.

»Dabei muss es aber bleiben«, sagte er dem Wirt. »Am Abend gibt es keine Brote und kein Bier. Nach dem Kaffee ist Schluss.«

HOCHZEIT Herbst 1914. Trauung in der Arnstädter »Neuen Kirche« am Markt. Marie und Frieder schwebend und taumelnd im Glück. Es taumelte auf seine Art auch Emil Petri, nur nicht vor Glück. Ihn trieben Sorgen um. Wenn Pfarrer taumeln, hört man es ihren Predigten an. Was hatte er den Brautleuten zu sagen?

Vorne am Altar das junge Paar. Marie war Fürstin im weißen Kleid. Frieder würdig wie nie. Vielleicht etwas zu nachdenklich. Die Familien und die Leute vom Stift, Pflegende und Gepflegte, besetzten die weiß lackierten Bänke. Sentimentales Heulen und Schluchzen bis unter die gewölbte Decke. Alle mochten Marie und den Schuster. Die Pfleglinge schwankten zwischen Freude und Neid. Sie sangen »Großer Gott, wir loben dich«.

Der alte, verwitwete Pfarrer Xylander saß auf einem Ehrenstuhl rechts vom Altar. Klein und zerbrechlich versank er in den Falten seines Talars. Einmal erhob er sich und las aus der Bibel. »Die Liebe höret nimmer auf ...« Er rührte die Gemeinde zu Tränen.

Petris Predigt begann nüchtern. Nachdem er alles ausgesprochen hatte, was zum Vers »Seid fruchtbar und mehret euch!« von einem Pfarrer gesagt werden musste, waren seine Gedanken schon wieder beim Stift, dem es an allen Ecken an Geld fehlte. Petris Predigt kam von der Geldnot gar nicht mehr los. Er merkte es, hielt inne und las noch einmal den Vers von der Fruchtbarkeit und dem Mehren.

Endlich fragte er das Paar nach ihrem »Ja«.

Die Hochzeitsgemeinde war mit den Antworten der Brautleute zufrieden.

Maries »Ja« klang deutlich, fast trotzig wie früher. Frieders laut, so als hätte er endlich gewonnen.

Sie fuhren in einer Kutsche über den Markt, am Rathaus und der »Liebfrauenkirche« vorbei zum Jonastal in das Gasthaus »Zum Jungfernsprung«.

Der Wirt begrüßte die Gesellschaft mit frommen Wünschen und Eigenlob. »Und dennoch oder gerade darum soll heute niemand hungrig und durstig nach Hause gehen. Und wenn es das letzte Fest ist, das wir hier feiern.«

Konsistorialrat
Emil Petri

61

In der Nähstube

Hunger und Giftgas

KRIEGSBEGINN Allgemeine Mobilmachung. Als das Deutsche Reich in den Krieg eintrat, war der Jubel groß in Deutschland. War die verwirrte Jugend bislang nur als wilder Haufen deutsche Lieder singend von einer Kneipe zur nächsten gelaufen, hatte sie nun ein Ziel. Auf an die Front! In Arnstadt erzählte man, ein junger Mann hätte sich aus Scham erhängt, nur weil man ihn als Soldat nicht brauchen konnte. Begeistert entflohen Halbwüchsige den Schulen und Universitäten, aus Fabriken und Werkstätten. Die Kasernen vermochten die Menge der Freiwilligen gar nicht zu fassen.

Lang dauerte der Irrsinn nicht an. Bald machten die ersten Gefallenen ihren Nachrückern die Pritschen frei.

Jetzt kannte der Kaiser auch keine Parteien mehr. Deutschland brauchte alle Söhne und Töchter. Auch die Verkrüppelten?

Das hoffte und glaubte Emil Petri. Die allgemeine Euphorie machte um das Marienstift keinen Bogen. Nie glänzte das Bohnerwachs auf den Dielen der Schlafsäle heller. Nie schneiderte, hämmerte und flocht man in den Werkstätten so eifrig wie in diesen Tagen. Nie rollten die Rollstühle stolzer über das Gelände als jetzt, da sie alle gleich waren im Krieg, da sie alle hofften, der Sieg sei ganz nah.

Das Ehepaar Katt stand zwischen all den Begeisterten abseits. Nicht, dass sie den Sieg Deutschlands bezweifelten. Das nicht. Aber Marie hatte schwer geträumt und Frieder über den Albtraum erzählt. Sie hatte geträumt, wie Frieder durch ein eisernes Tor marschierte. Und wenn Marie es auch nie mit eigenen Augen gesehen hatte, so war es doch das Tor der Schwarzburger Kaserne. Immer kleiner und kleiner wurde Frieder hinter dessen Gittern und verschwand dort im dunklen Nichts.

»Ich bin hier, Marie. Ich geh doch nicht weg«, sagte Frieder. Es gelang ihm aber nicht, sie zu trösten.

»Sie werden nicht nur Kinder brauchen im Heer. Gefreite wie dich brauchen sie auch, wenn wir siegen wollen.«

Monate lang hatte Marie sich selber belogen. Nun ging das nicht mehr. Marie wusste nun, dass man den Gefreiten Frieder Katt von heute auf morgen zurück in die Kaserne befehlen konnte. Und dieses Mal zogen sie ihn nicht in ein Spiel, nicht ins Manöver, sondern in den blutigen Krieg. Das Ehepaar erwartete Frieders Stellungsbefehl jeden Tag. Erst wenn der Postbote an ihrem Haus vorüber war, atmete Marie auf bis zum nächsten Morgen.

Nicht nur draußen an der Front war Krieg. Der Krieg schlug bald auch Breschen ins Stift. Er brach ein in die Welt der Versehrten, Diakonissen und Helfer. Seine Waffe war Hunger.

Die Vorräte reichten nicht, einhundertzehn Pfleglinge jeden Tag satt zu bekommen. Und als die Pfleglinge die Not der Köchinnen und des Direktors spürten, wurde der Hunger der Leute im Stift noch größer als sonst und schmerzte und ließ sie alle nicht schlafen.

Petri bettelte. Er mahnte die Christen in den umliegenden Dörfern zur tätigen Nächstenliebe. Sein Bitten und Beten half. Sie brachten Kartoffeln und Kohl ins Stift und dennoch reichte das alles nicht aus. Es fehlte nun auch an Material für die tägliche Arbeit in den Werkstätten. Gleich nach Kriegsbeginn wurde die neue, viel gelobte Maschinenstrickerei des Marienstiftes wieder geschlossen. Man war so stolz auf sie gewesen. Die Strickmaschinen standen für die Zukunft. Nun wurde die Zukunft verschoben, weil es an Garn zum Arbeiten fehlte.

Das zweite Kriegsjahr 1915 stürzte das Land in noch tiefere Not. Längst hatten sie neue Versehrte in die Häuser des Stiftes getragen. Männer, denen feindliche Granaten Hände und Füße abgerissen, denen Kugeln und Bajonette Nerven und Sehnen zerrissen hatten. Die Verwundeten fühlten sich unter den

Krüppeln im Stift nicht wohl. Waren sie nicht ganz anders als solche wie Lisa oder Ernst? Sie waren doch Helden!

Einmal rollte Ernst Jakob an ein Bett, in dem ein Soldat lag, dem man beide Füße abgenommen hatte. Er wollte dem tapferen Mann für sein Heldentum danken. Der tapfere Mann jagte Ernst Jakob wüst spottend zum Teufel. Danach hielt sich Ernst Jakob einige Tage lang mit patriotischen Reden zurück.

Die Kriegswirklichkeit fand viele Wege nach Arnstadt. Schwarz umrandet, mit markigen Trostsprüchen verbrämt, las man tagtäglich Gefallenennamen in der Zeitung. Die Anzeigen brauchten mehr und mehr Platz. Blöd jubilierende Freiwillige zogen nicht mehr durch die Stadt. Stellungsbefehle ersetzten den abhandengekommenen Enthusiasmus. Noch immer war keiner von ihnen an Frieder Katt adressiert.

Zu Weihnachten 1915 beteten die Pfarrer seltener für den Sieg der deutschen Sache, öfter dafür um Frieden. Konsistorialrat Petri tat es ebenso.

Auch Marie lag betend dem Herrgott in den Ohren. Sie wollte, dass Gott den Gefreiten Frieder Katt auf dem Amt vergessen sein lässt oder unabkömmlich. Und Gott schien weiter auf Marie zu hören. Noch im Sommer 1916 lehrte Frieder im neuen Handwerkerhaus seinen Lehrlingen das Schustern und führte eine gute Ehe mit Marie.

Die Lage im Land wurde schlechter und schlechter. Emil Petri jagte Spenden nach. Die Fürstin gab, doch auch ihre Spende verdampfte zu Nichts in der wachsenden Not. Die Arbeit der Werkstätten rechnete sich nicht. Das eingesetzte Material war teurer als der Erlös. Die Handarbeiten der Mädchen ließen sich lang schon nicht mehr verkaufen. Unbeschäftigt und nutzlos zu sein, quälte die verkrüppelten jungen Leute noch mehr als der Hunger.

In der Kriegszeit wurde alles, was von der Not etwas ablenkte, zur kleinen Sensation. Der Schützengraben zwischen der Arnstädter Bärwinkel- und der Güntherstraße war solch eine Sensation für die Stadt und das Stift. Er sollte die Arnstädter lehren, wie es zuging an der Front. Der Schützengraben sollte den Siegeswillen stärken. Man pilgerte zu ihm, machte, wenn kein Schutzmann in der Nähe stand, Witze und hatte nach der Besichtigung größere Angst als zuvor.

Auch Marie und ihre Mädchen besuchten den Schützengraben. »Da klettern die Soldaten hinein und dort schießen sie hinaus und keiner kann sie treffen«, erklärte Marie und bezweifelte dabei, dass so ein Graben zu irgendwas anderem taugte, als darin begraben zu werden.

Lisas Stimme war längst so rund und voll wie sie selbst. Lisas Stimme klang der einer Lehrerin ähnlich, nicht nach einem Pflegling. »Wo kommen denn die schießenden Feinde her?«, fragte sie laut. »Kommen die von der Wachsenburg oder aus der Stadt?«

Nur langsam begriffen die umstehenden Arnstädter, wer die Frage stellte. Nur zögernd begannen sie darüber zu lachen. Feinde in Arnstadt?

»Was lacht ihr denn so?«, fragte Lisa verärgert. »Ist das Loch denn nicht dazu da, um die Toten schnell zu verscharren?«

Einige verstummten, andere lachten lauter.

»Wo soll ich mich denn verstecken, wenn der Feind kommt?«, fragte Lisa nach. »Da oder da?«

Darauf wusste keiner eine Antwort. Die Frage hatte sich noch niemand gestellt. Die Arnstädter Söhne wurden anderswo erschossen, weit weg im Osten oder im Westen.

EIN KIND IM KRIEG   Vielleicht stand der Gefreite Frieder Katt wirklich nicht in ihren Listen. Vielleicht hatte Konsistorialrat Petri den Schuster unersetzbar genannt. Wer, wenn nicht Geselle Katt, sollte denn den Lehrlingen das Schusterhandwerk lehren? Vielleicht hatten die Offiziere weiche Herzen und nahmen Rücksicht auf Katts schwangere Frau. Vielleicht ging der Krieg zu Ende, bevor das Kind geboren war?

So rund, wie Marie nun war, konnte sie keinen Pflegling mehr aus dem Bett oder dem Rollstuhl heben. Die anderen Arbeiten tat sie wie immer. Sie sorgte für Ordnung, wusch die Mädchen und die verletzten Soldaten, die nun auch in den Heimzimmern untergebracht waren. Am Abend saß sie mit ihrem Mann am Küchentisch und sie lasen die Kriegsberichte der Zeitung. Nur bei Nacht weinte Marie und wenn Frieder sie fragte, warum, wusste sie angeblich keinen Grund.

Dann kam der gefürchtete Tag. Im Februar übergab ein Postbeamter Frieder den schriftlichen Stellungsbefehl persönlich. Am 1. März war Frieder schon fort. Mehr als die Photographie des Hochzeitspaares vor der »Neuen Kirche« war Marie vom Vater ihres ungeborenen Kindes nicht geblieben.

Die letzten Tage bis zur Geburt wurden zur Qual. Arbeiten konnte Marie nicht mehr. Sie wurde von den Leuten aus dem Stift besucht und fühlte sich dennoch verlassen. Von Frieder keine Nachricht. Es war, als wäre er tot.

»Warum lässt Gott das zu?«, fragte Marie jeden, der zu ihr kam, und vergaß, dass ihre Besucher fast alle die gleichen Sorgen ertrugen wie sie.

Es kamen die Mädchen aus dem Heim. Sie berührten Maries Bauch. Nicht alle verstanden, was da geschah. Diakonissen stiegen zu Maries Wohnung hinauf, um sich nach ihrem Befinden zu erkundigen. Sie brachten fromme, gut gemeinte Bibelverse mit, in denen das Wort »Prüfung« alles zu erklären schien.

Auch Schwester Gertrud suchte die Hochschwangere auf. Für ein paar Minuten nahm sie sich Zeit, hielt ihr die Hand und schwieg.

Dann musste sie schon wieder fort, denn die verwundeten Männer, die sie ins Haus gelegt hatten, litten und fluchten und starben oder rissen derbe Zoten, die nicht in das Haus passten. Bei Nacht schrien sie auf vor unsagbarer Angst. Bei Tag verfolgten sie die Frauen mit Blicken und gierenden Händen. Jede Minute, die Schwester Gertrud außer Hause war, fürchtete sie, das Chaos könnte das Stift überwältigen.

Max, das erste Kind von Marie und Frieder Katt, wurde im Spätherbst geboren. Max Katt war gesund und hungrig. Maries Furcht, den Sohn nicht satt zu bekommen, wurde zur zweiten großen Sorge ihres Lebens.

Frieder Katt, der Vater, schien vom Krieg verschlungen. Maries Fragen bei den zuständigen Stellen führten zu nichts als zu unklaren Vertröstungen aus den Mündern von Uniformierten, die ihr nicht in die Augen sahen. Wenn man ihr sagte, keine Nachricht sei besser als eine Todesnachricht, war das kein Trost.

Nachts, wenn Max Ruhe gab, schrieb sie Briefe. Sie meldete Frieder die Geburt des Sohnes, bat Frieders Vorgesetzte für den Vater um Urlaub, zur Taufe des Kindes. Sie berichtete von der Arbeit und dem Hunger im Stift und wie sie sich nach ihm sehnte.

Irgendwann erwartete sie keine Antwort mehr und schrieb dennoch weiter.

Eines Tages, seit Frieders Einberufung war schon über ein Jahr vergangen, bekam Marie einen offiziellen Brief, in dem der Gefreite Frieder Katt als vermisst, nicht aber tot gemeldet wurde. Der Brief änderte nichts in Maries Leben. Nicht einmal das Schreiben gab sie auf. Max brauchte sie und im Stift brauchte man sie und wer sie nicht kannte, der dachte, Marie sei eine tapfere Soldatenfrau.

Die Häuser der Stiftung wurden mit Verwundeten belegt. Die Pfleglinge rückten zusammen. Keine Ecke, keine Kammer, in der die Menschen nicht aufeinander hockten.

Marie war unersetzlich und Max' Großmutter versorgte den Enkel. Sie kam jeden Morgen in die Krappgartenstraße und Marie verließ das Haus. Immerhin teilte Schwester Gertrud die junge Mutter nicht für die Nachtdienste ein. Da wiegte Marie ihren Sohn in den Schlaf und schrieb ihre Briefe ins Unbekannte. Sie schrieb über Max. Dem Kind ging es gut. Max konnte lächeln wie ein Engel. Sie schrieb Frieder von der Arbeit.

Wie herzensgut und fürsorglich ist doch unsere Fürstin Marie! Denk nur, jetzt schenkt sie der Stiftung einen großen Garten im Süden der Stadt und eine Villa dazu. Dort soll der Direktor wohnen. Im Garten wird Gemüse und Obst angebaut, damit wir uns besser versorgen in den schweren Zeiten. Ich fürchte aber, auch das wird nicht reichen.

Die Wirklichkeit war schlimmer als das, was Marie dem Vermissten schrieb. Wie sollte sie die Pfleglinge beruhigen und beschäftigen, wenn sie nichts hatte? »Mit dem bisschen Hunger kommen wir schon zurecht«, log Marie, wenn die Mädchen gar zu laut schimpften. »Beklagt euch nicht, dass es nur dünne Suppe gibt! Andere haben gar nichts zu essen.«

»Der Bäcker hat wieder Sägespäne eingebacken«, fluchten die Kinder, doch Marie wusste es angeblich besser. »Das kann nicht sein. Wer kein Brennholz hat, hat auch keine Späne zum Backen.«

Tage lang saßen Maries Mädchen an ihren Plätzen, hielten sich mit Decken warm, starrten Löcher in die Luft und schaukelten ihre Körper. Die Schwestern und Helfer waren ratlos. Bald würden die Pfleglinge alles vergessen haben, was sie im Stift mühsam erlernt hatten.

Manchmal beneidete Marie ihre Mädchen darum, dass sie nicht begriffen, was um sie geschah. Marie hatte Frieders Bild immer vor ihrem inneren Auge, sah ihn verwundet oder tot irgendwo in der Fremde.

Schon im Herbst froren die Leute vom Stift. Alle, auch der Direktor, gingen in dicken Mänteln über die Gänge. Die »Läufer«, also alle, die nicht in Rollstühlen saßen, wurden zur Holzsuche in die Wälder geschickt. Oft kamen sie mit leeren Rucksäcken zurück. Der nahe Wald an der Alteburg war von Brennholz so sauber wie eine frisch gefegte Straße.

Rauer wurde der Ton unter den Leuten vom Stift. Selbst Schwester Gertrud konnte nichts daran ändern. Sie redeten schroff wie kläffende Hunde. Bei Tisch entbrannten Kämpfe um Brot und Margarinereste. Die geschickten Lehrlinge waren mit Messern und Gabeln schneller als die Gelähmten. Die hilflosen Pfleglinge heulten, die Kriegsverstümmelten suchten ihr Glück mit schroffen Befehlen, auf die niemand hörte.

Die Diakonissen hielten die Speisekammern streng verschlossen und irgendwie bestahl man sie doch. Wenn sich unter den Pfleglingen die Wut in Prügeleien entlud, die Rollstuhlfahrer nach den Läufern schlugen und die krummen Kinder einander mit Krücken jagten, glich das Stift einer Hölle.

So hatte der Krieg sich ins Stift eingegraben. Er schlug um sich wie ein Tier, vergiftete mit seinem faulen Atem die Luft in den Räumen, schlug mit seinem langen Schatten die Menschen in Angst.

Und nicht nur draußen an den Fronten siegte der Tod. Tuberkulose griff nach den Schwächsten und zersetzte die Lungen wie das Giftgas in Verdun.

Tod beherrschte die Welt, Tod erschütterte das Stift, Tod allüberall. Und die Pfleglinge, die schlauen wie die geistesschwachen, gingen umher wie verängstigte Schafe.

Manchmal sagte Lisa, sie hätte den Sensenmann über den Gang schleichen sehn. Sie rief es über die Tischlänge, damit Marie es hören musste und auch Ernst Jakob, der immer wieder vom Heldentod faselte und Lisa das Geschwätz verbieten wollte.

Und wenn dann die Tischnachbarn wütend wurden oder in ihrer Einfalt zum hundertsten Mal erschraken, griff Lisa ganz schnell in den Brotkorb und schob sich in den Mund, was sie zu fassen bekam.

GRUNDSCHULLEHRER HEINRICH MEYER SUCHT DIE NÄHE VON MARIE KATT

»Ihm ist, als ob es tausend Stäbe gäbe und hinter tausend Stäben keine Welt.« Es war kein Panther, der hinter den Käfiggittern im Zirkus seine kurzen Runden drehte. Es war nur eine magere Löwin, deren Knochen durchs matte Fell stachen. Die dünne Löwin passte in die Vorstellung. Mitten im Krieg besuchten die Leute vom Stift einen wandernden Zirkus. Mitten im Krieg etwas Freude gegen Hunger und Furcht.

Heinrich Meyer, der neu angestellte Grundschullehrer der Stiftung, konnte nicht anders, als Frau Marie Katt seine angelesene, schwermütige Assoziation mitzuteilen: die schwächelnde Löwin wie Rilkes Panther gefangen, gefesselt, gezähmt, ihrer Heimat und ihrer Kräfte beraubt. Ein Bild für die Welt.

Da Marie vielsagend schwieg, hoffte Meyer, in ihr eine Seelenverwandte gefunden zu haben. Er fühlte sich ihr und der Löwin sehr nah. Auch seine Welt war dabei, zu entschwinden. Sein Gitter hieß Herzinsuffizienz. Heinrich Meyer war nicht kriegstauglich. Eine Diagnose – erschreckend und schützend zugleich.

Lehrer Meyers Art, sich in das Dasein zu fügen, war Arbeit und Sehnsucht. Er war ein Pädagoge mit Verständnis und Geduld. Er verehrte die einsame Frau neben sich heimlich und ausdauernd, ohne dreiste Aufdringlichkeit.

Wie zufällig legte Meyer seine rechte Hand auf Maries linken Arm. Die Löwin hatte einen kleinen Sprung gewagt.

Marie zog ihren Arm unaufgeregt zur Seite. Da murrte Meyer nicht, sondern wendete sich nur nach links und putzte Lisa die Nase sauber, was die junge runde Frau vor lauter Aufregung ganz vergessen hatte.

Es war ernüchternd für Meyer, dass Marie Katt, die junge Mutter und Kriegerwitwe (dafür galt sie im Stift), die Leidenschaft für Rilke doch wohl nicht mit ihm teilte. Marie hatte kaum einmal Rilkes Namen gehört und gab das auch zu. Marie las ihre Marlitt. Manchmal zitierte sie Claudius, wenn der Mond am Himmel stand. Mehr Lyrik kannte sie nicht. Vielleicht lag es daran, dass Meyer der Frau nicht näherkam. Auch heute nicht beim Zirkusbesuch der hundert Leute vom Stift. Marie hielt ihn auf Distanz. Wie ein Schild trug sie Max auf den Knien und klammerte sich an ihrem Kind fest.

»Lehrer Meyer will was von dir«, sagte Lisa in der Pause.

»Was denn?«, fragte Marie und tat so, als wüsste sie nicht, worüber Lisa redete.

»Dein Prinz werden«, sagte Lisa und lachte dazu albern und laut.

»So was darfst du nicht sagen, Lisa. Ich bin doch verheiratet. Hast du meinen Mann Frieder vergessen?«

»Lehrer Meyer will dein neuer Prinz werden«, beharrte Lisa.

Endlich rief die Kapelle zurück in die Manege.

Wieder saßen sie auf den harten Zirkusbänken nebeneinander. Clowns sprangen durch das Zirkusrund. Marie blieb unnahbar. Max aber saß nun auf Lehrer Meyers Knie und lutschte Bonbons, die der Pädagoge zufällig in seiner Tasche mit sich trug. Woher er sie in diesen Zeiten nahm, blieb sein Geheimnis.

Wer war Heinrich Meyer? Lehrer Meyer begann seine Arbeit im Stift ein halbes Jahr nachdem Frieder Katt zum zweiten Mal eingezogen worden war. Marie Katt, die unentbehrliche Helferin im Heim, die blonde Fürstin vom Stift, sie war Meyer sofort aufgefallen. Sie war ihm wie ein Lichtblick zwischen all den Diakonissen mit ihren gesteiften Hauben, den Schwachsinnigen und Verkrüppelten, den Krücken und Rollstühlen.

Nein, die Grundschule der Stiftung war nicht Meyers erste Wahl, als der Pädagoge nach einem Arbeitsplatz suchte.

Unter dem Dach des Marienstiftes war es einem freien Denker wie ihm eigentlich zu fromm, und schwachen Kindern das Alphabet zu lehren, war kein Lehrertraum. Doch Meyer war selber krank. Das kranke Herz verbot ihm nicht nur, Soldat zu werden, sondern auch das Lehramt an einem Gymnasium. Er machte das Beste daraus.

Meyer war kein schlechter Mensch und er konnte sich in sein Schicksal fügen, ohne lange zu klagen. Inzwischen hatte er sich an das besondere Treiben im Haus gewöhnt. Er hielt es aus, wenn seine Schüler ihn liebkosten. Er ertrug es, jeden Morgen mit dem Alphabet geduldig von neuem zu beginnen. Und hätte Meyer die Kriegerwitwe Katt für sich gewonnen, er wäre vielleicht im Marienstift glücklich geworden. Er drängte sich der Frau nicht täppisch auf. Er stieg ihr nicht nach. Er nutzte nur jede Gelegenheit, mit ihr zu reden. Unter einem Zirkuszelt im Angesicht einer brüllenden Löwin, mit dem Sohn auf dem Schoß und Bonbons in der Tasche erhoffte er sich viel. Wer wollte es ihm verdenken?

Oberschwester Gertrud Ranft

Die Bewohner des Alten Hauses

In der Schusterwerkstatt

Eine fremde Zeit und ein fremder Mann

(1918–1932)

WITWE KATT? »Frau Katt, haben Sie schon gehört, was in Russland vor sich geht? Revolution! Ich sage Ihnen, der Krug geht zum Brunnen, bis er bricht. Selbst Jesus warf die Händler aus dem Tempel. Sie verstehen, was ich meine. Unser Vaterland hätte eine Revolution bitter ... Na, ich sage nur, selbst der treueste Hund wird beißen, wenn er zu oft getreten wird.«

Das sagte Herr Meyer zu Marie. Es war Herbst 1918. Auch ohne Revolution hatten sie im Stift Sorgen und Kummer mehr als genug. Pfleglinge starben an Auszehrung. Die Tuberkulose griff um sich. Vier Tote in kurzer Zeit.

Und dann hieß es, der Krieg sei zu Ende. So lasen sie es in der Zeitung. Der Kaiser floh nach Holland ins Exil. Das besiegte Kaiserreich brach endgültig zusammen. In der Stadt und im Stift hungerten sie deshalb nicht weniger als zuvor.

Lehrer Meyers Revolution kam näher. An Arnstadts Rathaus hing eine blutrote Fahne. Weil Marie das nicht glauben wollte, führte Herr Meyer sie und Max auf den Marktplatz und zeigte das purpurne Tuch so stolz, als hätte er es selbst aufgepflanzt. Im Klassenraum des Stifts freilich sagte und zeigte Meyer so etwas nicht. Hier betete man in gewohnter Art um das tägliche Brot und arbeitete pragmatisch dafür, dass niemand verhungerte.

Auf einmal waren Kaiser und die Fürsten Vergangenheit. Nicht nur Marie fragte sich ernsthaft, ob und wie es ohne die Hoheiten weiterging.

»Die Revolution ist das eine, aber was ist unser Stift ohne die Fürstin?«, fragte sie. »Wer kann etwas gegen eine so gute Frau wie unsere Fürstin Marie haben? Wenn jemand gab, dann sie. Denken Sie an den Garten, den sie dem Stift schenkte, und die Spenden! Was soll ohne sie aus uns werden?«

Da erklärte Heinrich Meyer Marie die politische Situation, redete über Arbeiterräte und die Machtfrage. Verbrecher seien sie alle gewesen, Zaren und Kaiser – Fürstinnen ließ er unerwähnt, um es mit Marie nicht zu verderben. Der Sozialismus dagegen, der nun nicht mehr aufzuhalten sei, gleiche nicht wenig dem Himmel, von dem auch ihr Vater gepredigt hatte, denn Nächstenliebe und Sozialismus wären schlussendlich ein und dasselbe. Himmel auf Erden!

Marie hörte zu, als erzählte Herr Meyer ihr schöne Märchen.

»Herr Meyer, Sie träumen wilder als Max, wenn er fiebert«, sagte sie und Herr Meyer widersprach ihr nicht.

Der Krieg war verloren. Das Leben blieb unerträglich. Auch jetzt bekam Marie keine Nachricht von ihrem Mann. Nichts, was ihr erklärte, wo er verschollen war. Für die Leute vom Stift war sie Witwe Katt. Max kannte keinen Vater. Max kannte nur den freundlichen Herrn Meyer, der Bonbons in der Tasche trug und mit ihm Späße machte.

Einmal fuhren die Kinder vom Stift zum Ausflug in den Thüringer Wald. Sie rollten in Kremserwagen und sangen fromme und lustige Lieder. Singen und Spielen kostete nichts. Vierzig Pfleglinge und Diakonissen, Max, Marie und Herr Meyer, der mit Max sein Butterbrot teilte, waren dabei.

»Danke, Vati!«, rief Max.

Alle hatten es gehört, auch die Diakonisse Frau »von« und Schwester Gertrud. Herr Meyer lächelte stolz. Marie aber wurde über und über rot, als hätte sie Frieder die Treue gebrochen.

Heinrich Meyer wagte eines Tages, die Wahrheit auszusprechen. Er begleitete Marie und Max bei einem Arztbesuch und trug das fiebernde Kind auf seinen Armen bis in die Praxis. Zurück in der Krappgartenstraße legten sie Max in sein Bett. Marie wollte sich bedanken und ihn aus der Wohnung schicken, da sagte Meyer, es sei auch für das Kind besser, es zögen klare Verhältnisse ein. Er wolle der Vater für Max und ihr Ehemann sein. Marie wusste keinen Grund ihm zu widersprechen. Sie versprach, sobald Frieder für tot erklärt sei, Heinrich zu heiraten, denn das sei das Beste für das Kind und für alle. Dann küsste sie ihn auf die rechte Wange.

EIN FREMDER Schwer bepackt betraten Heinrich Meyer und Marie das Treppenhaus in der Krappgartenstraße. Max hing an Maries Hals. Meyer schleppte einen Sack mit Kohlen und Holz. Woher er die Schätze nahm, hatte er nicht verraten. Endlich auf Maries Etage angekommen, warf Meyer den Sack von sich, schnaufte schwer aus der herzkranken Brust und stand unschlüssig vor der Wohnung. Wohin es ihn zog, stand ihm im Gesicht. Marie aber wollte es nicht bemerken. Noch immer waren sie nicht verheiratet. Da gab Meyer der Frau einen Wangenkuss und ging so wie jeden Tag hinüber ins Stift in sein kleines Zimmer.

Als Marie ihren Schlüssel im Schloss drehte, war die Türe unverschlossen. Sie erschrak. Sie drückte die Türe auf, tastete nach dem Lichtschalter und sah den fremden Mann. Er saß mit dem Rücken zu ihr am Fenster und rührte sich nicht. Sie sah den verdreckten grauen Mantel, der ihm wie eine Plane über den Rücken hing. Sie sah seinen kahlen, vergrindeten Schädel. Nichts an dem fremden Menschen erinnerte an ihn und dennoch verstand Marie, dass Frieder heimgekommen war.

Er rührte sich noch immer nicht. Auch Marie blieb stumm. Da fing Max zu weinen an und wollte auf den Boden. Sie hielt ihr Kind fest. Max heulte noch lauter. Marie hätte jetzt Frieders Namen rufen, ihm entgegenlaufen und vor Wiedersehensfreude weinen müssen! Sie blieb still, schien sich nicht in ihre Wohnung zu trauen.

»Stör wohl?«, sagte der Mann am Fenster. »Dein neuer Kerl?«

Endlich trat sie ein.

Einem fremderen Menschen als ihm stand sie nie gegenüber. Auch Max fühlte es. Jetzt klammerte er sich an der Mutter fest. Als Marie ihn endlich auf die Dielen stellte, wusste Max nicht wohin und versteckte sich vor dem Fremden still unter dem Tisch.

»Bist du endlich wieder da«, sagte Marie.

Sie hatte nun auch im Wohnzimmer das Licht angeschaltet und sah den zerlumpten Menschen, der ihr Ehemann war. Neben dem Sofa lagen hölzerne Krücken. Der aschgraue Mantel fiel rechts von den Schultern ohne Widerstand zu Boden hinab. Da war kein Bein, dass er bedecken musste.

Katt wandte sich um. Das ausgemergelte Gesicht schien wie tot. Nicht einmal Frieders Augen erkannte Marie wieder.

»Gott sei Dank, dass du da bist«, sagte Marie. Sie berührte ihn flüchtig an der Hand. Dann suchte sie Max unter der Tischplatte und sagte: »Sieh, das ist dein Vater.«

Max weinte heftig.

»Ich muss mich um Max kümmern.« Marie zog das Kind weg in die Küche.

Sie versorgte Max, legte ihn schlafen und setzte sich neben ihn ans Bett. Dann sagte sie mehrmals hintereinander: »Dein Vater ist zurück«, so als müsse sie ihn und sich selbst überzeugen.

Marie hantierte in der Küche. Frieder bewegte sich nicht. Endlich rief er: »Komm her! Hilf mir! Ich muss scheißen.«

Im Stift hatte Marie Schlimmeres gehört als das. Sie wurde fast froh über Frieders Befehl, denn jetzt wusste sie, was sie zu tun hatte.

Sie kam, zog dem verkrüppelten Mann den Militärmantel von den Knochen, sah die Verwundung an seiner Schulter und bot ihm an, dass er sich auf sie stützte. Unter die andere Schulter schob sie seine Krücke.

Dann führte sie ihn auf das Klo und tat ohne zu zögern alles, was notwendig war.

Als Frieder wieder im Sessel saß, heizte Marie den Ofen mit der Kohle, die Heinrich Meyer für sie gestohlen hatte. Später wusch und rasierte sie Frieder und verband den Beinstumpf und die Schulter. Wunden verbinden konnte sie gut.

»An deinem neuen Galan ist bestimmt noch alles dran«, sagte Frieder.

Sie antwortete nicht. Als sie Frieder den Schlafanzug reichte, zum ersten Mal hatte er ihn zur Hochzeitsnacht getragen, versuchte Marie zu lächeln. Das gelang ihr nicht.

Dann führte sie Frieder zum Bett und deckte ihn zu wie ein Kind.

Morgen wollte sie reden, morgen, nicht heute.

Nach zwei Stunden war Frieder wach und schrie nach Essen. Marie saß in der Küche, erschrak und suchte alles herbei, was in den Schränken zu finden war. Aufstehen wollte er zum Essen nicht. Das Bein über der Decke, ein Kissen im Rücken, stopfte Frieder alles in sich hinein, was sie ihm gab. Er war wie ein hungerndes Tier, eine verängstigte Kreatur, die nichts wieder hergab, was sie einmal zwischen den Fingern hatte.

Dann war der Teller leer und er gab Ruhe.

»Ich komme auch gleich«, sagte Marie, während sie das Bett vom Schmutz befreite.

Sie log. Sie blieb in der Küche und hörte die Nacht lang auf das Schnaufen des Mannes.

DAS LEBEN GEHT WEITER Schnell sprach sich Frieders Heimkehr herum. Die Diakonissen und Frommen redeten zuerst von einem Wunder. Nachdem sie aber Frieder mit eigenen Augen gesehen hatten, kam ihnen das Wort nicht mehr aus dem Mund.

»Du lebst. So danke Gott!«, sagte Frieders Vater, als er den zerschlagenen Leib des Sohnes sah und seine raue Stimme hörte. Meister Katt war einstmals aus dem Krieg 1871 unversehrt als Sieger zurückgekehrt. Die Zeit hatte seine Kriegserinnerungen verklärt. Er verstand seinen Sohn so wenig wie alle anderen, die nicht im Dreck der Schlachtfelder gelegen hatten.

Frieders alte Mutter weinte – erst vor Glück, dann aus Verzweiflung.

Marie aber saß bei alle dem stumm daneben und schämte sich, obwohl ihr niemand Vorwürfe machte – außer der Mann und sie selbst.

An jedem Tag hatte Frieder Besuch. Emil Petri stand schon bald vor ihm. Er brachte einen Bibelvers und ein Stoßgebet mit. »Die auf den Herren harren, kriegen neue Kraft. Nun machen Sie in Gottes Namen was aus der Gnade, die Sie nach Hause brachte!«

Als Katt nichts antwortete, begann der alte Mann, ihn zu ermahnen. Disziplin und Respekt brauche der Mensch, egal ob Krieg herrsche oder Frieden. Auch Respekt vor der Ehefrau und Mutter. Wer weiß, was man Petri über den verkommenen Heimkehrer zugetragen hatte.

Danach kam Petris Angebot. »Kommen Sie bald zurück in die Schusterei! Wir brauchen Sie, Frieder Katt. Wir brauchen Sie auch mit nur einem Bein.«

Frieder war von der Rede Petris weder betroffen noch verärgert. Sie schien den Einbeinigen nur zu verwundern. In welcher heilen Welt hatten sie hier im Stift weitergelebt, als er draußen in der Hölle verreckte?

Als auch Lisa ihren schweren Körper die Treppe hinauf schleppte, hätte Marie sie gern zurück ins Stift geschickt, denn sie wusste nicht, wie Frieder auf die Schwachsinnige reagieren würde.

Er sah sie so verwundert an wie alle anderen Besucher.

»Ich weiß schon immer, dass du kein richtiger Prinz bist«, sagte sie und betrachtete seinen verstümmelten Körper voller Interesse. »Aber jetzt passt du richtig zu uns ins Stift.«

Frieder wendete sich von ihr ab. Marie schob Lisa aus der Wohnung. »Hör nicht auf sie! Sie weiß nicht, was sie sagt.«

»Sie hat Recht«, antwortete Frieder. »Jetzt passe ich erst wirklich dazu. So hat Gott das wohl gemeint.« Er hatte Schmerzen. Das linke Bein pochte und stach, obwohl es längst irgendwo auf einem Acker in Frankreich verwest war.

Und dennoch kam der Verstümmelte langsam zu Kräften. Nach einem Monat schaffte er es bereits bis hinunter zur Straße. Als er danach endlich zurück in der Wohnung war, kroch er in sein Bett, wartete auf Marie und fuhr sie bös an, als sie nach Hause kam. Abgesehen von seinem Bein genas Frieders Körper schneller als Frieders Gemüt. Er humpelte nun täglich durch die Wohnung, stellte sich bei Sonnenschein vor die Haustür und ließ sich von den Nachbarn begaffen. Eine große Sensation bot er nicht. Jeder in der Stadt meinte, er hätte schon übler zugerichtete Invaliden gesehen als ihn.

Endlich saß Frieder Katt wieder auf dem harten Schusterschemel vor den Lehrlingen, wie es Direktor Petri gewollt hatte. Fünf Wochen lang hatte Marie ihn gepflegt, die Schwestern seinen

Beinstumpf versorgt, ein Arzt ihn untersucht und behandelt. Was die Natur und die Pflege tun konnten, war getan. Gesünder konnte der Kriegsversehrte nicht werden. Der Geruch des Leders tat gut und das Hammerklopfen beim Besohlen der Schuhe ging ihm besser als erwartet von der Hand. Von nun an schleppte er sich jeden Tag bis zur Werkstatt. Er wurde wieder ein Teil von ihr, wurde wieder ein Mensch.

Zu Frieders Krankenbesuchern hatte der Lehrer nicht gehört. Jetzt im Handwerkerhaus, wo beide unter einem Dach zu arbeiten hatten, umschlich Heinrich Meyer Maries Ehemann.

Und Frieder wusste, wer das war. Mit groben und vornehmen Andeutungen, gut gemeinten Hinweisen und Erklärungen war der Heimkehrer versorgt. Einige Leute vom Stift konnten nicht anders, als ihm »reinen Wein« einzuschenken. Hatte der arme Mann die Wahrheit denn nicht verdient? Was aber war die Wahrheit? Das hatte Frieder am Ende selbst zu entscheiden.

Lehrer Meyer, ein geduldiger Mann, war beliebt. Frieder fand das schnell heraus. Wenn Meyers Schüler nicht mehr lernen wollten, im Sommer zum Beispiel, wenn die Luft im Klassenraum zum Schneiden war und die Pfleglinge einander lieber schubsten und kniffen als lasen und rechneten, dann blieb Lehrer Meyer Pädagoge, wütete nicht, sondern führte die Pfleglinge ins Freie. So einer war Lehrer Meyer. Kein schlechter Mensch.

Vor fünf Wochen, am selben Tag noch, als Meyer erfuhr, dass Katt heimgekehrt war, hatte er sich von Marie ohne Klage und Streit zurückgezogen. Nein, Heinrich Meyer war kein schlechter Mensch. Er hatte Mitleid mit dem invaliden Mann – und mit Marie und mit sich selbst.

Eines Tages reichte Lehrer Meyer Schuster Katt auf dem Hof Feuer. Auf eine Zigarettenlänge standen sie nebeneinander. Neugierig beobachteten die Leute vom Stift die Szene. Eine Prügelei zwischen einem Herzkranken und einem Einbeinigen war nicht ausgeschlossen.

Und leicht machte es Frieder dem »Galan« nicht. Er fragte, wie es ihm gelungen sei, sich vor der Front zu drücken. Meyer berichtete sachlich von seiner Insuffizienz.

So ging es mehrere Male. Irgendwann hörte Frieder auf, den Lehrer zu beleidigen. Mit Meyer war gut reden. Wäre Frieder nicht aus dem Krieg heimgekehrt, wäre einer wie Meyer für Max ein guter Vater und für Marie ein guter Mann geworden. Und vielleicht, Frieder machte sich da nichts vor, wäre der Lehrer das auch jetzt. Immerhin hatte er noch zwei Beine. Freunde wurden Frieder und Meyer nicht. Aber Frieder hielt es aus, dass es Meyer gab, der seinen Sohn immer noch heimlich mit Bonbons versorgte.

Frieder Katt blieb keine Wahl, als sich in das Leben wie es nun war, zu fügen. Er bekam sich in den Griff mit Beten und Arbeiten.

Jeden Tag übernahm Frieder nun etwas mehr Verantwortung in der Schusterei und mit ihm zog ein anderer Ton in die Werkstatt ein. Seine Stimme blieb rau. Die jungen Männer an den Schusterbänken aber nahmen ihm kaum etwas übel. Er war nun einer von ihnen. Selbstmitleid duldete er so wenig wie Faulheit. Die Lehrlinge fühlten sich ernst genommen. Das tat ihnen gut.

Frieder sorgte für das richtige Maß an Pausen, für das passende Werkzeug. Er lobte, wenn seine Leute gut gearbeitet hatten. Niemals lobte er nur aus Mitleid. Vormachen konnte man Frieder Katt gar nichts. Er hatte selbst krumme Finger, Schmerzen und einen wunden Arsch. Nichts davon hielt ihn von der Arbeit ab.

Einmal stritten sie sich in der Schusterei darum, was gerecht ist. Ein ausgezehrter Lehrling hatte sich vom Teller mehr genommen, als ihm zustand, und wurde dafür gründlich abgekanzelt. Ausgerechnet die Diakonissen ließen kein gutes Haar an dem Jungen.

Da rief Frieder Katt dazwischen: »Wenn eure Gerechtigkeit nicht besser ist als die der Schriftgelehrten, dann werdet ihr nicht in den Himmel kommen.«

Das mussten sie sich von Katt sagen lassen. »Was nimmt sich der Mann heraus?«, fragte Schwester »von« ihre Vorgesetzte noch am selben Tag. »Ist Katt ein dummer Pflegling oder Schuster? Wenn es knapp ist, muss genau geteilt werden.«

»Vielleicht hat Herr Katt einfach Recht«, antwortete Schwester Gertrud. »Gottes Gerechtigkeit ist die Liebe. In der Not kann man das schnell vergessen.«

In diesen Jahren wurde Marie Katt ein stiller Mensch. Sie erwartete ein zweites Kind.

Es gab Nächte voller schmerzender Wut und heulendem Jammer. Da brauchte Frieder Katt Trost wie ein weinender Säugling und Marie nahm ihn in den Arm. Und dann gab es Nächte, da vergaßen beide, was ihnen der Krieg angetan hatte. Sicher fühlte Marie sich immer nur dann, wenn sie den Verstümmelten pflegen und ihm beistehen musste. Oft waren nur böse Worte Frieders Dank an sie, manchmal auch Küsse.

BETTELTOUR Die neue Republik machte der Herrschaft des Hungers kein Ende. Alle paar Wochen hieß es, das Stift würde aus Geldmangel geschlossen. Und dann ging es doch weiter, denn die Leute vom Stift konnten nicht aufhören zu leben. Trotzdem zerfraß die Not den Alltag. Die Menschen draußen tauschten, um zu überleben. Ware für Ware: Grieß für Eier, Wurst für Brot, Holzhacken für Schnaps. Doch was hatten die Leute vom Stift anzubieten? Sie hatten nichts außer Hunger. Sie konnten nur betteln. Petri bettelte mit Bittbriefen, Flugblättern und Lichtbildvorträgen in den Gemeinden.

»Wer helfen will, der sende die uns freundlich zugedachten Gaben. Wir nehmen außer barem Geld und Backwaren auch sehr gern nicht mehr gebrauchte Sachen ...«

Petri schickte seine Leute aus wie der Herr Jesus seine Jünger. Mit leeren Säcken zogen sie los. Mit vollen sollten sie nach Hause kommen.

Auch Marie Katt ging über Land. Nein, weil sie schwanger war, durfte sie fahren – zumindest die erste Hälfte des Weges. Sie saß mit Max auf der Holzbank der Eisenbahn. Neben ihr saß Elisabeth, ein sechsjähriger Pflegling mit einer hölzernen Fußprothese. Max lachte und Elisabeth redete ohne Pause über alles, was sie hinter dem Fenster der Bahn zu sehen bekam. Das Mädchen war glücklich. Dort standen zwei Schafe am Bahndamm. Dort fuhr ein Pferdewagen über einen Acker. Die Bewunderung von Schafen und Pferden war berechtigt. So viele von ihnen gab es nicht mehr auf dem Land. Die meisten Schafe und Pferde waren lange verzehrt. Ob Elisabeth schwachsinnig oder nur sehr munter war, hätten die Mitfahrenden nicht zu sagen gewusst. Ihre Prothese und ihren schief stehenden Rücken sah jeder. Elisabeths hübsches Gesicht und die Verkrüppelung ihres Körpers ließen niemanden kalt. Petri hatte sie nicht ohne Berechnung mit Marie losgeschickt.

Für die Helferin Marie war es das erste Mal, dass sie betteln ging. Für sie war das kein Ausflug wie für Max oder Elisabeth. Die Pfarrerstochter schämte sich zutiefst. Und dennoch raffte sie sich auf und zog den Handwagen an, auf dem Max und Elisabeth solange sitzen durften, bis seine Ladefläche gebraucht wurde.

Man kannte Marie Katt in der kleinen Stadt Plaue gleich südlich von Arnstadt. Das machte ihr die Sache nicht leichter. Die erste Tür, an der sie klingelte, war die des Pfarrhauses. Der Pfarrer, der ihren Vater noch gekannt hatte, war nicht zu Hause. Es öffnete eine fremde Frau, die im Verjagen von Landstreichern und Bettlern Erfahrung hatte. Mit ein paar grünen Äpfeln und einem Kohlkopf wurde Marie von ihr weitergeschickt. Schlechter konnte die Betteltour nicht beginnen.

Als die Frau einen Blick auf Elisabeth warf, sagte sie: »Gehen Sie doch mit Ihren Krüppeln nach Arnstadt ins Marienstift. Die tun zwar keine Wunder, aber besser, als mit den armen Kindchen über Land zu ziehen, ist es alle mal.«

Marie hätte darüber gelacht, wäre nicht der Geruch fetter Suppe bis zu eben jener Haustür gezogen, von der man sie gerade verwies.

Hinter jeder Türe, an der Marie klopfte, waren die Menschen anders: »Wir haben selber nichts. Für die armen Kinder aber geben wir. Wenn man in dieser schlimmen Zeit noch den Herrgott verliert, dann bleibt ja gar nichts mehr.« Meist waren es Arme die teilten und gaben.

Oder: »Ich füttere eure Krüppel bestimmt nicht durch.«

Und: »Mir ist ein Kind verhungert, das nicht so war wie deine da. Eines mit geraden Beinen, das ist tot und die Krüppel sollen leben? Sag ja nicht, dass der liebe Gott das so will.«

Am Ende des Bettelgangs lag dennoch mehr im Wagen, als sie erwartet hatten. Mehl, Gurken, Rüben, ein halbes Brot. Der Weg war nicht umsonst.

Zurück im Stift breiteten Marie und die Kinder ihre Beute auf dem Küchentisch aus. Elisabeth und Max bekamen die Kanten vom Brot nur für sich.

GESETZE UND HOFFNUNGEN

Im Jahr 1929 war Schwester Gertrud eine erfahrene Diakonisse. Die Leichtigkeit, mit der sie zu Anfang alle Patienten und Behinderten geliebt hatte, war selbstbeherrschter Pflichterfüllung gewichen. Sie tat ihre Arbeit gut. Wenn sie aber aus der Hektik überraschend zur Ruhe kam, erschrak sie vor dem ungewohnten Zustand so sehr, dass sie aufsprang und nach dem nächsten Problem suchte. Sie fand immer eines – auf ihrem Schreibtisch oder unter den Kindern eines Schlafsaals oder bei ihren Mitschwestern, deren Vorrat an Nächstenliebe auch nicht unerschöpflich war. Mit ihrer mit den Jahren immer dicker werdenden Brille auf der dünnen Nase lief die kleine Frau über die Gänge, ordnete, lobte, bestrafte und verzehrte sich dabei.

Die Arbeit in den Häusern ließ sich organisieren. Die Veränderungen, die von außen über das Marienstift kamen, nicht immer. Man wartete auf ein neues Gesetz. Die »Krüppelfürsorge« in Thüringen sollte endlich geregelt werden. Auch denen, die sich nicht selber helfen konnten, stand ein würdiges Leben zu. »Gott will, dass allen Menschen geholfen werde«, so hatte es Petri gesagt, so glaubte es Schwester Gertrud, so sollte es nach all den Jahren der Not endlich geregelt sein. Die Leute vom Stift waren bereit. Ob das neue staatliche Gesetz ihre Hoffnungen erfüllte, wusste man nicht.

Was war die größte der Sorgen der Leute vom Stift? Das Geld? Nein, das Geld war es nicht. Irgendwie hatte der Herrgott immer geholfen, wenn die Not am größten war. Schwester Getruds und Petris größte Sorge war, dass so viele verkrüppelte Kinder noch immer in ihren Familien verwahrlosten. Zu Hause wurden sie zwar versorgt, um ein würdiges Leben aber betrogen. Auch das sollte nun anders werden. Das neue Gesetz würde es regeln.

Das Jahr 1929 war ein Jahr der Hoffnung.

Auf Hoffnung war vier Jahre zuvor auch die Klinik des Marien-stiftes gebaut worden. Hätten Emil Petri und alle anderen Ver-antwortlichen in der Stiftung damals nur nüchtern gerechnet, Kosten und Nutzen und die politische Lage sachlich erwogen, kein Stein wäre auf den anderen gekommen. Nun aber stand eine moderne Klinik da – und sie wurde gebraucht.

Hoffnungsvoll war auch ein junger Arzt aus Berlin nach Arnstadt gereist, um in der Provinz eine moderne »Orthopädie« aufzubauen. Dr. Frosch hieß er, war ehrgeizig und unbeschwert genug, sich auf Petris Visionen einzulassen. Ein erster Kandidat für die Stelle hatte das Weite gesucht und längst einen gut bezahlten Posten ganz anderswo. Ihm hatte Petris Hoffnung als Sicherheit wohl nicht gereicht.

»Das überfällige Gesetz muss bald kommen«, versicherte Petri dem jungen Dr. Frosch. »Bald schon. Ohne Zweifel. Dann ist unsere Arbeit auch materiell sicher.«

Woher nahm der Mann seine Überzeugungskraft? Sogar die Herren vom Stiftungsrat vertrauten Petris Prognosen und beschlossen damals den Neubau.

»Fangen wir an! Das Marienstift braucht eine Klinik. Gott will, dass allen Menschen geholfen wird.«

Was für ein seltsames, einander brauchendes Paar waren der junge Doktor Frosch und der alte Emil Petri im Jahr 1929! Der Alte im schwarzen Gehrock wie aus der Zeit gefallen, der Junge im schneeweißen Kittel der Chirurgen, eine Zigarre in der Hand. So gingen beide über die Gänge der Klinik. Daran, dass Frosch einmal nur zweite Wahl gewesen war, erinnerte sich niemand. Schon nannten die Arnstädter das neue Kranken-haus »Frosch-Klinik« und Petri war beinahe stolz darauf, denn den Alten und den Jungen verband ein gemeinsames Ziel. Sie wollten alle Krüppel im Land heilen. Nicht mehr und nicht weniger.

»Entkrüppelung«, nannte es Dr. Frosch.

»Gott will, dass allen Menschen geholfen wird«, nannte es Petri.

Noch sprach die Wirklichkeit dagegen. Aber jede Ope-ration, jede Therapie und jede Übung nahm dem Leiden etwas mehr von seiner Macht. Viele im Stift teilten solche Hoffnungen. Alle waren es nicht.

Auch der Hausmeister Hans Rost gehörte eigentlich zu den Leuten vom Marienstift. Lieber wäre er jedoch der Mann gewesen, der dem christlichen Getue im Haus endlich den Garaus machte. Seine Hoffnung war national und tief braun. 1929 arbeitete Rost schon ein Jahr lang hier. Grund zur Klage gab der Mann nicht. Er war auch nicht der Einzige, der mit abschätzigem Blick über das Stiftungsgelände ging, wenn die Stiftsglocke zur Andacht rief. Rost hielt die Technik am Laufen. Dank seiner Arbeit hielten Heizungskessel durch, verklemmten die Aufzüge nicht, waren die Wege im Winter geräumt und gestreut. Rost machte seine Arbeit. Wozu brauchte es da einen lieben Gott?

Hans Rost hatte sein Werk getan, wenn er am Sonntag im Braunhemd zum Tor hinaus ging, um seine Nazi-Kameraden zu treffen. Nicht wenige Jungs sahen ihm aus ihren Rollstühlen neidisch nach.

Wenn Rost der Ekel gegen alles Kranke und Hilflose im Gesicht stand und er hinter den Rücken der Pfleglinge ausspuckte, kam die Frage auf, was einer wie er im Stift suche. Man wunderte sich, belächelte ihn in seiner närrischen Uniform und wünschte sich, er möge irgendwann noch vernünftig werden.

Im Jahr 1929 hofften und irrten sich viele.

ABSCHIED   Im Sommer 1929 starb Konsistorialrat Emil Petri. Gerade jetzt, als sich die Nazis in Deutschland und im Stift mehr und mehr zu Herren aufspielten, hätten sie ihn im Stift so sehr gebraucht. Einen, der der Menschenverachtung aus Pflicht und Glauben widersprach. Einen, den der Größenwahn der Welt kaum noch beeindruckt hatte. Die traurige Nachricht lief von Haus zu Haus, von Schlafsaal zu Schlafsaal, von Dienstzimmer zu Dienstzimmer.

Zwischen Krappgartenstraße und Wachsenburgallee lebten und arbeiteten Diakonissen, Helferinnen, Krankenschwestern, Ärzte, Lehrlinge, Büromenschen, Meister, Küchenfrauen, Patienten, Pfleglinge, Lehrlinge, die gingen, Lehrlinge, die rollten, Lehrer... Zu Petris Trauerfeier waren sie alle gleich, waren sie alle Leute vom Stift.

Es war früh am Nachmittag. Die Welt rund ums Stift war warm und hell. Die vielen schwarz gekleideten Leute wollten nicht zu dem Sommertag passen. Der Gottesdienst im Betsaal des Marienstiftes war nur für die Leute vom Marienstift und dennoch bis zum letzten Platz gefüllt. Mehr als einhundert Menschen, Behinderte und Nichtbehinderte, saßen eng beieinander. Die Wärme war schwer zu ertragen.

»Ist Pfarrer Petri richtig tot?«, fragte Lisa. Sie war nun eine Frau von fast dreißig Jahren mit dem Verstand einer Siebenjährigen.

»Er ist im Himmel«, sagte Marie und zog die schwere Frau mit Kraft auf ihren Stuhl.

»Müssen wir nun raus aus dem Stift? Müssen wir auf die Straße?«

»Unsinn«, antwortete Marie.

»Halt die Klappe, Lisa!«, schrie jemand hinter ihnen. »Halt die Klappe! Hier wird getrauert.«

»Wieso denn? Halt selber die Klappe!«

Endlich sorgten die Diakonissen für Ruhe.

Der Abschiedsgottesdienst begann mit Posaunenspiel. Lisa schwieg.

Pfarrer Kummer, der allseits beliebte Stadtpfarrer, der seit Petris Todestag den »Herrn Rat« ersetzen musste, hielt die Predigt. Er wusste viel zu erzählen über Petris Fleiß, Wagemut und Gottvertrauen.

»Und jetzt ist das alles vorbei«, sagte Lisa, die erstaunlicher Weise genau zugehört hatte.

»Es geht immer weiter«, antwortete Marie, doch Lisa glaubte ihr nicht.

»Der Pfarrer Petri ist gestorben«, rief Lisa laut in den Saal. »Wir haben keinen Herrgott Rat mehr.«

Einige lachten. Die meisten verschluckten ihr Lachen mit Räuspern und Husten.

DIE ABORDNUNG   Stolz fühlte sich die altgediente Helferin Marie Katt, stolz und hilflos zugleich, als sie das Dienstzimmer des neuen Direktors betrat. Vor ihr liefen die Kinder ihrer Gruppe. Eigentlich hatte Marie nur die Aufsicht über ihre Pfleglinge. In Wahrheit jedoch bestaunte und bewunderte sie diese Kinder und war glücklich, weil sie das erleben durfte.

Auch Greta Katt, Maries und Frieders Tochter, war zwischen den Kindern. Greta, die Marie jeden Tag mit zur Arbeit nahm und mit der sie am Abend nach Hause ging, die zum Stift gehörte und auch nicht. Wie »bildungsfähig« das geistesschwache Mädchen war, wollte Gott sei Dank niemand prüfen. Heute war Marie nur stolz auf ihr Kind. Vielleicht hatte Greta einen sehr schwachen Kopf, ihr Herz aber war groß. Das »bemitleidenswerte« Kind hatte mehr Mitleid als die meisten im Land.

Marie hätte eigentlich die Gruppe davon abhalten müssen, die Leitung des Stiftes zu belästigen, denn Pfarrer Behr und Oberschwester Gertrud wussten besser als sie, was möglich und was unmöglich war. Ratschläge von Pfleglingen brauchte die Leitung des Marienstiftes nicht. Mit etwas Strenge und Vernunft, einem klaren Bibelwort, dem von den sorglosen Vögeln auf dem Feld vielleicht, hätte die Helferin im Vorfeld für Ordnung sorgen müssen. Das wusste sie und tat es nicht.

Die Heim-Abordnung stand um Behrs Schreibtisch herum. Stotternd und verlegen, mit den Krücken scharrend, trugen sie ihre Anliegen vor. Sie hatten sich entschlossen, entweder auf das Frühstück, das Abendbrot oder die Hälfte des Mittagessens zu verzichten. Von Morgen an wollten sie es tun, damit Kosten gespart werden können und niemand das Heim verlassen müsse.

»Herr Pfarrer, wir sind gute Freunde und Christen im Stift. Lassen Sie uns alle hier! Wir essen nur noch die Hälfte, dann reicht es für jeden.«

Fragend sah Pfarrer Behr auf seine Helferin Katt. So gut wie sein Vorgänger Petri kannte er die Frau nicht. Wollte sie ihn provozieren? Missachtete sie seine Autorität?

Schwester Gertrud fragte sich so etwas nicht. Sie arbeitete mit Marie schon mehr als fünfundzwanzig Jahre zusammen. Wäre es kein ungeschriebenes Gesetz gewesen, dass eine leitende Diakonisse keine Vertraulichkeiten bei der Arbeit pflegen durfte, hätte sie Marie Katt eine Freundin genannt.

Schwester Gertrud tat, was sie oft tat. Vom Stuhl aufspringen wie früher konnte sie nicht mehr. Aber sie stützte sich auf, setzte ihre Brille zurecht, damit sie die Gesichter der Kinder erkennen konnte, und nannte sie nun alle beim Namen. Dann durften die Pfleglinge zu ihr treten und sie einmal umarmen.

»Wird alles gut«, sagte Schwester Gertrud. »Der Herrgott lässt uns nicht im Stich.«

Das ernsthafte Gesicht des neuen Direktors ließ es nicht zu, dass sich die Kinder auch an ihn hingen. Der Mann war ihnen noch fremd. In einigen Dingen war er ihnen ähnlich. Das irritierte. Manchmal hinkte der Pfarrer fast wie sie über die Treppen. Manchmal konnte er wie sie seine Schmerzen nicht verbergen.

Aber auch Behr schickte die Abordnung nicht einfach vor die Tür. Seine Stimme blieb fest, als er versprach, alles zu tun, damit die behinderten Kinder, für die niemand mehr zahlen konnte oder wollte, im Haus verblieben. Dann sprach er über bankrotte, zahlungsunfähige Versicherungen und den »Freistellenschatz« der Stiftung, der leider nicht ausreiche, das Defizit auszugleichen.

Die Abordnung hörte zu und verstand kein Wort.

Beten sollten sie, bat der Pfarrer eindringlich. »Betet, damit der Herrgott uns hört!«

Die Kinder versprachen es und wollten ihr Versprechen halten.

Der Direktor dankte ihnen so ernst, als hätten ihn Stadträte aufgesucht oder der Frauenkreis der Arnstädter Kirchgemeinde. Die Pfleglinge merkten das und freuten sich darüber.

Dann schob Marie Katt die Kinder wieder hinaus. »Entschuldigen Sie bitte die Störung«, sagte Marie, bevor sie die Türe hinter sich schloss. »Die Kinder ließen sich nicht abhalten und meine Greta wollte unbedingt mit. Sie meinen es nur gut.«

»Was haben wir da nur getan?«, fragte der Pfarrer die Diakonisse, als sie wieder alleine saßen. »Ich hätte zugeben müssen, dass ich ratlos bin. Ich weiß nicht, was aus dem Stift wird, wenn niemand zahlt. Die Gottlosen wollen ihr Geld nicht mehr für die Schwachen ausgeben. Noch ein paar Tage und wir müssen die ersten Pfleglinge nach Hause schicken, egal was ich eben versprach.«

»Zu Hause werden sie noch mehr hungern als hier«, antwortete Gertrud. Sie griff nach dem Zettel, auf dem sie bis zur Ankunft der Abordnung hin und her gerechnet hatte und warf ihn zerknüllt in den Papierkorb. »Ich will auch lieber beten als rechnen.«

Behr hielt sie nicht auf. Während Schwester Gertrud zum Betsaal hinaufstieg und man den kräftigen Stoß ihres Gehstocks auf der Treppe hörte, blieb der Direktor, wo er war. Er sah durchs Fenster hinüber zur Klinik. Dort war Leben. Dort liefen die Ärzte, Schwestern und Patienten ein und aus. Dort sah man, dass gearbeitet wurde. Dort gab es jeden Tag Erfolge. Die Patienten wurden ins Haus geschoben und verließen es auf Krücken oder auf den eigenen Beinen. Am Sinn dieser Klinik zweifelte niemand. Welchen Nutzen aber hatte es, schwachsinnige Krüppel zu pflegen? »Keinen«, behaupteten viele. »Wir können uns das nicht mehr leisten.«

Auch der Direktor betete. Er tat es auf seine Art. In sein Erbarmen mit den schwachen Kindern mischte sich Wut. Wut auf die Welt da draußen. Wut auf sich. Vielleicht war er der falsche Mann an diesem Ort. Seit er hier war, schien Gott das Stift zu vergessen.

NOTZEIT   Die Gier der Nazis erfüllte sich 1932 noch nicht. Statt Hitler siegte Hindenburg in der Aprilwahl. In Thüringen aber kamen die Nazis schon früher nach Oben. Staatliche »Notverordnungen« und »Ausgabenbegrenzungen« gegen alle »nutzlosen Fresser« beschlossen die Nazis im Thüringer Gau ganz zuerst.

Die Leute vom Stift bettelten und kämpften sich durch die böse Zeit. Sie zogen noch immer mit leeren Taschen und Säcken hinaus und trugen sie, voll mit Kartoffeln und Rüben, zurück. Auf den Dörfern hatte man die Vorträge Petris und Froschs noch nicht vergessen. Kirchgemeinden halfen dem Arnstädter Stift in der Not. Das Spendensammeln war nun nicht mehr legal. Solange man aber die Säcke mit eigenen Händen tragen konnte, blieben die Bettelgänge fast unbemerkt. 1932 schaffte der Herrgott auf diese Art Wunder.

Einmal wurde das Wunder der Nächstenliebe zu groß und zu schwer und erregte Anstoß. Die Spender beförderten es auf der Ladefläche eines LKW bis an den Lieferanteneingang der Küche. Eine Kirchgemeinde hatte für die Pfleglinge besonders kräftig gesammelt. Sie gaben, was sie entbehren konnten, und wussten, der Hunger schmerzt in den Mägen von »Herrenmenschen« und Pfleglingen gleich. Die Leute vom Land machten keinen Unterschied zwischen nützlichen und unnützen Gotteskindern. Was früher von jedermann gelobt und bewundert wurde, war jetzt unter den Nazis eine Straftat.

Die Bewältigung dieses Wunders machte reichlich Arbeit. Die Spenden mussten entladen und sortiert eingelagert werden. Deshalb kam Hausmeister Hans Rost heute besonders verärgert und spät in den Feierabend und zu seinen saufenden braunen Kameraden. Unter ihnen hatte er sowieso einiges auszuhalten. Die Kameraden machten ihre Witze über Rosts fromme Arbeitsstelle. Ein deutscher Mann unter schwachsinnigen Krüppeln. Da lagen die Zoten schnell in der Luft. Wenn Rost dann erklärte, dass es mit dem Stift bald zu Ende sei und er, der Parteigenosse, persönlich dafür sorgen werde, die Häuser für richtige Deutsche zu befreien, glaubten sie ihm nicht. Die Fuhre Lebensmittel würde den Zweiflern nur Recht geben: »Mit so viel Kartoffeln und Rüben im Bauch verhungern die Krüppel doch nie!«

Jeder schwere Sack, den Rost ins Haus schleppte, machte seine Wut größer. Direktor Behr dagegen lief in Hochstimmung über den Hof. Am liebsten hätte er jede Rübe persönlich begrüßt. Am Ende, als die Pfleglinge schon an den gedeckten Tischen saßen, fegte der blonde Hausmeister noch immer das Pflaster.

Es war tiefe Nacht, als Hans Rost zurück aus der Kneipe kam. Sein Weg führte am Stift vorbei. Er pisste gegen die Mauer. Das war ihm ein Bedürfnis. Nachdem er sich den Hosenstall zugeknöpft hatte, setzte er den rechten Stiefel gegen das morsche Mauerwerk und trat fest zu. Die Steine gaben nach und fielen auf das Gelände. Eine Bresche war geschlagen und der Hausmeister etwas zufriedener mit sich und dem Tag.

»Die Fahnen hoch...!« Das Lied auf den Lippen marschierte er nach Hause.

Ausflug mit Pferd und Wagen

Professor Dr.
Leopold Frosch

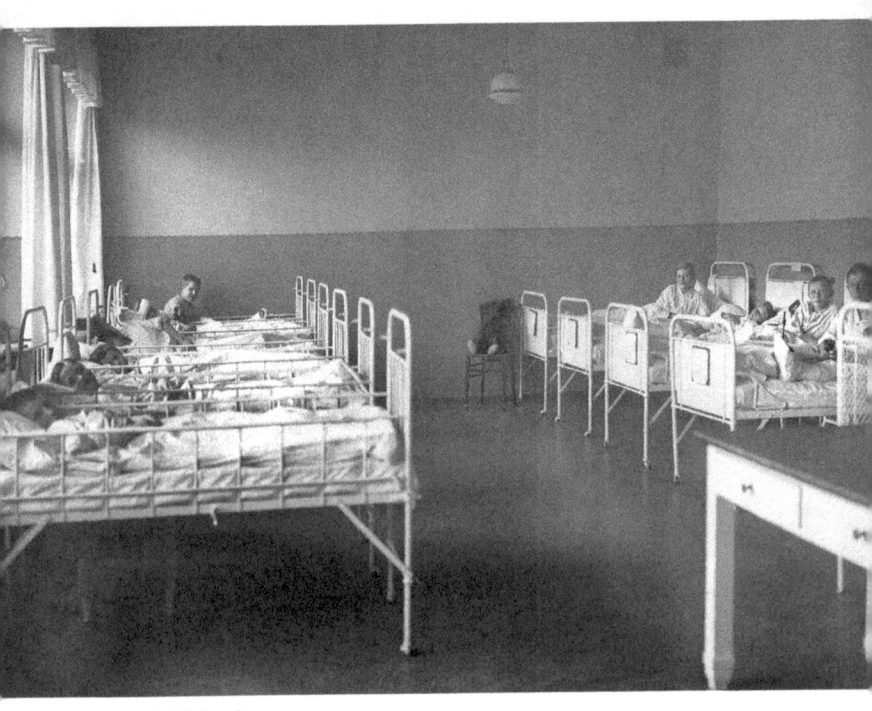

Im Schlafsaal

Auf Leben und Tod

(1933–1939)

DER TRAUM Nicht nur Hans Rost hatte im Jahr 1933 seine Träume. Die Mehrheit im Land tat es ihm gleich. Selbst die, die Hitler nicht wählten, ertappten sich in erwartungsfroher Stimmung. Es war nicht leicht, sich der Masse zu entziehen. Eine Mehrheit behauptete ihre Wahrheit. Was zählte ein Gebot? Was gute christliche Sitte?

Mitten in diesem braunen Deutschland lag auch das Marienstift. Wie sollten sich die Leute hier dem Sturm entziehen, der das Land betörte und betrog? In den Schulzimmern, Werkstätten und auf den Klinikgängen redeten sie hier so wie überall: »Nun wird Hitler vernünftig werden. Als Reichskanzler muss er ja staatstragend sein, ob er will oder nicht.« »Dann geht es eben auf seine Art aufwärts mit Deutschland. Und warum denn auch nicht?« »Etwas mehr Ordnung und Zucht kann nicht schaden.« »Nichts wird so heiß gegessen, wie es gekocht wird.«

Die einfältige Mehrheit irrte – oder wollte es so schlimm, wie es kommen sollte.

Im Jahr 1933 war das Stift nicht untergegangen. Die täglichen Sorgen waren groß. Versicherungen verweigerten die Zahlungen für die »nutzlosen« Pfleglinge. Die Nazis wollten die Nächstenliebe abschaffen. Aber auch das werde vergehen, glaubte man im Stift. »Tobe Welt, wir singen!«

Wenn der Pfarrer und Oberschwester Gertrud miteinander arbeiteten, war der Ton zwischen ihnen immer korrekt. Er, der neue Direktor, sie, die alt gewordene Diakonisse aus dem

Eisenacher Mutterhaus. Jeder trug an seiner Verantwortung. Jeder schleppte an seiner eigenen Würde. Der Ton zwischen ihnen war christlich. Mit Bibelversen sparte keiner. Das tat ihnen gut. Je härter das lästerliche Land auf sie drückte, um so mehr mussten sie sich jeden Tag vergewissern, warum sie im Stift anders waren als draußen.

»Und vielleicht wird nun doch alles gut? Die auf den Herrn trauen, kriegen ...« Der Pfarrer machte sich Mut. »Wann, wenn nicht jetzt?«

Sich selber beruhigend meinte Pfarrer Behr: »Jetzt sitzt Hitler endlich da, wo er hinwollte, und die Reichskanzlei ist nicht zusammengebrochen. Sie werden sehen, Schwester Gertrud, die Wirtschaft wird profitieren und die Extreme werden sich abschleifen. Wir sind doch das Land Goethes und Herders. Das Land der Dichter und Denker. Der Judenhass macht mir schon Sorgen. Da sind sie alle dabei. Aber auch dieser Auswuchs wird sich legen. Was sonst? Alles andere ist ja undenkbar!«

Schwester Gertrud hatte ihre eigenen Gedanken.

»Lieber Herr Pfarrer«, sagte sie, »ich weiß nur, wie sie uns beständig beschneiden und zerstören. Nicht einmal Spenden- sammeln ist ihnen recht. Wenn unsere treuen Kirchgemeinden in Thüringen für die Armen sammeln, verfolgt man sie, als wäre Nächstenliebe ein Verbrechen. Wo sind denn die guten Zeichen dafür, dass alles besser wird?«

Es geschah nicht oft, dass die Oberschwester des Stiftes so eindeutig gegen die Meinung des Pfarrers und Direktors an- redete. Auch Behr fiel das auf.

Er widersprach ihr nicht. Es blieb still im Dienstzimmer, bis Schwester Gertrud sichtlich besorgt und aufgeregt sagte: »Ich weiß nicht, ob ich Ihnen so etwas erzählen darf, aber ich muss das mal loswerden: Mich verfolgt ein Traum, fast jede Nacht. Ich steige im Traum einen hohen Berg hinauf. Jeder Schritt fällt schwer. Der Pfad wird immer steiler. Manchmal erkenne ich den Weg nicht, so trüb sind mir die Augen. Aber ich will und muss hinauf, Schritt um Schritt. Nicht nur weil der Berg steil ist, habe ich zu kämpfen. Ich merke, dass meine Hände nicht frei sind. Alle meine hinkenden, zuckenden verkümmerten Kinder hängen an meinen Armen. Ich ziehe sie mir nach. Sie lassen nicht los und ich kann sie nicht lassen. Doch dann ist es plötzlich vorbei. Ich kann nicht mehr. Keinen Schritt. Ich weine und die Kinder trösten mich nun. Die Kleinen reden mir zu und ziehen mich auf und weiter, sanft und stark, und wir kommen höher und höher, obwohl ich eigentlich nicht weiß, warum und wohin.«

Behr hatte ihr aufmerksam zugehört, verstand aber nicht, was Gertrud ihm mit dem Traum sagen wollte.

»Herr Pfarrer«, sagte Gertrud, »wissen Sie, irgendwie ist mein Traum wirklicher als ihre Hoffnung. Ich glaube nicht, dass die Nazis menschlich werden. Ich vertraue lieber dem Herrgott und den Kindern. Da draußen geht das Böse um wie ein brüllender Löwe.«

DER ERSTE ANGRIFF Ein Mann namens Dr. Astel, Mediziner und Präsident des »Landesamtes für Rassewesen«, ein Verbrecher in weißem Kittel, war es, der Pfarrer Behr davor bewahrte, noch länger davon zu träumen, die sittliche Lage in Deutschland könne sich nach dem Machtantritt Hitlers verbessern. Nach der Begegnung mit Astel verlor Behr alle Illusionen und wusste, dass es ihm nicht erspart bleiben würde, für seine Pfleglinge auf Leben und Tod zu kämpfen.

Pfarrer Behrs Waffen waren: Beharren, Glauben, Beten, Verweigern, Todesverachtung und Treue zum Amt.

Die Waffen der Nazis waren vorerst Gesetze.

Sterilisation »unwürdigen Lebens« schien den Nazis das Vernünftigste von der Welt, damit »unnütze Volksschädlinge« »wahren Ariern« Platz machten.

Wo, wenn nicht im Marienstift Arnstadt, wurden die Blöden gemästet, als säßen sie im Paradies?

Es war im Sommer 1933, als das Land Thüringen, der »Trutzgau«, Dr. Astel vorschickte, um dem unwirtschaftlichen Krüppelwesen ein Ende zu machen, und der Mediziner mit den Teilnehmern eines rassehygienischen Ärztekurses im Stift einfiel. Die jungen Ärzte fühlten sich wie in einem Zoo. Hier sollten sie lernen, was Verschwendung ist. Unwertes Leben werde im Stift christlich verwöhnt und dressiert und in Watte gepackt.

Die Visite der Ärzte konnte Pfarrer Behr nicht verhindern. Gewohnt darin, zum Schutz der Pfleglinge diplomatisch zu reden und zu lächeln, wo ihm zum Weinen war, führte Pfarrer Behr die Ärzte durch die Häuser. Der gute Zustand der Anstalt ließ die Wissenschaftler Galle spucken. Nicht ohne Stolz (ganz konnte Behr sich nicht verbiegen!) zeigte der Direktor den Männern, wozu seine Behinderten fähig waren.

Die Ärzte mussten die Qualität der Schuhe prüfen, die Männer mit verkrümmten Wirbelsäulen und amputierten Gliedmaßen leimten und nagelten. Die Ärzte mussten Körbe betrachten, die so regelmäßig geflochten waren, als wären sie von Maschinen gemacht, mussten Stickereien gegen die Sonne halten, um jede Blume zu erkennen, die verkrümmte Finger fein gearbeitet hatten.

Auch Dr. Frosch erklärte den Männern, die ernsthaft glaubten, seine Berufskollegen zu sein, die Erfolge seiner Operationskunst auf Röntgenbildern und an den Patienten.

»Was kostet uns das alles?«, fragte Dr. Astel. Frosch nannte eine Zahl.

»Meinen sie nicht, Herr Kollege, dass man dieses Geld sinnvoller ausgeben kann? Gerade in unserer Zeit des Aufbruchs. Man muss sehr gründlich abwägen, wo solche enormen Mittel dem Volk dienen und wo sie ihm lebensnotwendiges Potenzial entziehen.«

»Schluss mit der Geldverschwendung!«, forderte einer der »Kollegen« in gespielter Entrüstung. »Wenn ich mich hier umsehe, scheint ein sehr großer Teil der Verkrüppelten am falschen Ort zu sein. Nur Bildungsfähige sollen hier untergebracht sein? Diese hier sind alle schwachsinnig. Das sieht jeder.«

Dr. Astel griff nach einem Mädchen und stellte es vor die Gruppe wie ein Haustier. Dann zerrte er noch einen Jungen vor. Beide waren den »Gästen« bei ihrem Gang durch das Stift neugierig gefolgt. Das Mädchen war die mittlerweile zwölfjährige Greta Katt. Astel verwies auf ihre typische Augenstellung, die ihm keinen Zweifel daran ließ, dass man es bei ihr mit unwertem Leben zu tun habe. Die Blödsinnigkeit stünde Greta im Gesicht, sagte er.

Greta grinste die Männer freundlich an. Auf diese Art hatte sie bis heute jede böse Situation bestanden. Die »Wissenschaftler« legten es ihr übel aus. Sie vermuteten in Gretas ängstlichem Grinsen Falschheit.

Der Junge fügte sich dem Griff Astels nicht. Er rang aufgeregt nach Luft. Dann riss er sich los und rannte weg.

»Solche lebensuntüchtigen Kreaturen werden sich ihr Brot niemals selber verdienen«, sagte Astel. »Bedeutet für geistesschwache Krüppel Nächstenliebe nicht die sinnlose Verlängerung eines unwürdigen Leidens?«

Astel fasste Greta noch fester. Greta schrie laut auf. Doch das hielt den Arzt nicht davon ab, an ihr die Zeichen des Schwachsinns weiter ausgiebig nachzuweisen. Er genoss es, Gretas Widerstand zu brechen.

Da hielt Behr nicht länger still. Er trat aus der Gruppe und zog Greta an sich. Behr war so aufgeregt, dass ihm die Beine zu versagen drohten. Er zitterte am ganzen Körper und bekam kein klares Wort heraus.

Astels Wut schlug um in herablassende Niedertracht.

»Herr Pfarrer, Sie sollten sich auch überlegen, ob jemand wie Sie sein schwaches Erbgut weitergeben darf. Sie sind darin diesem Geschöpf nicht ganz ungleich. Werte Kollegen, das Unwerte findet sich in so Vielem, was sich dessen nicht bewusst ist und was in falscher, sich christlich nennender Tradition mit einem irreführenden Heiligenschein verklärt wird. Es wartet viel Arbeit auf Sie, meine Herren. Die Zukunft wird es richten.«

Einige der Besucher blickten verlegen auf die Erde, andere lächelten süffisant. Dr. Astel war vorerst zufrieden.

Behr aber nahm Greta bei der Hand und führte sie fort, damit ihr Weinen endlich aufhören konnte.

Etwas später versuchte Pfarrer Behr, die Situation zu beruhigen. Diplomatisch zu bleiben, war seine Pflicht. Er erklärte, dass Greta Katt nicht im Stift wohne, die Tochter einer Helferin sei und eigentlich hier nur zu Gast. Gretas Vater sei ein schwer verwundeter Weltkriegsinvalide, ein verdienter Mann, der für Deutschland große Opfer gebracht habe.

Die Besucher ließen Behrs »Ausflüchte« vorerst auf sich beruhen.

AUSGEGRENZT   Als Marie erfuhr, was ihrer Tochter geschehen war, schrie sie laut auf vor Sorge und Wut. Ein widerlicher Mensch hatte sich an Greta vergriffen. Pfarrer Behr wollte den Vorfall nicht verharmlosen. Noch Tage später überkam Greta das Weinen.

Im Stift erzählte man, alle Pfleglinge und auch Pfarrer Behr sollten sich sterilisieren lassen. Nicht jeder, der es weitersagte, wusste, was damit gemeint war. Die Angst aller Pfleglinge war groß.

Frieder, hilflos an den Krücken hängend, reagierte erst mit Verstummen. Später erklärte er seiner Frau, wie die Welt zum Teufel ging, jeden Tag einen Schritt weiter. Und er wusste, wovon er sprach. Er hatte die Hölle gesehen. Nun kroch die Hölle den Sündern von den Schlachtfeldern nach, verpestete die Erde und machte ein Schlachthaus aus ihr.

Verständlich redete Frieder nur noch zu seinen Lehrlingen in der Werkstatt. Mit Marie sprach er in düsteren Rätseln. Die Welt war voller Teufel und Engel für ihn. Die Posaunen des Gerichts schrien aus allen Winkeln das Ende herbei. Der Versehrte hörte ihren Klang bei Tag und bei Nacht.

Marie aber war neben ihm wieder so allein wie damals, als sie glaubte, er wäre gefallen.

Mit seinem Sohn Max sprach Frieder fast gar nicht mehr und Max nicht mit ihm. Der Sechzehnjährige schämte sich für seinen Vater. Er hielt ihn für irr. Seine schwachsinnige jüngere Schwester verleugnete Max wo immer es ging. Keinen Schritt ging er freiwillig neben der Schwester.

Max lief in Jungvolkuniform durch die Stadt und tat, als gehöre er zur Familie Katt nicht dazu. Schneidig trug er sein Braunhemd. Bei Geländespielen war er ein kleiner Führer und genoss es zu befehlen. Dass einer wie er unter Leuten vom Stift leben musste, war für den Jungen ein Irrtum des Schicksals. Lange wollte er das nicht mehr aushalten.

Manchmal gefiel Marie ihr schneidiger Sohn gut. Hochgewachsen und stark für sein Alter verglich sie ihn mit anderen Jungen und verzieh ihm still jedes großspurige lieblose Wort gegen sie oder Greta. Frieder dagegen wollte seinem Sohn nichts verzeihen.

»Willst du ein Mörder werden?«, fragte er einmal, als Max sein geliebtes Fahrtenmesser an einem Wetzstein schliff. »Ich werde Soldat«, gab Max zur Antwort. »Aber keiner wie du. Einer, der siegt.«

Frieder gab dem Sohn dafür eine Ohrfeige. Max steckte sie weg, ohne zu zucken.

»Du sollst nicht töten, heißt es in der Bibel. Das ist die Wahrheit. Daran sollst du dich halten! Wer das Schwert nimmt, wird durch das Schwert umkommen!«

Max rieb sich das vom Vater getroffene Ohr. Er konnte und wollte nichts davon hören, was ihm sein frömmelnder, irrer Vater zu sagen hatte.

Frieder Katt und der Direktor des Marienstiftes hatten ihre eigene Art gefunden, mit der gottlosen Welt und den Nazis umzugehen. Man sah die Männer oft vor der Klinik oder auf der Treppe des Heims beieinanderstehen.

»Was stehen die da?«, fragten sich die Leute vom Stift – der Direktor mit dem kriegsversehrten, irren Schuster?

Kam man den beiden nah, wurden sie still, so als hätten sie ein Geheimnis. Der Direktor bemerkte zuerst, dass sie Aufsehen machten.

»Lassen Sie uns besser in den Betsaal gehen, Herr Katt! Da beobachtet uns nur der Liebe Gott.«

Nun saßen sie fast jeden Tag ein paar Minuten vor dem Altar. Hier waren sie ungestört.

Einer der Nazispitzel im Stift, der die beiden gezielt beobachten sollte, berichtete seinem Vorgesetzten: »Es sieht aus, als ob Behr und Katt am hellen Tag beten.« Nur selten kam ein Spitzel der Wahrheit so nah.

»Herr Katt«, sagte Behr einmal, »was denken Sie? Die Unmenschlichkeit im Land greift um sich. Deshalb muss es hier im Stift ganz nach Gottes Geboten gehen. Wir müssen menschlich bleiben!« Der Direktor faltete selbstvergessen seine Hände. »Wärme und Zuwendung gegen den kalten Hass. Ich habe mich entschlossen. Ich will das Wort Krüppel nicht mehr gebrauchen. Ich will das Wort verbieten. Was denken Sie? Ist das kein gutes Zeichen?« Behr hatte mit der Frage lange gerungen. »Das Wort Krüppel ist kränkend. Wir sind doch alle Gottes Kinder und viel mehr gleich als verschieden. Einfach Menschen sind wir, ich und Sie und Greta und wie wir alle heißen, wir Leute vom Marienstift. Ich rede und schreibe nur noch von behinderten Menschen, ob die Nazis das lesen wollen oder nicht. Jedes Menschenleben ist ein Geschenk des Herrn.«

Frieder Katt wartete ab. Gewiss hatte sich der Direktor Lob oder Bekräftigung von dem frommen Schuster erhofft. Katt aber machte es ihm nicht leicht. Er sagte: »Wenn Sie Briefe versenden, Bruder Behr, Briefe um Geld zu sammeln, unterschreiben Sie immer mit ›Heil Hitler!‹. Das passt nicht zu dem, was Sie sagen. Entweder – oder!«

»Sie haben leicht reden, Herr Katt«, erwiderte Behr. »Sie schustern und unterrichten ihre Lehrlinge und die Welt bleibt vor Ihrer Werkstatttür. Ich muss jeden Tag mit den Wölfen heulen, damit die Leute vom Stift satt werden. Dafür ist mein ›Heil Hitler!‹ leider nötig. Gott möge es mir verzeihen.«

»Herr Pfarrer, Sie kennen meinen Sohn. Einen guten Tag wünscht er uns schon lange nicht mehr. Er brüllt sein ›Heil Hitler!‹ wie eine Drohung und schmeißt mit der Türe. Der Böse lauert auch bei uns. Er wütet mitten unter uns – und er hat einen Namen. Hitler.«

Behr nickte. Den Namen des Bösen laut auszusprechen, wagte er nicht.

Seltsames Paar, der Anstaltsleiter und der Schuster. Mit keinem im Stift redete Behr wie mit Katt. Katt dagegen redete mit jedem so, wie mit Behr. Mit seinem zerrissenen Körper gehörte Katt nur noch halb zu der Welt.

Die »Winterhilfe« der Nazis war ein anderes Thema zwischen Direktor und Schuster. Es hieß, die »Winterhilfe« wolle dem Stift unter die Arme greifen. Der Staat wolle Geld geben, damit die Arbeit geordnet weitergehe. Behr berichtete dem Schuster davon, so als wäre das Angebot eine vom Herrgott gefügte Errettung. »Sehen Sie, Herr Katt, vielleicht wird alles besser und es kommen normale Verhältnisse.«

Katt schien mit sich selber beschäftigt. Er massierte sich das schmerzende Bein und hielt seine Augen geschlossen. Dann sagte er, mitten in Behrs Sätze hinein: »Wer ist so närrisch und vertraut dem Verwirrer? Die Teufel werden über die Kinder herfallen wie einst die Schergen des Herodes über die Kinder von Bethlehem.«

Musste Pfarrer Behr sich das sagen lassen? Wusste der Direktor des Stiftes nicht besser als ein Schuster, was möglich und notwendig war?

Behr brach das Gespräch ab, musste zurück in sein Arbeitszimmer. Er dachte sich, wie lächerlich es sei, seine Gedanken mit einem Schuster zu teilen, und bekam Katts Sätze doch nicht aus dem Kopf.

Bis zum Ende der Nazis würde die »Winterhilfe« in das Marienstift keinen Fuß setzen. Alle Kinder im Stift blieben wie durch ein Wunder vor ihnen bewahrt.

ANGST   Nicht dass Marie Katt vom Herrgott erbat, ihre Tochter Greta müsse wie alle anderen werden. Das nicht. Sie wusste, welches Geschenk die bedingungslose Freundlichkeit des einfältigen Mädchens war. Mit Gretas besonderen Augen, ihren ungelenken Armen und Beinen, hatte die Mutter längst Frieden geschlossen. Und darauf, dass ihre Tochter noch niemals im Leben gelogen hatte, war sie stolz. Manchmal, wenn Frieder mit ihr und der Welt und mit sich selbst wütete, war ihr Greta der einzige gute Mensch in böser Zeit.

Und doch: Hätte Greta nur etwas mehr Geschick zur Arbeit besessen! Einem fleißigen Mädchen hätte niemand vorgehalten, ein unnützer Fresser zu sein. Zumindest redete Marie sich das ein. Greta war gutherzig. Fleißig war Greta nicht. Gretas freundliches Lächeln, Gretas herzliche Umarmungen, ihr fröhliches, zweckfreies Geplapper, all das zählte nichts in dieser Zeit.

Marie verglich ihre Tochter oft mit Olga. Olga war schwachsinnig, dick und plump, hatte aber nicht Gretas Augen. Olga hatte eine verkrüppelte Hand, arbeitete aber jeden Tag. Sie strickte mit den Füßen. Marie und Schwester Gertrud hatten es ihr beigebracht und nun, als erwachsene Frau, war sie darin erstaunlich geschickt. Sie wurde allen Besuchern vorgezeigt. Sogar im jährlichen Stiftsbericht sah man ein Foto von Olga. Die begabte Behinderte wurde Gesprächsstoff für halb Arnstadt.

»Gegen solche armen, fleißigen Krüppel sagen wir nichts«, hieß es überall. »Im Gegenteil, bewundernswert, wie diese arme Frau Olga mit dem Schicksal kämpft. Erbgeschädigt ist diese

Olga gewiss nicht. So einer dürfen wir helfen. Nur andere, die gar nichts können. Bei denen ist das anders. Da sollte Vernunft herrschen. Da muss man ja späterem Unheil vorbeugen.«

Einmal hörte Marie Katt das mit eigenen Ohren. In der Schlange beim Bäcker stand sie, als man ihrer Tochter das Lebensrecht absprach. Greta lächelte dümmlich daneben und bestätigte damit die Meinung der Mehrheit. Zurück zu Hause versuchte Marie, ihrer Tochter zum hundertsten Mal das Stricken zu lehren. Greta verbog nur die Nadeln.

»Nun gib dir doch Mühe, Kind!«, rief Marie. »Du weißt doch, wer nicht arbeitet, soll auch nicht essen!« Da erschrak Marie über sich selbst und darüber, was die Angst um ihr Kind und die böse Zeit aus ihr machten.

AUSBRUCH Und dann, mitten im Jahr 1937, wollte Ernst Jakob, den sie einmal nicht ohne Respekt »Kriecher« genannt hatten, fort aus dem Stift, nach Berlin. Ernst Jakob wollte alles verlassen, weg aus Arnstadt, weg vom Marienstift, weg von Marie Katt, die er heimlich sein Leben lang liebte.

Er hatte eine unerwartete Erbschaft gemacht. Mit dem Geld wollte Ernst Jakob endlich leben. In Berlin wollte er seine Verwandtschaft dafür bezahlen, dass sie ihn pflegte. So konnte das Geld vielen nutzen. Sein Plan war, bis zum Tod aufrecht in einem guten Rollstuhl frei durch die Reichshauptstadt zu rollen.

So belesen Ernst Jakob auch war, von der wirklichen Welt hinter der bröckelnden Stiftsmauer wusste er wenig bis nichts.

Der Direktor versuchte vergeblich, den Mann in der Obhut der Stiftung zu halten. Schwester Gertrud beschwor ihn, nicht in der Fremde verloren zu gehen. Frieder Katt warnte vor der gottlosen Stadt an der Spree. Jeder gute Rat stieß auf taube Ohren.

»Das sind doch nicht alles Verbrecher«, meinte Ernst Jakob und lächelte wie ein Kind. »Wir aus dem Stift dürfen nicht denken, wir wären besser als der Rest. Die Hauptstadt des Führers wird mich mit offenen Armen empfangen.«

Ernst Jakobs einfältiges Gerede machte im Stift die Runde. Jedermann dachte, das Geld mache den fast fünfzig-jährigen Schuster völlig verrückt.

Warum kam niemand auf die Idee, Ernst Jakob die unbenutzten, einst ausgezeichneten Kinderschuhe mit auf die Reise zu geben? Vielleicht hätten die Schuhe ihn in Berlin daran erinnert, wo er zu Hause war. Vielleicht hätten sie ihn, bevor es zu spät war, nach Hause zurückgebracht.

Es dauerte lang, bis man im Stift wieder etwas von Ernst Jakob erfuhr.

MITTEN IM STROM   Max Katt zeigte jedem, wie unwohl ihm in der Familie war. Er redete zu seiner Mutter im Offizierston und mit dem Vater gar nicht. Mit breitem Grinsen sagte Max Sätze wie: »Dieses Stift wird auch bald uns gehören. Die unnützen Fresser müssen raus. Dann hast du es gut, Mutter. Dann musst du dich nicht mehr mit dem Gesockse plagen.«

Marie wusste, dass sich ihr Sohn wichtigtat. Manchmal zweifelte sie dennoch an allem.

Wie ihr ging es vielen im Stift. Wurde durch die Nazis nicht wirklich vieles besser im Land? Wenn alle sich »gleichschalten« ließen, warum nicht das Stift? Außer Frieder Katt verteufelte kaum einer die Nazis. Wer wollte gegen den Strom schwimmen, wenn sich alle mit ihm vergnügt fortreißen ließen?

Zum »Führergeburtstag« wurde auch Marie Katt aktiv. Die Rollstühle ihrer Pfleglinge strotzten vor festlichem Blumenschmuck. Beim Appell im Hof standen und saßen die Leute vom Stift in Reih und Glied. Einige hielten Führerbilder in den Händen, andere schwenkten kleine Fahnen mit Hakenkreuzen durch die Frühlingsluft.

Auch zum 1. Mai, dem Tag der Deutschen Arbeit, zog Marie mit ihren Mädchen durch die Arnstädter Straßen. Wenn jedermann glaubte, auf Deutschland stolz zu sein, warum nicht auch die Leute vom Stift?

Frieder sagte: »Hast wieder einmal zum Teufel gebetet?«

Und Marie antwortete: »Wir sind nun mal Deutsche – genau wie unsere Nachbarn. Es reicht, wenn sich einer von uns für einen Heiligen hält.«

DIE WIRKLICHKEIT Weder der brennende Bücherhaufen vor dem Arnstädter Rathaus noch das Kinoverbot gegen Juden, weder die Stiefel tragenden Deutschchristlichen Pfarrer auf den Arnstädter Kirchenkanzeln noch das Lager über Weimar oder die Lager irgendwo im Osten, von denen man hinter vorgehaltener Hand leichthin munkelte, nichts konnte Marie Katt dazu bringen, die Augen zu öffnen. Auch unter den Nazis ging die Arbeit im Stift weiter.

Wenn Frieder die nationalen Gottesdienste in dem seit neuestem »Bachkirche« genannten Gotteshaus am Marktplatz »Teufelsmessen« nannte, dann sagte sie nur, er möge vorsichtig sein und besser schweigen.

Was Marie endlich daran zweifeln ließ, dass sich alles zum Besseren wendete, waren Gerüchte um Ernst Jakob. Man sagte, sie hätten ihn in Berlin in die Klapse gesperrt.

»Unsinn«, widersprach Marie. »Der Ernst ist der klügste Mensch, den ich kenne. Und gegen den Führer ist er auch nicht. Vielleicht brachte man ihn in ein Krankenhaus. So viel Aufregung mit der Erbschaft und dem Umzug. Das geht an die Kraft.«

Das böse Gerücht aber hielt sich. »Der alte Jakob kam nie richtig an in Berlin. Für den ging's schon bald in die Nervenheilanstalt. Dafür hat seine Verwandtschaft gesorgt. Wer weiß, ob Ernst Jakob noch lebt. Mit Verrückten machen sie heut kurzen Prozess.«

Der Erzähler der Neuigkeiten machte dazu eine Handbewegung quer zum Hals, so als sei seine Handkante ein schlitzendes Messer, und er sagte: »Einen wie Ernst Jakob loszuwerden, ist heute nicht schwer. Wer weiß, wer ihn beerbt?«

Wann würden sie Greta holen? Marie sprach diese Frage nicht aus, schleppte sie aber mit sich wie einen Stein. In einem Land, das Ernst Jakob nicht schützen wollte, war ein erbkrankes Kind wie Greta Freiwild. Marie rechnete wieder mit dem Schlimmsten.

Und dann blieb im Marienstift doch alles, wie es war. Die böse Zeit nahm ihren Lauf, aber niemand holte Greta ab. Kein Dr. Astel fiel über die Pfleglinge her und Marie hoffte nun, nur in Berlin wäre der Teufel los und hinter der Mauer des Stiftes der Herrgott doch noch immer am Werk.

Die Marienstiftsklinik wurde erweitert. Die »Froschklinik« wurde auch von den Nazis gebraucht.

Marie dachte, so schlecht seien die Zeiten nicht. Die Männer hätten Arbeit, die Jugend marschiere durch die Wälder. Die alten Kriegsfeinde, die dem Gefreiten Frieder Katt das Bein weggeschossen hatten, zollten dem Führer Respekt. Noch gäbe es einen Herrgott im Himmel. Wer wisse schon, ob der alte Ernst Jakob in der Großstadt nicht wirklich verrückt wurde?

Ein paar Nächte lang konnte Marie Katt sogar wieder schlafen.

DER LUFTSCHUTZKELLER　In den Luftschutzkellern der Marienstiftshäuser roch man die frische Farbe. Elektrische Lampen leuchteten bis in die Winkel. Die Besichtigung der Räume glich einem heiteren Höhlenrundgang. Vorneweg liefen Greta und ihr neuer Freund Kurti. Trotz der Beleuchtung gab es im Keller viele verschwiegene Ecken. Immer wieder waren beide in ihnen verschwunden. Die anderen Besucher betrachteten Luftfilter, Gasmasken und hölzerne Pritschen.

Luftschutzwart und uniformierter Führer durch das unterirdische Reich war Hausmeister Hans Rost. Er sagte: »Wir sind auf jede Situation vorbereitet. Uns schrecken nicht Bomben noch Giftgas. Deutschland verweist jeden Feind in die Schranken.«

Im Luftschutzkeller hatte Luftschutzwart Rost seinen großen Auftritt. Er genoss jedes Wort. Wie Seifenblasen ließ er feindliche Sprengkörper an den Mauern der Schutzräume platzen. Die Gasmasken machten Giftgas zu Frischluft. Fast konnte man den Angriff kaum noch erwarten. Luftschutzwart Rost jedenfalls war zu allem entschlossen.

Frieder Katt dachte anders.

»Wenn es hier losgeht, wird unser Keller ein Grab.« Frieder redete deutlich und laut. »Nur wer unter dem Schirm des Höchsten sitzt, darf zum Herrgott sagen: meine Zuversicht und meine Burg.«

Luftschutzwart Rost wollte Katt erst zurechtweisen, zog es dann aber vor, so zu tun, als hätte er nichts gehört. Er hatte den Frömmler zwar lang schon im Blick, wagte es aber nicht, gegen den Kriegsveteranen vorzugehen. Den einbeinigen Schuster umgab ein Heiligenschein. Rost hatte Geduld. Auch Schuster Katt würde sich fügen oder untergehen.

Schwester Gertrud, die trotz ihrer starken Brille nur wenig von dem sah, worüber Luftschutzwart Rost redete, sagte laut: »Wie gut, dass hier für alle gesorgt ist. Gebe Gott, dass wir vom Stift diesen Keller nie brauchen.«

Die alte Frau wurde von »ihren Kindern« bei den Händen geführt. Der Traum, den sie Pfarrer Behr einst erzählte, war längst Alltag.

»Wir sollten den Kindern keine Angst machen, Sie nicht, Herr Rost, und Sie, Herr Katt, auch nicht. Gottes Hand wirkt überall. Das wissen wir doch?«

Die Kinder schienen den Trost der Oberschwester nicht zu brauchen.

»Wann ist denn endlich mal richtig Alarm?«, fragte einer.

Rost nahm die Frage aus dem Mund eines zwölfjährigen »schwachsinnigen« Jungen dankbar auf.

»Bereit sein ist alles«, rief er über die Köpfe der Besucher und strahlte zuversichtlich. »Der Führer denkt zuallererst an den Schutz des Volkes. Da scheut er keine Mittel. Hier in der festen deutschen Erde hält man es lange aus. Da mag der Feind wüten, wie er will. ... Dabei kann ich mir nicht denken, wie der Feind bis nach Arnstadt kommt. Nun mit dem Flieger, na ja ...« Luftschutzwart Rost verirrte sich mehr und mehr in seinem Geschwafel.

Da begann Kurti, der mit Greta ganz hinten stand, ganz grundlos zu lachen, und alle lachten mit und niemand sagte, warum.

Marie Katt beteiligte sich nicht an den Gesprächen unter der Erde. Sie schloss die Augen. Bilder von panisch schreienden Menschen stiegen in ihr auf. Von Schweiß und Dreck stinkende Luft ließ die Kinder erbrechen, verzweifelt schlugen sie um sich. Ein großes, getünchtes Grab war dieser Keller. Ihr Mann wusste, wovon er sprach.

Marie griff nach Frieders Hand und hielt sich an ihm fest.

DER BRAND   Marie beneidete ihre Tochter um ihren Seelenfrieden. Greta war die einzige, die schlief. Marie lag da mit offenen Augen. Frieder war so wach wie sie. Miteinander reden konnten sie nicht. Auch in der Stadt kam man heute Nacht nicht zur Ruhe. Unterm Fenster dröhnten Stiefel. Waren es Betrunkene, die da marschierten?

Als Marie Rufe, Motoren und eine Sirene hörte, stand sie auf und trat ans Fenster. Mehrere Männer rannten durch die Krappgartenstraße Richtung Himmelfahrtskirche. Dort geschah etwas. Marie beugte sich zum Fenster hinaus und sah am Himmel einen feuerroten Schein. Jetzt roch sie Qualm.

»Die Kirche brennt!«, rief sie Frieder zu. Er quälte sich aus dem Bett, stand endlich neben ihr und sagte: »Jetzt ist es soweit.«

»Wir müssen Greta wecken«, rief Marie, doch die stand bereits fertig angezogen hinter ihren Eltern.

»Löschen! Ich will löschen!«, rief sie und rannte zur Wohnung hinaus. Ihre Eltern konnten sie nicht aufhalten.

Marie musste Greta nach. Während sie sich hastig anzog, blieb Frieder am Fenster. Mehr konnte er nicht tun.

»Da stimmt was nicht«, rief er. »Das ist nicht die Kirche. Die Leute lachen. Wenn die Kirche brennt, dann lachen die Leute nicht. Die Synagoge brennt.« Marie konnte das schon nicht mehr hören. Sie rannte ihrer Tochter nach.

Auf der Straße zwischen der Himmelfahrtskirche und der Jüdischen Synagoge standen die Arnstädter dicht an dicht und sahen zu, wie das Haus lichterloh brannte. Dienstlich korrekt sperrten Polizisten das Gelände ab. Kein Schaulustiger sollte Schaden nehmen! Nur den giftigen, schwarzen Qualm konnte die Polizei nicht davon abhalten, in deutsche Nasen zu dringen. Er legte sich über die Stadt wie ein Trauertuch.

Die Menge stand da und gaffte. Wenige machten Witze. Wenige lachten über die Witze. Das Maul verbot den Witzereißern niemand.

Unwirklich, wie auf der Bühne eines Theaters beleuchtete der Brand die Gesichter. Marie suchte im Feuerschein nach ihrer Tochter.

Als ein Holzbalken der Synagoge brach, laut krachend auf die Erde fiel und tausende Funken stieben ließ, schrie die Menge laut »Ah!« – wie bei einem Feuerwerk.

»Löschen! Löschen!«, hielt eine einzelne Stimme dagegen. »Halts Maul!«, war die Antwort, denn von einer Schwachsinnigen wollte sich niemand den Anblick des Untergangs verderben lassen.

»Schafft die Idiotin hier weg!«, rief einer.

Da drängten sich die Polizisten durch und griffen nach Greta. Marie sah wie sie heulend aus der Menge gezogen wurde.

Endlich hatte Marie Katt sich den Weg zu ihrer Tochter gebahnt.

»Gehört die zu Ihnen?«

Man war froh, Greta los zu sein. Vielleicht war Greta das größte Problem, das die Polizei in dieser Nacht hatte. Ohne zurückzusehen, liefen Mutter und Tochter in das schützende Dunkel der Nacht.

»Die gehören doch zum Stift«, johlte es ihnen nach. »Die sind da alle so.«

»Vielleicht springen die Funken noch bis zur Anstalt. Kann nicht viel schaden. Ein Aufwasch!«

Pfarrer Friedrich Behr

Abbildung
aus dem Jahresbericht
des Marienstiftes
in Arnstadt 1939/40

In der Küche des
Handwerkerhauses

Wieder Krieg

(1939–1945)

FRAUEN- UND KAMERADSCHAFTSABENDE

Es war Krieg! Deutsche Soldaten marschierten siegend nach Osten.

Die deutschen Frauen aus dem Stift und der Klinik trafen sich wie alle Volksgenossinnen monatlich zu Frauenabenden bei Kaffee und Kuchen. Sie taten das den deutschen Männern gleich. Die Kameradschaftsabende organisierte SA-Mann Hans Rost. Der Hausmeister und Luftschutzwart erhielt seine Aufträge längst nicht mehr nur vom Stiftungsdirektor. Er machte daraus kein großes Geheimnis, sondern fühlte sich wie ein Offizier im politischen Auftrag seiner Partei. Die Leitung der Anstalt scheute den Konflikt mit dem gefährlichen Mann und ließ ihn gewähren.

Den Frauenabend rief Rosts Gemahlin Berta, eine blonde Köchin aus der Klinik, zusammen. Außer in Bezug auf die fehlenden SA-Uniformen unterschied er sich nicht wesentlich von seinem männlichen Pendant. Auch zählten Diakonissentrachten hier leider nicht viel.

Gewiss überschätzten die Frauen vom Stift Berta Rosts Einfluss. Es hieß, sie kenne die Parteileitung, vergebe die Ferienplätze bei »Kraft durch Freude« und könne behördliche Genehmigungen jedem verweigern, den sie nicht mochte. Das war übertrieben. Wer aber konnte das in diesen Zeiten so genau wissen?

So stand auch Marie Katt pünktlich vor Frau Rosts Wohnung. Marie trieb blanke Angst hierher. Zwar hatte auch sie ihren Sohn Max an der Front, doch ihr Ehemann war ein aufmüpfiger Prophet und die Tochter behindert, da wollte sie den

Leuten kein weiteres Ärgernis geben. Heimlich hoffte Marie sogar, sich das Wohlwollen Frau Rosts zu gewinnen. Diese Frau war doch auch eine Mutter. Es musste doch auch in ihrer Brust ein menschliches Herz schlagen.

»Heil Hitler!«, grüßte Marie etwas zögerlich und betrat die gute Stube von Frau Rost.

Sie hatte wirklich Greta dabei!

»Heil Hitler!«, rief fröhlich auch Greta.

Frau Rost war irritiert und tat so, als würde sie die Schwachsinnige nicht sehen.

»Wie angenehm, Frau Katt, dass Sie meine Wohnung mit dem Deutschen Gruß betreten«, sagte Frau Rost. »Ich weiß das zu schätzen.«

Die Frauen nahmen am Kaffeetisch Platz und Berta Rost wandte sich ihren Gästen zu. »Vor kurzem, es war in Berlin, wo mein Mann dienstlich geladen war, da las ich an Häuser- und Wohnungstüren folgendes Wort: ›Volksgenosse trittst du ein, soll dein Gruß Heil Hitler sein!‹ Ist das nicht großartig? Wir deutschen Frauen sollten auch in unserer Stadt und besonders im Stift dafür sorgen, dass der Deutsche Gruß selbstverständlich wird. Das ist unsere Aufgabe hier in der Heimat, während die tapferen Soldaten ihren Dienst für uns tun.« Man stimmte ihr freudig zu und stieß mit den Kaffeetassen darauf an.

»Und das ist Greta? Ihre Tochter?« Berta Rost konnte die behinderte junge Frau nicht länger ignorieren. Mit unverstelltem Ekel bot die Gastgeberin auch Greta vom Kuchen an.

»Ich fürchte, sie wird sich unter uns normalen Frauen langweilen. Trauriges Schicksal«, sagte Berta. Da griff Greta kräftig nach dem Apfelkuchen. Die versammelten deutschen Frauen schmunzelten und Berta Rost war ratlos. »Na, dann bleib, wo du bist, und rede nicht dazwischen!«

Greta nickte. Mit vollem Mund zu sprechen, war ihr sowieso verboten.

Das Ehepaar Rost wohnte schon lange nicht mehr auf dem Gelände der Stiftung. Bald nach der Machtergreifung hatte man eine Wohnung in besserer Lage in Arnstadts Süden bezogen. Umfangreiche Malerarbeiten vertrieben zuvor alles Jüdische aus den Zimmern, sodass sich die deutschen Eheleute hier »recht wohl« fühlen konnten.

Berta Rost setzte sich in Positur und fing wieder zu sprechen an: »Liebe Frauen! Ich mag den November, obwohl so viele über ihn klagen. Der November ist der Monat der Besinnung. Wir nehmen uns etwas Zeit, beieinander zu sitzen, und tun es unseren Männern gleich. Auch wir deutschen Frauen, gerade wir Mütter und Gattinnen, wollen den Männern an der Front den Rücken stärken und gute Kameradschaft pflegen.«

»Ich auch. Ich mach Kameradschaft mit Kurti.«

Greta hatte den Mund zwar noch immer voll, musste das aber trotzdem loswerden. »Im Dustern ist gut Schmustern«, sagte sie noch und lachte dazu.

Marie Katt schämte sich in Grund und Boden. Es war doch nicht gut, dass Greta hier saß. Das Kind schwatzte sich um Kopf und Kragen. Berta Rost schickte Greta in die Küche. Dort stürzte sich Greta auf das schmutzige Geschirr und begann zu spülen.

»Vielleicht beschäftigt sich die arme Seele besser damit eine Weile«, sagte die Hausherrin und Marie widersprach ihr nicht.

Am Tisch befanden sich die anwesenden Damen derweil heftig im Gespräch. Berta Rost nahm wieder das Wort: »So, wie soll ich es sagen, liebenswert unverstellt solche Personen wie Greta Katt auch sind, so falsch ist es dennoch, die Defekte, die sie in sich tragen, auf nächste Generationen zu vererben. Und, wir haben es ja erlebt, die Triebe pulsieren auch in ihnen. Nichts ist vernünftiger als die Sterilisation von Schwachsinnigen. Zum Wohl der Betroffenen und zum Wohl des ganzen Volkskörpers.«

Eine der anwesenden Diakonissen begann laut zu seufzen, so als stiegen ihr, fast gegen den eigenen Willen, schwere Bilder ins Gedächtnis. Als sie der Aufmerksamkeit der übrigen Damen sicher war, sagte sie: »Und dabei prüft der Herrgott manch eine Familie noch schwerer als Sie, liebe Frau Katt.«

Begütigend legte sie ihre Hand auf Maries Arm. »Hier in unserem Arnstädter Stift beherbergen wir ja nur die leichteren Fälle. Ich habe vor Jahren in einer Anstalt gearbeitet mit schwereren Fällen. Was ich da sah ...« Die Diakonisse schlug sich zur Bestätigung ihres Entsetzens die Hände vor die Augen. Ein stiller Aufschrei. »Elend über Elend. Blindheit, Verkrüppelung, Schwachsinn höchsten Grades. Sie hockten in ihren Betten und schlugen mit den Stirnen an die Gitterstäbe. Zum Gotterbarmen!«

Die Damen schwiegen betroffen.

Nicht Berta Rost. »Und selbst Sie als Schwester konnten da nicht helfen. Alle Mühe ist bei solchem wertlosen Dasein umsonst. Da ist es doch besser, solch ein Vegetieren würde ...«

Die Gastgeberin sprach den Satz nicht zu Ende. Sie ließ alles offen und genoss die Bestürzung der anwesenden Damen.

In Maries Kopf rangen Empörung und Angst. Sie hörte das Gesumm ihrer Greta und das Klappern der Teller und sagte: »Sind wir nicht alle nur Menschen und Kinder Gottes? Wachsen nicht viele Blumen in Gottes Garten? Unser Pfarrer predigt: Nehmt einander an, wie Christus ...« Maries Stimme wurde heiser. Jedes Wort zwang sie sich ab. »Und es heißt: ›Du sollst nicht töten‹ und ›Selig sind die geistig Armen‹ ...«

Berta Rost griff nach der Kuchengabel wie nach einem Messer.

»Ich kenne das Stift. Die deutschen Frauen, die sich dort tagtäglich abarbeiten, tun mir herzlich leid. Bei allem Respekt, aber der Herr Pfarrer Behr sollte sich nicht so selbstgefällig über die Meinung deutscher Ärzte hinwegsetzen. Schließlich ist er kein Fachmann. Die Sterilisierung unwerten Lebens ist nur der erste Schritt.«

Das entsetzte Schweigen am Tisch hielt an. Berta redete weiter. »Anstaltsdirektor Behr, selber verkrüppelt, das muss man doch sagen, hat der völkischen Vernunft vor einer Versammlung von angesehen deutschen Wissenschaftlern selbstherrlich widersprochen. Ich finde das unverantwortlich. ›Schutz für jedes Leben!‹ Dass ich nicht lache! Frau Katt, Sie reden es dem Direktor wie ein Papagei nach. Von wegen, alle sind gleich? Ich will nicht unhöflich sein, Frau Katt, aber dass eine deutsche Frau wie ich Ihrer schwachsinnigen Tochter gleich ist, kann kein vernünftiger Mensch behaupten. Bei aller Liebe nicht. Mein Mann sagt, auch der Herr Direktor wird das noch lernen. Denken Sie an meine Worte!«

Dieser Frauenabend währte nicht lang. Sobald sie nur konnten, gingen Berta Rosts Gäste. Marie Katt zog ihre Tochter zur Wohnung hinaus und lief mit ihr heim, so als würden sie gejagt.

IM KIRCHSAAL DER HIMMEL, DRAUSSEN DIE WELT

Wahrscheinlich wurde es dem Maler oft auch zu viel, wenn die Leute vom Stift ihn bei der Arbeit beobachteten. Direktor Behr hatte den Künstler ins Stift geholt und Professor Schäfer einen »priesterlichen Mann« genannt. Die Neugier war groß.

Es war eine ernsthafte Arbeit, die der Mann im Marienstift tat. Kein Haschen nach Sensationen. Er malte moderne christliche Kunst an die Wände des Kirchsaals, Bilder von Trost und Hoffnung weit weg vom Ungeist der Zeit.

Und Schäfer malte nicht vergeblich. Solange das »Alte Haus« stand, fühlte sich jeder, der seine Malereien sah, Gott etwas näher.

Kunstmaler Professor Schäfer überlegte ernsthaft, um Ruhe zu bitten, als Oberschwester Gertrud den Betsaal, geführt von zwei ihrer Pfleglinge, betrat. Sie kam ihm zuvor und redete laut auf die Kinder ein. »Benehmt euch! Das ist eine Kirche und kein Spielplatz.«

Dann setzten sie sich nach vorn und winkten dem Maler zu. Schäfer zeichnete einen Engel. Mit wenigen Strichen schuf er Würde und Klarheit.

»Nun sagt mir bitte, was der Herr Professor schon alles gemalt hat«, bat Schwester Gertrud die Jungen. »Wenn ich nur etwas davon erkennen könnte. Kommt, sagt schon!«

Sie beschrieben, was sie sahen. Da waren ein Engel und ein Drache im Kampf. »Immer feste drauf!«, freuten sich die Jungen und lachten. »Das ist da wie im Krieg.«

»Sind auch Schwestern zu sehen?«, fragte Gertrud. Man hatte ihr berichtet, dass auch Diakonissen an die Wand gemalt worden seien.

»Nee. Nur Weihnachten ist da und die Krippe und der Weihnachtsstern.«

Draußen war Sommer. Da begeisterte das Bild der Heiligen Nacht wenig.

»Guck mal! Da sieht eine Frau doch so aus wie du.«

Mit etwas Phantasie war Schwester Gertrud zu erkennen. Recht war ihr das nicht. Etwas stolz war sie dennoch.

Auch Frieder Katt ging alle paar Tage von der Werkstatt hinüber zum Saal. Gerade war der Maler dabei, den Herrgott samt Himmel und Sternen an die Decke zu malen.

Der Schuster saß im blauen Kittel, die Krücken links und rechts neben sich in der Reihe und verrenkte den Hals.

Schäfer unterbrach die Arbeit und fragte Katt, ob ihm gefiel, was er sah.

Frieder gab es nicht zu. »Gott sieht wütend auf die Welt. So gnädig wie hier kann Gott heute nicht sein«, antwortete er.

Schäfer malte weiter, als hätte er es nicht gehört. Da Schäfer den verstümmelten Mann nicht kannte, wagte er kein Gespräch. Vielleicht wollte der Schuster nur provozieren. Und dennoch sah einen Tag später sein Herrgott strenger von der Wand als zuvor. Beim nächsten Besuch übersah Frieder den Unterschied nicht.

»Laufen da der alte Petri und die Fürstin mit?«, fragte Hausmeister und Luftschutzwart Hans Rost in einer Mischung aus Bewunderung und Verachtung. Der Maler bejahte die Frage. Mitten unter den Leuten vom Stift, die dort der Auferstehung entgegenschritten, waren auch Petri und Fürstin Marie.

»Ich will Ihnen mal eines sagen«, versetzte Rost. »Unsere Zeit hat andere Helden als die da. Unsere Helden kämpfen und sterben für das Vaterland. Diese Verschwendung ist unerträglich.«

Laut die Tür hinter sich zuschlagend stürmte Rost aus dem Saal. So viel Heiligkeit ertrug er nicht länger.

Mehrmals machte Hans Rost die Partei darauf aufmerksam, dass im Marienstift entartete Kunst an die Wände geschmiert wurde. Kirchliche, undeutsche Bilder. Es hieß aber, dagegen könne man vorerst nichts tun. Bischof Sasse habe das Gepinsel persönlich genehmigt. Sasse, der deutscheste aller Christen. Darüber musste ein Mann wie Hans Rost sich sehr wundern und dachte bei sich, der Führer könne von all dem nichts wissen.

Greta Katt besuchte den Maler und zählte die Engel an den Wänden. Ihr Freund Kurti begleitete sie und tätschelte ihre Hände, während sie zählte. Über die Zahl Zwanzig kam Greta nicht hinaus. Das Pärchen blieb nicht lange, denn Kurti fühlte sich unter den strengen Blicken der Engel nicht wohl. Sie kamen ihm alle bekannt vor, sahen aus, wie die Diakonissen im Haus, denen er draußen auch gern aus dem Wege ging.

Marie Katt aber kam immer wieder. Sie störte den Maler nie. Sie blieb hinten im Saal, in der letzten Bankreihe, und suchte kein Gespräch. Versunken in sich und die heilige Welt an den Wänden saß sie da, solange ihre Mittagspause es zuließ. Die Welt an den Wänden war ihr lieber, als die Welt draußen mit ihren unglaublichen Siegmeldungen, den Bombern, die die Stadt überflogen, der verbrannten Synagoge, den jüdischen Frauen und Männern, die spurlos verschwanden. Gern wäre Marie ganz zwischen den heiligen Bildern geblieben und hätte Tag und Nacht für ihren Sohn gebetet, den der Krieg verschlungen hatte wie einst seinen Vater.

Auch Pfarrer Behr und Dr. Frosch zogen sich in den Betsaal zurück. Hier ließ es sich reden. Auch sie fühlten sich zwischen Engeln und Propheten wohler als unter Führerbildern.

»Pfarrer Behr«, sagte Frosch eines Tages, »tut es dem Stift und der Klinik gut, wenn Sie so laut auf Ihrer Meinung beharren?«

Der Mediziner machte sich zunehmend Sorgen um die gefährlichen Aktivitäten des Direktors. Warum blieb Behr nicht stumm und wartete, bis sich der braune Gestank von alleine verzog? Behrs Rede für das Lebensrecht Behinderter hatte Wellen geschlagen.

»Hilft das meinen Patienten und den Pfleglingen im Haus, wenn Sie öffentlich gegen die Nazis sprechen? Sie bringen die Partei nur noch mehr gegen uns auf. Man wird Sie anzeigen und hinter Gitter bringen. Sie könnten im KZ landen, Herr Pfarrer. Sie sind nicht unantastbar.«

Behr atmete schwer.

»Wenn Sie verhaftet sind, stehen die Tore des Marienstiftes weit offen und das Leben der Pfleglinge ist keinen Pfifferling wert.«

Dr. Frosch, der jüngere der beiden Männer, stand im weißen Arztkittel, die Zigarre in der Hand, vor der frisch bemalten Wand.

Obwohl beide Männer die Nazis verachteten, sich beide täglich schützend vor die Pfleglinge stellten, auch vor die, die man »Idioten« nannte, waren sie nicht einig, wie das Stift diese Zeit überstand. Wo Behr trotz aller Vernunft nicht schweigen konnte, schien Frosch die Klinik wichtiger zu sein als die Wahrheit. Die Wahrheit war im Jahr 1939 lebensgefährlich.

Der Direktor schien sich dem Gespräch verweigern zu wollen.

»Pfarrer Behr, Sie müssen zugeben, dass trotz allem, was im Reich geschieht, die Klinik gut vorankommt. Sie muss nun sogar erweitert werden, weil man uns braucht. Das wissen die Herren Nationalsozialisten und das ist gut. Besser, wir halten durch und beschützen unsere Pfleglinge so gut wir können. Wir sind doch nicht verantwortlich dafür, was im Reich passiert!«

Behr schwieg weiter. Frosch zündete sich die Zigarre neu an.

»Und um es einmal klar zu sagen, auch in Ihren kirchlichen Kreisen unter den Pfarrern gehen die Meinungen über Sterilisation und Euthanasie weit auseinander. Ihre Amtsbrüder in der Stadt stehen angeblich mit Stiefeln auf der Kanzel. Und aus anderen kirchlichen Einrichtungen höre ich Dinge, die wage ich kaum laut zu sagen hier unter den Blicken des Herrgotts. Verstehen sie mich nicht falsch. Ich unterstütze diese Barbarei nicht. Aber bislang konnten wir uns aller Übergriffe erwehren. Nur, öffentlich dem Führer zu widersprechen, das ist doch wie – Selbstmord.«

Auch Behr fürchtete sich. Für die Nazis war er entbehrlich – viel leichter zu ersetzen als der angesehene Orthopäde. Und dennoch hatte Behr nicht geschwiegen. Er war ordinierter Pfarrer und in der Pflicht vor Gott und der Welt. Das fünfte Gebot setzte auch Hitler nicht außer Kraft.

»Herr Doktor«, sagte Behr leise, »ich suche keine Konfrontation. Ich bin kein Held. Das verbietet sich in meiner Verantwortung. Halten wir nicht mit den Pfleglingen und Lehrlingen wie überall in Deutschland stramme Appelle ab? Die Jungen und Mädchen haben sogar Spaß dabei. Die Männer besuchen Kameradschaftsabende, die Jungen üben sich im Granatenweitwurf. Bilder vom Führer hängen in den Zimmern und sogar die Frauenschaft ist organisiert. Hier redet niemand leichtfertig gegen Hitler. Nur leben sollen sie die Kinder lassen. Leben sollen sie dürfen!«

Der Pfarrer setzte sich erschöpft in die hinterste Stuhlreihe.

»Herr Doktor, Sie machen mir Vorwürfe und ich verstehe Sie. Aber hätte ich schweigen können? Diese Unmenschen behaupten, das Töten von unwerten Menschen sei kein Verbrechen, sondern eine Guttat am deutschen Volk. Sie haben auch einen Eid geschworen. Sie schworen, Leben zu retten. Hätten Sie dazu geschwiegen? Menschen wie Greta oder Kurti schicken die Nazis ins Gas. Ich weiß das, egal was sie lügen. Und Sie, Herr Doktor, wissen das auch. Diese Verbrecher nennen das Morden human. Ich bin und bleibe ein guter Deutscher. Und gerade darum konnte ich nicht schweigen. Und die Folgen muss ich tragen und vielleicht auch alle anderen Leute vom Stift.«

Frosch nickte nur.

Die Ausmalung des Betsaals wurde vollendet. Dem, der sehen wollte, gaben die Bilder Hoffnung. Da lag das Kind in der Krippe. Gott selbst als hilfloses Leben, ausgeliefert dem Hass und der Sorge der Welt. Da standen die Kreuze aufgerichtet. Das Grab des Gekreuzigten aber war leer. Wider Erwarten leer. Zum Zeichen, dass es selbst dort Hoffnung gibt, wo das Böse laut triumphiert. Mit offenen Augen konnte man es im Marienstift auch 1939 sehen.

DER ZWEITE ANGRIFF   Im Herbst 1940 suchten die Nazis ihre Opfer auch im Marienstift Arnstadt.

Den SA-Männern stand herablassender Ekel in den rohen Gesichtern, als sie über das Stiftsgelände stolzierten. Sie hatten Befehl, die Anstalt, diesen undeutschen christlichen Pfuhl, nach Schwachsinnigen abzusuchen, war es doch allgemein bekannt, dass sich die Anstaltsleitung, selber verkrüppelt, den Anordnungen widersetzte und Krüppel durchfütterte, deren Leben den gesunden Volksgenossen nichts nutzte. Mit Diakonissen und Pfaffen wollte man sich nicht einlassen und suchte deshalb zuerst nach dem leitenden Lazarettarzt Dr. Frosch. Im Volksmund hieß das Lazarett »Froschklinik«. Ein Dr. Frosch musste wissen, was die Stunde geschlagen hat.

Der Einsatzleiter nannte sich Arzt. Schnell und ohne Umstände kam er zur Sache. »Wie viele Idioten versteckt dieser Pfarrer hier in der Anstalt? Wir machen dem Treiben ein Ende, Herr Kollege. Sicherlich handeln wir in Ihrem Sinn. Also, wie viele Idioten versteckt der Pfaffe?«

Dr. Frosch zündete sich eine Zigarre an. Eine kollegiale Aufforderung, mitzurauchen, blieb aus. Das wurde registriert. Der Tonfall wurde schroffer.

»Sie werden mit uns dafür sorgen, dass hier Platz wird für verwundete Soldaten. Wir brauchen Namenslisten. Listen wird es ja geben. Also raus damit! Das ist ein Befehl, Herr Kollege. Ich hoffe, wir verstehen uns richtig.«

Auch Dr. Frosch trug unter dem weißen Arztkittel eine Uniform. Er stand unter Befehl wie seine ungebetenen Besucher. Noch immer tat Frosch nichts, als an der Zigarre zu ziehen.

»Wie stehen Sie zum Anstaltsleiter? Der undeutsche Ruf des Herren, dieses Krüppels, ist allgemein bekannt.«

»Er tut seine Arbeit. Ich habe mich daran gewöhnt«, antwortete Frosch.

»So, so. Gewöhnt. Sie wissen aber schon, Herr Kollege, dass dieses Subjekt vor nicht allzu langer Zeit offen vom Kampf zwischen Kirche und Staat schwadronierte und sich als Retter der Schwachsinnigen aufspielte. Größenwahn wie bei einem Juden, würde ich sagen. Was sagen Sie?«

»Hier in Arnstadt kann das nicht gewesen sein. Davon wüsste ich«, antwortete Dr. Frosch.

»Passen Sie auf, dass Sie sich als deutscher Offizier nicht an diesen christlichen Machenschaften mitschuldig machen. Vor einer Strafe für Wehrkraftzersetzung schützt Sie auch der weiße Orthopädenkittel nicht. Nur mal als freundlicher Hinweis.«

Frosch dankte dafür zwischen zwei Zügen.

»Also, wo verwahren Sie hier die Listen, die wir brauchen?«

Frosch sagte aus, Listen von Schwachsinnigen im Lazarett nicht zu führen. Er verwies sie auf das Büro des Anstaltsleiters im Handwerkerhaus gegenüber. Pfarrer Behr könne Auskunft geben. Dann komplimentierte er die Männer aus der Klinik hinaus und zerdrückte den Rest der Zigarre im Aschenbecher.

Vor der »Froschklinik« machten die SA-Männer ihrem Ärger Luft. Auf den Gängen hatten sie geschwiegen, so als fiele ihnen das Fluchen unter den allgegenwärtigen Kreuzen schwer. Jetzt aber nannten sie Frosch einen verkappten Bolschewisten. Das war das vernichtendste Wort, das sie für einen wie ihn kannten. Wutschnaubend stürmten die Männer über den Hof Richtung Handwerkerhaus.

Der Hof des Marienstiftes war wie leer gefegt. Sogar die in allen Ecken rauchenden Soldaten aus dem Lazarett verzogen sich hinter die Büsche. Die Pfleglinge standen erschrocken an den Fenstern. Verzweifelt, es ging um Tod und Leben, mühten sich Diakonissen und Helferinnen, ihre Pfleglinge stillzuhalten.

Da stellte sich den Männern ein sonderbarer Mensch in den Weg, nahm grotesk stramme Haltung an und salutierte mit lautem »Heil Hitler!«

Das war zu viel. Noch ehe seine Begleiter hätten zuschlagen können, zog der SA-Arzt die Pistole und suchte erregt nach der Entsicherung.

Ob er Kurti erschossen hätte? Kurti sah die Waffe und lief weg.

Von seiner nervösen Überreaktion beschämt packte der Arzt die Pistole zurück und ging schnaubend die letzten Schritte zum Haus. Kein Wort über den peinlichen Vorfall kam ihm über die Lippen.

Die SA-Männer fanden das Arbeitszimmer des Anstaltsleiters in der ersten Etage. In derselben Minute, in der sie den Raum betraten, verließ eine Gruppe von Pfleglingen zur Krappgartenstraße hin das Gelände. Den sie begleitenden Diakonissen stand die Angst im Gesicht. Bis zum späten Abend sollten sich diese Leute vom Stift im Park aufhalten. Schwester Gertrud hatte den Ausgang persönlich angeordnet. Sie selber saß betend im Kirchsaal unter den Bildern von Engeln und Heiligen.

Die SA-Männer machten es sich in Behrs Zimmer bequem. Breitbeinig saßen sie auf den Stühlen, arische Männer im besten Alter, die fest daran glaubten, ihr aschblondes Haar schicksalhaft verdient zu haben.

»Die Listen, Herr ... Wir wollen die Listen. Auf langes Gerede lassen wir uns nicht ein. Machen Sie ja keine Spielchen!«

Zu diskutieren gab es nichts. Der SA-Mann hatte das Gesetz auf seiner Seite.

Pfarrer Behr redete dennoch auf die Kontrolleure ein. Er sprach über das Lazarett, den Stiftungszweck für die Bildungsfähigen, die patriotischen Appelle zum Geburtstag des Führers.

»Mit einem Krüppel wie Ihnen rede ich nicht über den Führer. Die Listen, geben Sie die Listen heraus! Und dann ordnen Sie an, dass ihre Pinguine den Idioten die Koffer packen. Der Lastkraftwagen ist schnell auf dem Gelände. Der Abtransport kann heute noch durchgeführt werden. Je schneller wir fertig sind, um so schneller haben Sie hier wieder Ruhe – zum Beten.«

Die Männer im Hintergrund gestatteten sich ein kurzes Lachen über den Scherz des Vorgesetzten.

»Der endlich frei werdende Platz ist unverzüglich dem Lazarettbetrieb zuzuführen. Im Übrigen ist die Übernahme der Anstalt zeitnah vorgesehen. Ich rate Ihnen, sich darauf einzustellen. Aber jetzt die Listen!«

Der schwache Körper des Pfarrers schien in sich selbst zu versinken. Kraftlos lagen seine Hände auf der Tischplatte. Nur Behrs Augen blieben wach und lauernd.

Noch niemals habe man im Marienstift gegen Gesetze verstoßen, sagte er. Er habe den Führer in Berlin erlebt und sei von dessen Persönlichkeit zutiefst beeindruckt. Anstalt und Klinik dienten dem deutschen Volk. Gerade in der Kriegszeit stünden alle Schulter an Schulter. Danach zitierte Behr die Satzung von 1905 und den darin formulierten Bildungsauftrag an bildungsfähige Krüppel.

»Wollen Sie mich für blöd verkaufen? Sie schwafeln von Satzung und Gesetzen und haben mehr als eine Anzeige wegen unerlaubter Sammlungstätigkeit am Hals. Mit Ihren Sammlungsbetrügereien schaden Sie dem deutschen Volk. Und Ihre wilden Reden gegen Sterilisierung und Euthanasie untergraben das gesunde Volksempfinden. Sie sind einschlägig bekannt. Sogar Ihre Arnstädter Amtsbrüder verbieten Ihnen die Kanzeln.«

Der Pfarrer schien geschlagen. Behr suchte die geforderten Listen aus dem Rollschrank. Namen um Namen, Geburtsdaten, Diagnosen, Behandlungen, Ausbildungswege, Prognosen, Finanzierungen. Mehrere Ordner.

Behr schlug den ersten Aktendeckel auf und begann, laut zu lesen. Zu jedem Namen berichtete er die Lebensgeschichte und den momentanen Stand der Entwicklung:

»Hans Kreimer aus Oberweißbach, geboren 1923, chronische Muskeltuberkulose, Korbflechtergeselle ohne Auffälligkeit seit 1935. Unser Herr Kreimer verfolgt den Kriegsverlauf seit dem ersten Tag. Wollen wir wissen, wo die Westfront steht, fragen wir ihn.

Helene Graupeter, geboren 1917, aus Ilmenau, hüftleidend, Küchenfrau, Ausgestalterin der Geburtstagsfeiern für den Führer. Nicht jeder sieht es ihr an, aber sie ist geistig auf der Höhe, was ihr Enthusiasmus beweist.

Paul Müller, geboren in Stadtilm, hochgradige Rückgratverkrümmung, Gärtner. Sie sollten ihn hören, wie er das Horst Wessel-Lied singt ...« Der Pfarrer sprach ohne Pause.

»Überspannen Sie den Bogen nicht!« Der SA-Mann wusste sich nur mit lautem Brüllen zu helfen. »Soll ich Sie gleich mitnehmen, Freundchen?«

Als hätte der Pfarrer nichts von der Drohung verstanden, redete er weiter über die Leute vom Stift und ihre Begeisterung für den Krieg und den Führer.

»Schweigen Sie endlich, Sie Narr! Was ist denn mit dem Idioten, der eben vor mir salutierte? Schwachsinnig, hochgradig schwachsinnig. Das sah jeder. Wir nehmen den erst mal mit, dann sehen wir weiter.«

»Oh, Kurt Sänger. Freunde sagen Kurti zu ihm. Kurti arbeitet als Bote zwischen den Häusern. Er erledigt auch wichtige Postgänge in die Stadt. Ein unabkömmlicher wertvoller Mitarbeiter. Er hat wohl nicht die Weisheit mit Löffeln gefressen, wie man so sagt, aber seinen Mann steht er hier jeden Tag. Sein Respekt vor den deutschen Soldaten ist vorbildlich. Seine unbedingte Liebe zum Vaterland beispielhaft. Neulich erst ließ er ein Portrait des Führers rahmen und hängte es in seiner Stube auf. Gerade an Kurt Sänger zeigt es sich, wie lernfähig unsere leicht behinderten Volksgenossen sind. Fragen Sie ihn nach den Daten und Taten unseres Führers, er wird Ihnen Antwort stehen. Er erwartete wohl von ihnen examiniert zu werden, als er salutierte.«

Die Dreistigkeit des Pfarrers schien grenzenlos. Ihn sofort in Arrest zu nehmen, hatten die Männer aber keinen Befehl. Sie wollten nur noch raus und fort.

»Behr, bringen Sie ihren Bestand in Ordnung! Wir erwarten die Listen. Spätestens im Sommer ist hier Kehraus. Ob Sie dann hier noch ihr Unwesen treiben, bezweifle ich sehr.«

Grußlos und unverrichteter Dinge verließ die SA das Marienstift.

KRIEGSNOT »60.000 Reichsmark kostet dieser Erbkranke die Volksgemeinschaft auf Lebenszeit. Volksgenosse, das ist auch dein Geld.« So lautete der Text auf einem in der Krappgartenstraße geklebten Plakat gegenüber dem Handwerkerhaus des Marienstiftes. Herausfordernd sah ein weißgekittelter Pfleger dem Betrachter in die Augen. Die Botschaft des Plakates war: Der dreiste Mensch bestiehlt sein Volk. Im Rollstuhl vor ihm ein Krüppel. 60.000 Reichsmark? Kein guter Volksgenosse lässt sich das länger bieten.

1943. Marie Katt sah das boshafte Plakat jeden Tag. Sie verglich sich mit dem Pfleger. Sie verglich Greta mit dem Mann im Rollstuhl. Sie sah die Blicke der Passanten auf das Hetzbild und auf sie. Jeden Tag sah sie sich ängstlich um, ob nicht einer mit Steinen nach ihr warf. Angst überall.

Marie Katt sah Flüchtlinge auf Arnstädter Straßen. Sie kamen aus dem Osten, waren noch vor wenigen Wochen normale Leute wie sie gewesen und nun verwahrloste alte Männer und Frauen in zerrissenen Kleidern ohne Heimat.

Marie besuchte den Betsaal, so oft sie nur konnte. Sie stieg leise die Treppe hinauf und verschloss die Türe fest hinter sich. Dann sah sie auf das Kind in der Krippe oder sah, wie die Gemeinde hinauf in den Himmel zog. Sie grüßte die Fürstin und den alten Petri wie gute Bekannte und beneidete beide, weil sie auf dem Weg zur Seligkeit schon so weit voran waren.

Seit Jahren kursierten Gerüchte wegen einer Liste. Wer auf der Liste stand, sollte getötet werden. Wann würden sie ihre Greta holen? Am liebsten hätte Marie die erwachsene Tochter versteckt, in der Wohnung eingesperrt Tag und Nacht. Aber eine junge Frau wie Greta ließ sich nicht verstecken. Sie lebte fröhlich dahin, knutschte mit Kurti unter der Teppe, wusch mit Hingabe Kochtöpfe aus, aß, was sie zwischen die Finger bekam.

Von ihrem Sohn Max redete Marie nie. Nicht einmal Schwester Gertruds Fragen nach Max beantwortete sie. Nicht einmal vor ihr öffnete Marie ihr Herz. Manchmal schämte sie sich, weil sie für das Leben ihres Sohnes wie damals bei ihrem Mann keine Hoffnung hatte.

Auch in Arnstadt heulten die Sirenen jeden Tag. Beim ersten Ton verließen die Pfleglinge Werkstätten und Schulräume. Auch die gehfähigen Verwundeten der Klinik schleppten sich aus den Krankenbetten. Das Ziel für mehrere hundert Männer und Frauen war der Luftschutzkeller.

Wenn Greta singend die Treppen hinabstieg, schlug ihrem Lächeln blanker Hass entgegen.

»Für solche wie die ist der Keller nicht da.«

Noch sagte das niemand laut. Noch fielen die Bomben anderswo.

DIE WITWE MARIE KATT   Frieder Katt lag im Sterben. Marie und Greta saßen bei dem Sterbenden, und Greta biss sich unablässig in die rechte Hand, weil ihr das Lachen verboten war, mit dem sie ihre Fassungslosigkeit besser ertragen hätte.

Dr. Frosch besuchte den Schuster, als es schlimm zu werden drohte. Helfen konnte er nicht und doch würde ihm der Krankenbesuch nie vergessen werden. »So sind sie, die Leute vom Stift. Nicht einmal Frosch war sich zu schade, als es mit Frieder Katt zu Ende ging.«

Als Frieders Herz zu schlagen aufhörte, dröhnten draußen Sirenen. Fliegeralarm. Marie hatte in den vergangenen Wochen, als sie ihrem Mann den Schweiß von der Haut wischte und ihm die Wäsche wechselte, nie auf Sirenen geachtet. Jetzt erschrak sie vor dem Ton, so als hörte sie ihn zum ersten Mal.

Frieder starb an der Schwäche seines geschundenen Körpers. Zu lange hatte er den zerschossenen Leib, schwer wie

Blei, an den Krücken schleppen müssen. Eines Tages ging er nicht mehr in die Werkstatt, dann blieb er im Bett liegen und hörte zu sprechen auf. Schließlich verweigerte er Essen und Trinken. Frieder Katt wollte nur noch hinauf in den Himmel.

»Was für ein Leben! Was für eine Zeit! Damals, vor dem ersten Krieg, war Ihr Mann noch ein fröhlicher Mensch. Schwester Gertrud hat mir einiges erzählt«, sagte der Pfarrer Behr, als er mit der Witwe das Notwendige besprach, um Frieders Beerdigung vorzubereiten.

»Leider habe ich ihn so nicht gekannt. Nur immer grüblerisch und hart. Festen Glauben hatte er. Darum habe ich so gerne mit ihm geredet. Nur die Hoffnung auf Gnade hatte er verloren. Was hat der Krieg aus den Männern gemacht?« Der Direktor wollte die Witwe trösten, fand aber keine Worte. Er fragte: »Haben Sie Nachricht von Max?«

Marie schüttelte den Kopf.

»Dass Ihr Sohn freiwillig an die Front ging, schmerzte Ihren Mann mehr als das verlorene Bein. Doch selbst wenn Ihr Sohn nicht freiwillig gegangen wäre, was hätte es geholfen?«

Marie wünschte, dass sich die Trauergesellschaft nach der Beerdigung im Gasthaus »Zum Jungfernsprung« traf. Dort waren Frieder und sie einmal glücklich gewesen. Dort hatten sie Hochzeit gefeiert.

Seit damals war Marie nicht wieder im »Jungfernsprung« gewesen. Verwundert sah sie, dass auch das Gasthaus anders geworden war seit dem ersten Krieg. Ein Führerbild hing an der Wand. Der heutige Wirt trug ein Bärtchen unter der Nase. Er begrüßte die kleine Trauergesellschaft straff mit »Heil Hitler!«

Am Tisch saßen zwei alte Tanten aus der Kattschen Familie, Frieders Schusterkollegen aus der Werkstatt, der Direktor und Schwester Gertrud. Mehr wollten nicht kommen. Frieder Katt, der schwierige Mensch, hatte es keinem leicht gemacht. Seine »letzten Wahrheiten« waren auf Dauer schwer zu ertragen.

Kurti war dabei und saß neben Greta, ohne darum gebeten worden zu sein. Schwester Gertrud und der Direktor besetzten die Stühle zu beiden Seiten der Witwe. Von allen Anwesenden hatte nur die Oberschwester Maries Hochzeit miterlebt. Sie erzählte von den alten Zeiten, als das Stift noch neu war. Alte Geschichten, die keiner hören wollte.

Man schwieg und kaute trockenen Kuchen. Man trank den Ersatzkaffee und tat so, als wäre er richtig und gut.

Dann endlich lobten sie Behrs Predigt. Sie war durch einen Alarm unterbrochen und darum sehr kurz geraten. Man bedauerte das.

Frieder Katt würde nun mit eigenen Augen sehen, woran er fest glaubte. Das war des Pfarrers Resümee. Katt wäre erlöst von Schmerzen und traurigen Gedanken. Erlöst aus der Welt, die ihm meist wie die Hölle erschien. An dieser Stelle jaulte die Sirene auf. Der Prediger beeilte sich, noch etwas Gutes über Marie, die Tochter und den Sohn zu sagen. Bei ihnen hätte der Kriegsversehrte Halt gefunden. Konkreter wurde der Pfarrer nicht, denn sie mussten die Trauerhalle schnell verlassen.

Ein Volksempfänger tönte durch den Gastraum. Er spie Siegesmeldungen aus: Erfolgreich wurden die Frontlinien in Russland begradigt. Im Westen wurde zurückgeschlagen, wo immer es nötig war.

»Ich habe die Traueranzeige für unseren Frieder erst gar nicht gefunden«, sagte ein Schuster in aller Einfalt. »So viel Schwarz in der Zeitung. Ich musste Frieders Namen zwischen allen Kreuzen richtig suchen.«

Schwester Gertrud ging auf die unbedachte Bemerkung ein. Die anderen sahen verlegen nach dem Wirt mit dem Bärtchen hinter der Theke. »So viele junge Arnstädter Burschen. Und das jeden Tag. Wie damals im ersten Krieg. Dass Gott erbarm!«

Wieder Schweigen.

Sie redeten über den Endsieg, Wunderwaffen und eingeschmolzene Kirchenglocken.

»Nun dient auch unser Marienstiftsglöckchen dem Vaterland«, sagte der einfältige Schuster schon wieder. »Irgendwie fehlt sie mir. War doch zu schade, daraus Kanonen zu machen. Ich weiß nicht.«

Er redete über eine kleine Glocke, die bis vor kurzem die Stiftsgemeinde zum Gottesdienst gerufen hatte. Nun war sie eingeschmolzen zu irgendeinem Kanonenrohr.

Als die Leute vom Stift an ihr »Glöckchen« erinnert wurden, flossen Tränen und Greta sagte: »Das Glöckchen hat es schlimmer als der Papa.«

»Warum?«, fragte ihre Mutter.

»Papa ist im Himmel, das Glöckchen muss an die Front.«

Die »Feier im engsten Kreis« dauerte nur kurz. Niemand fühlte sich wohl und als Marie Katt und Greta nach Hause gingen, dachte sie, dass Greta die Wahrheit gesagt hatte.

Max Katt kam zwei Tage nach der Beerdigung seines Vaters nach Arnstadt. Für Marie war es wie ein unerhörtes Wunder. In Uniform saß Max auf dem Sofa neben seiner Mutter. Greta hantierte in der Küche und wusch das Geschirr. Sie hielt sich fern von ihrem Bruder. Doch selbst Greta sah, dass es ein anderer Max war, der dort saß, ein anderer als der, der sie verlassen hatte.

Sie hatten Max drei Tage Urlaub bewilligt, um den Vater zu beerdigen. Die Zugfahrt aber dauerte schon fast zwei Tage und so war er zu spät und hatte nicht einmal Zeit, aus den Stiefeln zu steigen. Ängstlich saß er da und starrte zitternd auf die Uhr, denn nichts fürchtete er mehr, als den Zug zurück an die Front zu verpassen. Deserteure wurden erschossen. Max hielt die Hand der Mutter fest wie ein Kind.

»Der Vater wusste alles. Er wusste alles«, sagte Max. Zwei Stunden zu Hause, dann musste er los. Im ausgemergelten Gesicht lagen seine Augen tief und fremd. Marie kannte den Blick.

Als Max weit vor der Zeit aufsprang und zum Bahnhof rannte, konnte sie ihm nichts als Brot und ein kleines Stück Speck mitgeben.

»Unsere Fahnen, die flattern uns voran...« Greta rannte dem Bruder bis auf die Straße nach und sang ihm das Lied hinterher. Ob sie ihn trösten wollte oder nur froh war, dass ihr Bruder wieder fortging, wusste man nicht. Marie aber schlug ihrer Tochter auf den Mund, als sie wieder vor ihr stand und immer noch sang. Das war das einzige Mal, dass Marie so etwas tat, und sie schämte sich dafür den Rest ihres Lebens.

BOMBENANGRIFF Februar 1945. Der Pilot eines von Deutschland abziehenden amerikanischen Luftgeschwaders hatte beim Angriff auf Thüringer Rüstungswerke nicht alle Bomben ausgelöst. Unmöglich, diese Last auf den Heimatflughafen zurückzutragen. Er überflog Arnstadt, das für ihn nur irgendeine deutsche Kleinstadt war, und klinkte die Bomben aus. Die Bomben trafen auch das Marienstift, weil es zufällig unter seinen Flügeln lag. Drei Frauen wollten während des Angriffs den Dienst im Haus aufrechterhalten. Alle anderen Leute vom Stift, Pfleglinge, Handwerker, Soldaten, Ärzte, Schwestern, Arnstädter Patienten – fast 400 Menschen – überlebten. Die drei arbeitenden Frauen, die Diakonisse Anna Schönau, die Küchenleiterin Anna Henze und Oberschwester Gertrud Ranft, aber wurden von den Trümmern des »Alten Hauses« erschlagen und Opfer des sinnlosen Krieges.

ZWISCHEN DEN TRÜMMERN Greta in Filzstiefeln und Wollmütze summte auch heute vor sich hin, so als wäre nichts geschehen. Ihre Mutter hatte sie nicht abhalten können, den Helfern bei der Suche in den Trümmern des »Alten Hauses« zu folgen.

Gerade als sie die Leiche von Schwester Gertrud entdeckten, schleppte Greta in der Nähe Eimer voller Schutt, sah die dunkle Tracht, trat auf ein zertrümmertes Brillenglas, floh schreiend fort vom Stift bis zur Wohnung und verkroch sich zitternd unter ihr Bett.

»Sie haben den lieben Gott zerbombt«, rief Kurti, als er beim Schleppen der Trümmer auf Reste des Krippenbildes stieß.

Die zerbrochenen Betten, die Schränke, die Scherben – all das schreckte Kurti nicht. Das Gesicht des Guten Hirten auf einem Stück Putz aber ließ ihn laut heulen.

Später bargen sie aus dem Trümmerberg auch die Körper der anderen Frauen. Drei greise Frauen, die ihre Arbeit getan hatten, waren tot. Da wurde den Leuten vom Stift, als hätte der Herrgott sich von ihnen abgewandt.

Hans Rost machte sich seine eigenen Gedanken über den Stand des Krieges. Mit dem Bombeneinschlag im Stift konnte er leben. Ein Stück der Anstalt war zertrümmert. Das Lazarett stand. Wer wie Rost irr genug war, im Februar 1945 an Wunderwaffen und den Endsieg zu glauben, nahm den Treffer leicht.

Rost erstattete seinen Vorgesetzten die Meldung, nur drei alte Frauen hätten ihr Leben gelassen. Die Verluste wären gering. Aus seinem Mund klang das fast wie ein Sieg.

MAI 1945   Leichtfüßig wie früher bewegte Marie Katt sich schon lange nicht mehr. Sie war 57 Jahre alt. Jetzt verfluchte sie ihre schmerzenden Beine.

Schon die Treppe bis zur Straße strengte sie an, der Weg bis zum Gemeindehaus bei der Oberkirche, ihr Weg an die Arbeit, wurde ihr zur Qual. Sie musste an den Trümmern des »Alten Hauses« vorbei, quer durch die Stadt, vorbei am Rathaus über den Markt. Im Gemeindehaus waren die Notunterkünfte der obdachlosen Pfleglinge ganz oben. Die Stimmung war schlecht.

Seit dem 6. Februar, dem Tag des Bombenangriffs, wohnten die geretteten Kinder am Pfarrhof. Man musste dankbar sein, dass die Gemeinde sie aufgenommen hatte. Das Klagen nahm dennoch kein Ende. Die Pfleglinge langweilten sich. Ihr Alltag bestand allein aus dem Warten darauf, dass die Zeit bis zum Abend verging. Die Kinder schaukelten ihre Körper hin und her wie eingesperrte Tiere. Alles, was sie im Stift gelernt hatten, versank im Dunkel ihrer schwachen Köpfe.

Anfang Mai 1945 war Frieden. Der Führer hatte sich erschossen, die Wehrmacht kapitulierte.

Mit dem Amerikaner in der besetzten Stadt hatten die Arnstädter den Krieg überlebt. In der Klinik herrschten Hunger und Not. Alle Zimmer und Gänge waren mit Verwundeten voll. Es fehlte Verbandsstoff. Die Schwestern und Ärzte wussten nicht, wie sie die Wunden versorgen sollten.

Der Unterschied zwischen Frieden und Krieg war gering.

Jetzt, mitten im Mai, wurde es lau und lind. Und wieder suchte Marie Katt bei Nacht nach Greta. Jeder Schritt war gefährlich, die Fußpfade zwischen den Trümmern schmierig vom Schlamm und die Soldaten, die rauchend auf den Fensterbänken der Klinik hockten, frech und dreist. Zotige Sprüche verfolgten die alternde Frau. Marie hörte nicht hin, ging wie im Schlaf.

Sie fand ihre Tochter, wo sie sie vermutet hatte. Die Bombe hatte das Haus in zwei Teile gerissen. Nun gab es neue Ecken und Winkel, in die man kriechen konnte.

Greta kicherte. Kurtis Atem ging schwer.

Die Situation war nicht neu. Marie leuchtete auf das Pärchen mit einer Taschenlampe. Zum Äußersten war es nicht gekommen. Was das »Äußerste« wäre, darüber wollte Marie nicht nachdenken. Sie griff nach Gretas Arm und zog die schwere Frau mit aller Kraft aus der Ecke heraus. Kurti schrie den Frauen ein paar Schimpfworte nach und verzog sich.

Vor kurzer Zeit noch hätte Marie sich für alles, was da geschah, in Grund und Boden geschämt. Auch das war vorbei. Sie ließ die Männer aus den offenen Klinikfenstern Sprüche machen und hatte genug damit zu tun, nicht über die Steine und Löcher am Boden zu stürzen.

Greta lachte schon wieder. Mit ihr zu schelten, hatte keinen Sinn. »Geh ins Bett und wasch dich vorher gründlich. Du weißt schon wo.«

Greta kicherte.

Es gab nichts, was ihrer Tochter das Lachen verdarb.

»Heute Nacht habe ich Greta schon wieder von der Straße geholt«, sagte Marie Katt Schwester Irmtraud im Vertrauen.

Marie hatte kaum einen, mit dem sie ihre Sorgen teilen konnte. Schwester Gertrud war tot, der Pfarrer arbeitete unten im Stift und kam selten hinauf zu den Kindern im Gemeindehaus. »Ich sorge dafür, dass ihr bald wieder bei uns seid«, sagte er bei jeder Gelegenheit, aber das war ein sehr großes Versprechen und nicht leicht zu erfüllen.

Schwester Irmtraud, jünger als Marie, hörte ihr zumindest zu, doch Irmtrauds Leben glich dem einer Nonne.

»Ist nichts passiert, aber Kurti sollte mal jemand ernsthaft ins Gebet nehmen. Der wird immer schlimmer.«

»Was macht er denn?«, fragte Irmtraud.

»Ach Schwester, die Mainacht und die Trümmer im Stift und die Männer im Lazarett, das ist eine Stimmung, die alles durcheinanderbringt. Da kann man nur beten.«

»So«, sagte Irmtraud.

Marie erwartete keinen Rat von der Diakonisse.

»Greta wird immer dicker«, sagte sie. »Die Menschen laufen wie die Skelette durch die Straßen, nur Greta wird dicker und dicker. Ich weiß nicht, was ich machen soll. Aber schwanger ist sie nicht. Wenigstens das nicht. Was sich unser Herrgott nur dabei denkt und ich muss alles alleine tragen.«

Irmtraud griff fürsorglich nach der Hand der alten Helferin. Sie wusste, wann sie besser schwieg als redete. Das war eine ihrer Stärken.

»Es ist schon so«, sagte Marie, »das Volk hat sich versündigt. Ich habe die geschundenen Menschen mit eigenen Augen gesehen, als sie von Buchenwald weg durch die Stadt getrieben wurden. Die Schuld klebt an uns allen, wie Pech. Aber wir im Stift taten immer unsere Arbeit, unsere Pflicht. Warum traf die Bombe gerade unser gutes Altes Haus, tötete meine gute Schwester Gertrud. War denn der Herrgott blind? Einer wie Rost, der kam durch. Ich habe ihn neulich gesehen. Der geht schon wieder im Rathaus ein und aus. Ich begreife das nicht.«

»Ich auch nicht«, sagte Irmtraud. »Des Herren Wege sind ... Wir sollen ihm dennoch vertrauen. Wenn wir das Vertrauen verlieren, dann... Haben Sie etwas von Ihrem lieben Sohn erfahren?«

»Nein. Hätte ich doch wenigstens eine Nachricht von seinem Tod.«

Irmtraud meinte es gut. Trösten konnte sie Marie aber nicht. Sie seufzte nur und strich ihr über die faltige Hand.

Der durch Professor Schäfer
ausgemalte Betsaal im Alten Haus

Kruzifix des Altars
von Friedrich Popp

Hoffen

(1945–1949)

EIN FLÜCHTLING   Der Güterzug stoppte zwischen Weimar und Erfurt auf halber Strecke. Die in die Wagen gepferchten Menschen atmeten auf, als man die Schiebetüren aufriss. Gierig sogen die Transportierten die frische Morgenluft ein.

Dann fühlten sie die Kälte. Sie sprangen aus den Wagen, ihre Notdurft zu verrichten, und sahen, dass sie im Nirgendwo gestrandet waren. Amerikanische Soldaten, schwarze und weiße Männer, hatten den Zug gestoppt. Ihre Maschinenpistolen waren auf die Flüchtlinge gerichtet. Sie hatten dabei weder Spaß noch Mitleid.

»Look there!«, ein dunkler GI schrie das wieder und wieder und wies mit der Hand quer über das Ackerland auf einen Höhenzug am Horizont.

»Look there! Nazi KZ. Nazi murder. KZ!«

Die Flüchtlinge kannten den Höhenzug nicht. Es waren Leute aus Ost- und Westpreußen und die meisten von ihnen in Friedenszeiten niemals bis ins »Reich« nach Mitteldeutschland gereist. Sie nickten aus Angst, wussten aber nicht, warum.

Einer kannte den Berg doch. »Das ist der Ettersberg«, sagte er leise zu seinen Nachbarn. »Da war auch so ein Lager.« Da blieb man lieber still.

Auch Christa Ehrlich wusste nichts über den Ettersberg. Dass sie hier stand, neben den Gleisen irgendwo im Gau Thüringen, hatte sich zufällig ergeben. Sie hatte sich den Zug, in dem sie fuhr, nicht ausgesucht. Man hatte sie hineingestoßen.

Hinter Christa Ehrlich lag das zerbombte Königsberg. Dort verwesten die erschossenen Eltern in einem Straßengraben. Hinter ihr lag ein Leben, das wie dieses Land zusammengebrochen war. Vor ihr lag gar nichts.

Die Schwesterntracht, die Christa schon wochenlang auf dem Leib trug, hatte die junge Frau vor den Russen geschützt. War es Bewahrung, dass sie noch lebte, oder hob ihr das Schicksal die größten Schrecken noch auf? Christa wusste das nicht.

Der Zug rollte an. Die Flüchtlinge blieben auf freier Strecke zurück. Man ließ sie antreten. Jeder wurde nach seinem Namen befragt, woher er kam, wohin er wollte.

Christa stand in der Mitte der langen Reihe. Um sie alte Männer, hilflose Kinder und Frauen. Die meisten misshandelt und hoffnungslos wie sie selbst.

In gebrochenem Deutsch stellte der Offizier seine Fragen, ließ die einen auf einen bereitstehenden Lastwagen steigen und die anderen frei. Wonach er sich entschied, blieb unklar.

Jetzt stand die junge Frau in der Schwesternkleidung vor ihm. Der dritte Lastwagen war vorgefahren und erst halbvoll.

»Christa Ehrlich, geboren 1923, Königsberg, kein Beruf, zuletzt Hilfsschwester in einem Lazarett. Verwaist, ledig, allein.« Das waren die von Christa geforderten Antworten. Über Christas Zustand sagten die Antworten nichts. Gehetzt vom Krieg, vom Feind geschlagen, hungernd, im freien Fall durchs Chaos. Das war Christa Ehrlich. Der Soldat wollte nichts davon erfahren.

»Zu wem wollen Sie?«, fragte er.

Christa begriff, dass sie dem Mann ein Ziel nennen musste, wenn sie nicht auf die Ladefläche wollte. Sie sagte: »Ich will zu Karl Ehrlich. Er ist ein Onkel und wohnt in Arnstadt.«

Dem Offizier war die Stadt in der Nähe bekannt. Er war mit der Antwort zufrieden, drückte einen Stempel in ein Papier und schickte sie weg.

»Go away!«, rief ein Wachsoldat.

Christa Ehrlich ging die Schienen entlang, wusste nicht, wie ihr geschah, wusste nicht, wohin. Ein Karl Ehrlich existierte in Christas Familie wirklich. Von dem Spielzeughändler in Thüringen hatten sie manchmal geredet, wenn es bei Tisch darum gegangen war, wie verstreut die Familie Ehrlich im Reich lebte.

Karl Ehrlich, ein Onkel zweiten Grades. Niemand in Königsberg hatte den Menschen persönlich gekannt, doch jetzt hatte der Name eine entfernte Verwandte auf der Flucht vorerst gerettet.

Christa streckte ihre Schritte so, dass sie sie von Bahnschwelle zu Bahnschwelle trugen. Es war der schnelle Schritt einer Frau, die entkommen wollte. Offensichtlich lag ihr noch etwas am Leben.

Die Flüchtlingsgruppe, der sich Christa Ehrlich anschloss, schaffte es vor Nachtanbruch bis Erfurt. In einer Ecke des Bahnhofs setzten sie sich auf den Boden. Christa versteckte ihr auffällig blondes Haar und wartete. Es gab Helfer, die an Flüchtlinge Tee und Brot verteilten. Während Christa die Brotrinde kaute, spürte sie so etwas wie Glück.

Auf Christas Papier stand das Wort »Arnstadt«. Anderswo hinzugehen, wagte sie nun nicht mehr. Anderswo würde es nicht besser sein als dort.

Nein, sagte ein Erfurter Bahnhofsarbeiter früh am Morgen, bis nach Arnstadt brauche sie keinen Zug. Zwei Stunden Fußmarsch, nicht mehr. Die Kirchtürme der Kleinstadt seien nicht zu verfehlen.

»Zu wem wollen Sie, junge Frau?«, fragte der freundliche Mann. Hier in der Gegend kannte man sich. Christa nannte den Namen des fremden Onkels. Spielzeughändler Karl Ehrlich. Der Bahnmann kannte den Laden mitten in Arnstadt gleich bei der Liebfrauenkirche. Mit seinen Kindern war er in Friedenszeiten nie an dessen Schaufenstern unbehelligt vorbeigekommen. Immer hätten seine Kinder bei Ehrlich etwas kaufen wollen.

»Waren stramme Nazis, die Ehrlichs. Im Fenster nur kleine SS-Männer und Panzer. Wer weiß, ob deine Leute nicht längst auf dem Ettersberg sind.«

Christa Ehrlich kannte die Leute nicht. Ihr Schicksal war ihr egal. Sie hatte mit sich zu tun und wollte dort höchstens eine Nacht schlafen.

Jetzt stand sie zwischen Erfurt und Arnstadt auf einer Höhe. Ihr Blick ging weit über Land. Am Horizont lag das Gebirge und warf Schatten auf die Ebene.

Christa Ehrlich kam vom Meer. Alles, was Grenzen setzte,

war ihr bedrohlich. Auch diese Bergkette, die wie das Ende der Welt dastand. Zeit ihres Lebens sollte sie das Gefühl nicht mehr loswerden. Zur Heimat sollte dieses Land ihr nie werden.

Christa Ehrlich war ein zweiundzwanzigjähriges Mädchen auf der Flucht. Sie war hier, weil sie Glück gehabt hatte, weil sie vom Schlimmsten verschont geblieben war, weil sie mit weniger Essen auskam als andere Flüchtlinge, weil sie ihre Ängste abzuspalten verstand und funktionierte, um zu überleben. Christa ging auch die letzten Kilometer bis Arnstadt aufrecht.

Die lange, gerade Straße führte sie an wenigen zerbombten Häusern vorbei. Wie überall blickten Männer dem blonden Mädchen hinterher. Aber niemand schrie ihr nach. Niemand warf mit Steinen nach der Fremden. Das war besser als anderswo.

Als sie meinte, die Stadtmitte wäre nah, fragte sie nach dem Spielzeugladen von Karl Ehrlich. Wieder musste sie an Trümmern vorbei. Ein Lazarett neben einem Bombentrichter stand unbeschädigt. Christa sah Diakonissen und Ärzte. Das Krankenhaus glich Gebäuden in Königsberg, wo sie als Hilfsschwester gearbeitet hatte.

Wenig später stand sie vor Karl Ehrlichs Spielzeugladen. Ein Häuschen im Schatten einer zweitürmigen Kirche. Kleine Schaufenster unterschieden das Geschäft von den anderen Häusern. Ein Drehkreisel und eine Kasperpuppe lagen aus, um die Behauptung des Schildes, dies sei ein »Spielzeugladen«, zu beweisen.

Christa Ehrlich hatte ihre Thüringer Verwandtschaft gefunden.

Seit Christa Ehrlich floh, war sie durch viele fremde Türen gegangen. Der Hunger machte sie entschlossen. Sie war mit Steinen vertrieben, bespuckt und verhöhnt worden. Sie hatte gute und boshafte Menschen getroffen. Alles hatte sie hingenommen wie gutes oder schlechtes Wetter. Mutig war sie nie, nur pragmatisch.

Jetzt war es anders. Es gelang ihr nicht, einfach den Laden zu betreten. Immer noch stand sie vor dem Schaufenster und sah auf ihr Spiegelbild.

Das Wort »Verwandtschaft« machte ihr größere Hoffnung, als sie sich eingestehen wollte.

»Mehr ist nicht da, junges Fräulein. Entweder rein oder raus!« Der Mann schob sie mit einem aufdringlichen Griff um die Hüfte zur Seite und lachte.

Christa wusste sofort, dass es Karl Ehrlich war. Jetzt hätte sie weitergehen wollen, fort aus der Kleinstadt nach Westen oder nach Süden. Am besten weiter nach Bayern. Aber Christa blieb vor dem Fenster stehen, so als wäre von einer Minute zur anderen alle Kraft von ihr gewichen.

Als Verwandte hatte sie das Recht, hier zu betteln. Man musste sie wenigstens für eine Nacht aufnehmen. Christas Sehnsucht nach Ruhe war übermächtig.

Karl Ehrlich war längst hinter der Ladentüre verschwunden. Christa hörte seine laute Stimme durch die Scheibe. Eine Frau kreischte zurück.

Das war für Christa ein gutes Zeichen. Sie musste nicht mit dem fremden Mann alleine sein. Christa drückte die Klinke, eine Ladenglocke schellte und sie betrat das leere Geschäft.

Karl Ehrlich kaute und grinste, als er durch den Vorhang trat, der den Laden von der Wohnung trennte. »Ach, das Fräulein sucht doch nach Spielzeug.« Der Mann betrachtete die junge Frau ausgiebig. »Viel haben wir nicht. Aber zum Beispiel diese Figur. Erfreut jedes Kinderherz. Damit könnte ich dienen.« Er drückte Christa eine kleine Puppe in die Hand, die sie an Hitler unter dicker Clownsschminke denken ließ. Sie gab ihm die Figur schnell zurück.

»Ich will nichts kaufen«, sagte sie. »Ich bin Christa Ehrlich, ihre Nichte aus Königsberg.«

Karl Ehrlichs Gesicht verfinsterte sich schnell. Der Vorhang bewegte sich ein zweites Mal. Jetzt stand eine Frau neben ihm – Frau Ehrlich.

Sie glich einer grauen Katze. »Aus Königsberg? So weit her?«

Das Ehepaar Ehrlich musste sich besinnen. »Die Zeit bringt alles durcheinander. So eine unverhoffte Begegnung. Deine Mutter ist meine Nichte. Oder? Wann habe ich die mal gesehen?«

»Solange wir verheiratet sind, bestimmt nicht«, sagte die graue Frau. »Und das ist schon sehr lange.«

Gewiss war es die Stimme des Blutes, die Herrn Ehrlich zugänglicher machte als seine Frau.

Christa stand immer noch schweigend vor ihnen. Da sagte der Großonkel: »Nun komm doch erst mal mit nach hinten, bevor du weiterreist. Iss mit uns etwas Suppe. Viel haben wir nicht, aber wenn du schon mal da bist. Christa heißt du? Oder?«

Christa Ehrlich saß am Tisch ihrer fremden Thüringer Familie. Man legte ihr eine halbe Brotscheibe vor und füllte Kohlsuppe in einen tiefen Teller.

Christa hatte ihr Ziel erreicht.

»Ich sage es immer«, sagte Karl Ehrlich, »euch im Osten traf es besonders hart. Da soll man sich nichts vormachen. Man hört so viel. Der Feind ist gnadenlos. Und Berlin soll zerbombt sein. Man will sich das gar nicht vorstellen. Ihr im Osten aber habt die Heimat ganz verloren. Da steckt der Russe nun drin. Unglaublich. Kapitulation. Dass wir Deutschen dieses Wort jemals brauchen würden.«

Christa griff unaufgefordert nach der auf dem Tisch liegenden anderen Hälfte ihrer Brotscheibe. Sie war schneller als die graue Hausherrin.

Karl Ehrlich klebte noch in seinen Gedanken.

»Da ging so vieles am Führer vorbei. Der Führer hätte das doch nicht zugelassen. Kapitulation?«

»Lass das Politisieren, Karl! Der Führer ist tot. Du schwatzt uns um Kopf und Kragen.«

»Na sag mal. Glaubst du an den Selbstmord des Führers?« Karl fragte Christa.

Christa antwortete nicht.

»Nie und nimmer!«, sagte dafür Karl. »Nie und nimmer!«

»Nun halt endlich den Mund!« Die graue Frau machte Schluss mit dem Gerede und wandte sich an Christa. »Du – ich darf doch Du sagen? – Du bist also alleine unterwegs. Nicht einfach. Heute Nacht bleibst du hier. Morgen gebe ich dir noch was mit auf den Weg. Gehörst ja irgendwie zur Familie.«

Christa hätte mit der Zusage zufrieden sein müssen. Mehr hätte sie nicht erwarten dürfen. Sie war es aber nicht. Sie hatte nichts zu verlieren. Sie setzte die eine sichere Nacht aufs Spiel und sagte: »Ihr seid mein Ziel. Wo soll ich sonst hin? Es gibt keine Verwandtschaft außer euch. In Königsberg sind alle tot. Darf ich noch was von der Suppe haben?«

Ehepaar Ehrlich rang um Fassung. Was sollte man tun? Was, wenn es sich herumspräche, Ehrlichs hätten eine geflüchtete Verwandte verjagt?

Karl ermannte sich zuerst. Er sagte: »Für eine Nacht. Nicht länger.«

Die graue Frau nickte stumm. Sie boten Christa die Bodenkammer an.

Nun saß Christa auf einem festen Bett unter einem festen Dach und sah durch ein verstaubtes Fenster, wie über Arnstadt die Sonne unterging.

Sie dachte, sie habe heute sehr viel Glück gehabt.

CHRISTA BLEIBT   Als sie am Morgen erwachte, fehlte ihr der Wille, das warme Bett und den sicheren Raum zu verlassen.

So schmutzig die Kammer war, monatelang hatte sie es nicht mehr so trocken und gut gehabt. Sie hatte keinen Plan, wollte niemanden zwingen, konnte aber nicht auf und hinaus in die Kälte.

Die verärgerten Verwandten klopften und schimpften. Christa lag starr unter der Decke wie tot.

»Die tut nur so, deine Verwandte. Vielleicht ist sie gar keine Ehrlich. Wahrscheinlich ist das eine Lügnerin. Auf einmal haben alle Ostpreußen Verwandtschaft im Reich. Mach was, Kurt! Tu was, dass die Zigeunerin aus dem Haus kommt!«

Die graue Frau hatte vor der Kammertüre so laut geredet, dass Christa jedes Wort verstanden hatte.

Dennoch blieb sie starr auf der Matratze liegen. Erst die arge Notdurft zwang Christa das Bett zu verlassen. Als sie vom Hof zurückkam, fand sie die Kammertüre verschlossen und ihre Kleidung auf dem Treppengeländer. Das Ehepaar Ehrlich ließ das nicht mit sich machen.

Immerhin bot Karl Christa warmen Tee und eine Scheibe Brot mit Sirup an, bevor sie dann endlich gehen musste. Christa trank und verschlang das Brot. Was im Bauch war, konnte ihr keiner nehmen.

»Also hier wirst du nicht bleiben«, sagte Karl fast versöhnlich. »Geh aufs Land. Im Dorf verhungert keiner. Arbeite! Mach dich nützlich!«

Der Rat war nicht falsch. Das Überleben auf einem Dorf war wahrscheinlicher als in der Stadt. Christa aber fiel zurück in eine undurchdringliche Starre. Sie saß am Tisch wie taub und stumm. Der halbe Tag ging so dahin. Sie hinauszuprügeln, wagten Ehrlichs nicht. Sie waren ratlos.

Ratlos war auch Christa. Wie lange konnte sie so aushalten? Eine Nacht vielleicht noch. Nicht mehr.

Es wurde Abend. Die Ladenglocke schrillte durch das Haus. Echte Kundschaft erwartete niemand. Als Karl seinen kahlen Kopf durch den grünen Vorhang steckte, sah er Hans Rost, den Kameraden der ersten Stunde.

»Mensch, Hans, du bist das. Man schreckt immer zusammen, wenn jemand in den Laden kommt. Was sind das nur für Zeiten! Ohne Uniform sind wir alle nur noch halbe Menschen. Ich hätte dich fast nicht erkannt, so zivil.«

Hans Rost trug einen dunklen Anzug. Er wollte respektabel aussehen, glich aber einem grauhaarigen Konfirmanden.

Was Karl Ehrlich nicht wusste; Hans Rost saß noch immer im Rathaus. In dem Zimmer, das er vor Jahren bezogen hatte, damals, als er endlich den Hausmeisterkittel abgelegt hatte. Lange genug hatte Rost seinem Führer gedient. Als die Amerikaner kamen, war sein Hitlerbild an der Wand zeitig genug gegen ein ungefährliches von der Wachsenburg ausgetauscht. Rost war noch da. Im Chaos des Zusammenbruchs war der höfliche Mensch den amerikanischen Siegern nicht aufgefallen und hatte sich nützlich gemacht, wo immer er konnte.

»Sei vorsichtig, Karl!«, sagte Rost zischelnd. »Meine Verbindungen sind noch gut. Ich komme im Auftrag.«

Karl Ehrlich verstummte und machte ein freundliches Gesicht.

»Ich bin nicht zum Spaß hier«, sagte Rost sehr dienstlich. »Man übertrug mir die Aufgabe, Einquartierungen zu organisieren. Der Bahnhof ist voller Flüchtlinge aus dem Osten. Irgendwo müssen die Volksgenossen, die Leute eben, unterkommen. Ihr habt mehr als genug Platz.

Ich denke, zehn bis fünfzehn Leute lassen sich im Haus verteilen. Oder etwa nicht?«

Karl Ehrlich hatte den Ernst der Lage noch immer nicht verstanden. Er zeigte seinem alten Kameraden einen Vogel.

Rost schnaufte wütend. »Ich kann es auch ganz anders machen, lieber Karl. Ihr räumt das Haus und ich habe Platz für die Fremden.«

Da schoss Frau Ehrlich durch den Vorhang und rief: »Ach, Hans, du bist das. Wie schön dich mal wiederzusehen. Nun komm doch erst mal nach hinten. Ich koch uns einen Muckefuck mit ein paar richtigen Bohnen dazwischen. Wie gut, dass du die Stellung im Rathaus noch hältst. Pflichtbewusst und heimatverbunden wie eh und je.« Sie griff sich Rosts Arm und zog ihn nach hinten.

»Nun hol schon die letzte Flasche aus dem Schrank!«

Karl zögerte. Die Frau ließ keinen Widerspruch zu. Fünf Minuten später standen zwei volle Schnapsgläser und eine Kanne dünner Kaffee auf dem Tisch. Die Stimmung zwischen den alten Kameraden entspannte sich.

Nach dem dritten Schnaps sagte Frau Ehrlich: »Hans, bei uns rennst du offene Türen ein. Wir haben schon mit den Flüchtlingen zu tun und helfen so gut wir können. Eine arme junge Frau aus Königsberg schläft oben in der Kammer. Schlimmes Schicksal. Aber wir als weit entfernte Familie, stehen einander bei. Unser kleines Haus ist also leider schon belegt. Noch ein letztes Gläschen?«

Rost griff zum Gläschen, bestand aber darauf, den Flüchtling mit eigenen Augen zu sehen. Er war eine Amtsperson.

Karl hatte Mühe, Christa Ehrlich die neue Situation zu erklären. Erst als er ihr offen Gewalt androhte, folgte sie ihm.

Rost schnalzte mit der Zunge, als er das blonde Mädchen sah. Bis eben hatte er der grauen Frau kein Wort geglaubt. Nun, nach vier Schnäpsen, fühlte sich der Mann wie in seinen besten Tagen.

»Großnichte aus Königsberg also. Krankenschwester. Sehr schöne junge Frau.«

Sein Versuch, Christa am Oberarm zu greifen, misslang. Abweisend aber wagte Christa nicht zu werden. Während der Flucht hatte sie vieles gelernt.

Sie sagte: »Ich bin nur Hilfsschwester. Ausgebombt in Königsberg. Seit Monaten auf der Flucht. Helfen Sie mir bitte!«

Sie sah die Gier in Rosts Augen und war entschlossen, sie zu nutzen.

»Na, macht nichts«, sagte Hans Rost, ohne näher zu bestimmen, was von allem nichts »mache«. »Vielleicht können wir etwas für Sie tun. Noch ist ein Hans Rost nicht passé. Noch hat ein Wort von Hans Rost Gewicht in der Stadt. Noch trägt Hans Rost seinen Kopf aufrecht zwischen den Schultern.«

Christas Haar hatte Hans Rosts weichen Punkt getroffen. Das Lindenblatt gleichsam, unter dem der Freund arischer Frauen leicht zu fassen war. Rost war wieder ein guter Freund der Familie, der half, wo immer er nur konnte.

»Sie sollten es mal im Marienstift versuchen, junge Frau. Dort brauchen sie jede Hand. Die Froschklinik ist voll mit Verwundeten. Ich habe da Einfluss. Ich lege ein gutes Wort für Sie ein.«

Kein Wort mehr davon im Haus Ehrlich, dass Christa zurück auf die Straße müsse. Man sperrte die Bodenkammer wieder auf. Besser die eine Verwandte als fünfzehn Fremde.

Christa Ehrlich glaubte nicht, dass Hans Rost sein Versprechen halten würde. Sie irrte. Am nächsten Tag stand er korrekt gekleidet im Spielzeugladen und fragte, ob das junge Fräulein bereit sei. Er wolle mit ihr sofort ins Stift. »Zeit ist Geld«, sage man in Amerika.

Auch einer wie Hans Rost, ein Nazi, Spitzel, ein Kriecher und Schläger hatte das Bedürfnis, Gutes zu tun, bevor ihn der Teufel holte. Da Rost nicht dumm war, wusste er, dass er sich nicht sehr lange im Rathaus halten würde. Da wollte er sich Freunde machen, solange es ging, Gutes tun für ein blondes Flüchtlingsmädchen und für sich.

Und Christa Ehrlich hatte nichts zu verlieren. Sie ließ sich von dem fremden Mann durch die Stadt bis zum Marienstift führen. Rost stolzierte an ihrer Seite wie ein Gockel und genoss jeden Blick, den die Gaffer dem seltsamen Paar nachschickten.

Als Hans Rost mit Christa die Klinik betrat, an den wartenden Patienten und den Diakonissen vorbeiging und einige ihn grüßten, weil er hier einmal Hausmeister gewesen war, fühlte er sich gut.

Als Dr. Frosch die beiden wirklich empfing und neugierig musterte, hatte Rost schon alle Versprechen erfüllt.

»Verehrter Herr Doktor, ich darf Ihnen Fräulein Christa Ehrlich vorstellen. Ein Flüchtling aus Königsberg. Von Beruf Krankenschwester. Ich glaube, die junge Frau könnte in unserem Stift eine große Hilfe sein. Ich bitte für Fräulein Ehrlich als Beauftragter für die Flüchtlinge in der Stadt. In dieser schrecklichen Zeit müssen wir zusammenstehen. Und der bewährte christliche Geist des Hauses macht mir Hoffnung, auf offene Ohren zu treffen ...«

Das Gerede wurde dem Mediziner zu viel und er stoppte Rost. »Ist gut, Rost. Sie sind also Krankenschwester, Fräulein?«

»Hilfsschwester, Herr Doktor, nur Hilfsschwester.«

»Na, das macht nichts. Wenn sie etwas Erfahrung mitbringen und keine Bezahlung erwarten, versuchen wir es. Warum nicht?«

War es wirklich Hans Rost, der die Ostpreußin Christa Ehrlich zu einer vom Stift machte? Auf krummen Wegen kann nur Gott gerade gehen.

HILFSSCHWESTER CHRISTA »Wo kommst du her?«, fragte Schwester Adele die neue Hilfe. Christa trug Schwesterntracht, hatte sämtliche Bettpfannen der Station geleert und Kräuterteekannen an die Betten getragen. Dr. Frosch hatte die »Neue« der Oberschwester übergeben und diese nicht gezögert zu prüfen, ob der Flüchtling arbeiten wollte oder nicht.

»Aus Königsberg«, antwortete Christa. »Bin da gerade noch rausgekommen und seitdem auf der Flucht.«

»Was für ein Königsberg?«, fragte Schwester Adele, die die Haarfarbe der Neuen nicht mochte. »Königsberg gibt es viele im Reich. Die können doch nicht alle in Schutt und Asche liegen. Na, wir werden ja sehen, wie lange du es hier aushältst.«

Den ersten Arbeitstag und die erste Woche hielt es Christa Ehrlich gut aus im Stift. Sie hatte Essen und Arbeit. Die Verwandtschaft ließ ihr die Kammer. Niemand warf mit Steinen. Niemand schlug zu. Niemand wollte sich über sie hermachen.

Manchmal redete die graue Frau mit ihr, als wäre sie im Haus willkommen.

Die Arbeit einer Hilfsschwester war ihr vertraut. Sie wusch die Kranken und verband die Verwundeten, solange das Verbandszeug reichte. Sie reinigte die Säle, trug Suppe aus und bekam ihren Teil davon ab. Sie wusch Tote, hielt Nachtwachen, entlauste und desinfizierte immer, wenn Entlausungs- und Desinfektionsmittel vorhanden waren. Sie blieb taub für schweinische Sprüche der jungen Männer und immun gegen ihre Aufdringlichkeit. Manchmal dankte ihr einer mit einem freundlichen Blick, dann wurde Christa Ehrlich rot davon.

Auch das Ehepaar Ehrlich war zufrieden. Sie hatten keine weitere Einquartierung zu ertragen. »Es hätte uns schlimmer treffen können«, sagte die graue Frau und hatte Recht, weil Christa mit ihnen die Lebensmittelkarten teilte.

Kam Christa am Abend nach Hause, roch es beim Spielwarenhändler nach Äther, Eiter und Kot. Sie trug den Geruch ihrer Arbeit mit sich. Auch das hielt die junge Frau zu Karl Ehrlich auf Distanz.

Fremd war und blieb sie.

»Was will die hier?« Jeder schien diese Frage zu stellen.

Als die Arbeit alltäglich wurde, fühlte Christa die Ablehnung schlimmer. Mehr als notwendig redete man mit ihr auch in der Klinik nicht.

Die Sieger des Zweiten Weltkrieges hatten Deutschland unter sich aufgeteilt. Die Amerikaner übergaben Gebiete an die Russen. Im Juli 1945 rückten russische Soldaten in Arnstadt ein und Pfarrer Behr verhandelte mit ihnen um die Zukunft des Marienstiftes.

Die Klinik wurde gebraucht. Darum gab die Sowjetische Militärverwaltung das Marienstift frei, was auch immer das bedeuten mochte. Unterstützung für die Arbeit, ausreichend Lebensmittel für die Pfleglinge oder Material für die Lehrlinge bedeutete es nicht. Nur die Patienten wurden mehr.

Dennoch, die Erlaubnis zur Arbeit war der erste Schritt des Marienstiftes in die Zeit nach dem Krieg. Hoffnung keimte auf zwischen Trümmern. Die Leute vom Stift hofften, nun werde alles wie früher, damals in der guten Zeit vor den Kriegen.

Christa Ehrlich wusste es besser, ließ die Leute reden und behielt ihre Zweifel für sich. Flüchtlinge hofften und träumten anders als Leute, die zu Hause hatten bleiben dürfen. Flüchtlinge hatten nichts, was wieder wie »früher« werden könnte.

Irgendwann hörte Christa damit auf, von der Flucht aus Ostpreußen am Frühstückstisch zu erzählen. Man wollte es nicht hören. Man hatte mit sich selbst genug zu tun und Christa war nun stark genug, um zu schweigen.

Zuerst glaubte Karl Ehrlich, er hätte ein Geschäft gemacht. Zwanzig bunte Püppchen in Clownsmaske gegen eine Flasche Wodka. Ein Russe war interessiert und zahlte mit Schnaps. Er stellte die große Flasche auf den Ladentisch, ließ Karl an ihr riechen.

Karl nickte, sagte »Da« und wickelte alle bunten Puppen in Zeitungspapier. »Mit Gruß an die Kinder! Die rebjata!«, rief er hinterher und war zufrieden.

Noch am selben Abend stand der graugrüne Lastwagen mit dem roten Stern vor dem Haus. Ihre Kalaschnikows im Anschlag, holten zwei Soldaten Karl Ehrlich aus dem Bett und warfen ihn unsanft auf die Ladefläche. Laden und Haustüre wurden verriegelt. Die graue Ehefrau hatte sich im Keller versteckt und kam davon.

Christa aber hatte in dieser Nacht Dienst auf Station. Sie hielt Nachtwache und das war bis dahin das größte Glück ihres Lebens.

Am Morgen wusste Arnstadt, was geschehen war. Man zerriss sich die Mäuler.

»Der Ehrlich wollte seine alten Hitlerpüppchen an die Russen verscherbeln. Wie dumm kann ein Mensch sein? Hat doch jeder gesehen, dass es Hitler war unter der Farbe. Den Ehrlich sehen wir nie wieder.«

Als Christa im Morgengrauen vor verschlossener Tür stand, war sie ratlos. Sie sah Nachbarn hinter Gardinen. Niemand kam, um ihr zu sagen, was geschehen war. Niemand wollte mit Nazis wie Ehrlichs Kontakt. Der Weg bis Buchenwald war kurz.

Christa schleppte sich durch den Tag, hatte ihre Ahnungen, aber keine Gewissheit. Dann ging sie wieder ins Stift. Die Kolleginnen erzählten nun endlich, was die ganze Stadt schon wusste.

Musste Christa nun fort? Musste sie jetzt vor den Russen fliehen?

»Wird schon werden!« »Nur Gott vertrauen!« Die gut gemeinten Sprüche der Diakonissen halfen Christa nicht viel.

Sie saß am Abend alleine auf einer der hölzernen Wartebänke im Klinikkeller. Wäre sie aufgestanden und fortgegangen, niemand hätte sie aufgehalten.

Es wurde still im Haus und Christa schlief ein.

»Was machst denn du hier?«

Jemand stieß Christa heftig in die Seite und weckte sie unsanft. »Zum Schlafen geht man heim ins Bett.«

Eine von den behinderten Küchenhilfen saß neben ihr. Christa hatte bis heute noch kein Wort mit der dicken Frau geredet.

»Und du, du machst dich jetzt auch schnell weg!« Die dicke Frau rief das einem Mann entgegen, den Christa als Hausboten kannte. »Heute wird nicht geknutscht. Weg, Kurti! Weg!«

Christa sah den Mann im Halbdunkel des Ganges verschwinden. »Wenn du so zu mir bist, komm ich nie wieder!«, rief Kurti ärgerlich. Glaubhaft klang das nicht.

»Pah!«, meinte die junge Frau. »Morgen dackelt er mir wieder nach.« Schulter an Schulter setzte sie sich neben Christa Ehrlich und griff neugierig nach ihrem blonden Haar.

»Was machst du?«, fragte die Frau zum zweiten Mal. »Geh heim, Schwester Christa! Man darf hier nicht schlafen.«

Die Küchenhilfe kannte Christas Namen.

»War das dein Freund?«, fragte Christa.

»Ach, das ist nur Kurti.«

Greta blieb sitzen und Christa wusste nicht, was sie mit ihr reden sollte. Greta schon.

»Du willst hier schlafen. Ich habe es gesehen. Das darf man nicht. Wenn du das machst, kommt Dr. Frosch oder der Pfarrer oder Schwester Gertrud – nein, Schwester Gertrud ist tot. Geh lieber heim, Schwester Christa!«

»Kann ich nicht«, antwortete Christa und wunderte sich über sich selbst.

»Warum?«

»Sie haben das Haus verschlossen.«

Damit konnte Greta nichts anfangen. Endlich sagte sie: »Dann bleibe ich auch hier und passe auf dich auf. Wer ist schon gerne allein, sagt meine Mutter.«

Es war ein böser Abend. Christa war müde und ratlos. Sie fing zu weinen an. Vielleicht auch, weil nur eine Schwachsinnige ihr beistand und keiner sonst.

Dass Marie Katt in der Stadt und auf dem Gelände des Stiftes nach ihrer Tochter suchte, war nicht ungewöhnlich. Dass es Kurti war, der ihr verriet, wo Greta war, nämlich im Warteraum der Klinik, erschreckte die besorgte Mutter dann doch.

Marie sah Greta neben der Hilfsschwester aus Ostpreußen sitzen und rief: »Hat Sie meine Tochter irgendwie belästigt?« Verärgert zog die Mutter Greta von der Bank und wollte mit ihr so schnell wie möglich weg. Greta aber ließ sich nicht so leicht bewegen.

»Schwester Christa hat einen schlimmen Tag. Sie soll hier nicht alleine sein.«

Marie verstand nicht, was die Tochter sagte.

»Lass mich. Ich habe nichts gemacht. Schwester Christa heult ganz allein.«

Marie sah, dass Schwester Christa wirklich verweinte Augen hatte, und erinnerte sich, welche Geschichte heute im Stift und in der Stadt über den Spielwarenhändler Ehrlich erzählt wurde. »Kann ich helfen, Schwester?«

Eine Helferin im Kinderheim und eine Hilfsschwester in der Klinik liefen im Alltag der Stiftung einander nur selten über den Weg. Marie musste jeden Tag hinauf zu den Kindern ins Gemeindehaus. Christa kam nur selten aus ihrer Station heraus. Gerade mal, dass Marie wusste, wer die blonde Frau aus Ostpreußen war.

»Brauchen sie Hilfe? Warum gehen Sie nicht heim? Ich glaube nicht, dass die Russen so schnell wiederkommen und Sie haben mit der Sache doch nichts zu tun.«

Christa sah die ältere Frau verwundert an. Offenbar wusste jeder hier, was geschehen war.

»Nun weinen Sie nicht, junge Frau!«, sagte Marie endlich. »Der Ehrlich kommt schon wieder.«

Marie Katt glaubte selbst nicht daran, was sie da sagte.

Wahrscheinlich hatten die Russen Ehrlich für seine Dummheit längst erschossen.

Marie Katt schämte sich für ihr unbedachtes Gerede und fragte: »Sie wissen nicht, wohin? Ehrlichs Haus ist wohl von den Russen versiegelt worden?«

Christa nickte und sagte: »Ich werde irgendwo unterkommen.« Sie stand auf, Marie aber verstellte ihr den Weg. »Das kommt gar nicht in Frage, Schwester. Sie gehen mit uns. Ein Bett ist frei und morgen werden wir sehen.«

DREI FRAUEN Immer wenn die drei Frauen gemeinsam durch Arnstadt gingen, sah man ihnen erstaunt nach.

Die alte Frau Katt, ihre dicke behinderte Tochter und die junge blassblonde Flüchtlingsfrau aus der Froschklinik. Sie liefen langsam, denn Marie war nicht mehr gut zu Fuß. Sie redeten viel und lachten manchmal. Man fragte sich, was die drei miteinander verband wenn sie gemeinsam über den Friedhof gingen oder am Sonntag zur Kirche. Einen Monat lang kroch Christa Ehrlich bei Marie Katt unter. Dann gab man das Haus des Spielzeughändlers frei, die graue Frau kam zurück und ließ ihre Großnichte wieder in der Kammer wohnen. Die Verbindung zwischen der Hilfsschwester und Familie Katt blieb. Marie und Christa glichen Mutter und Tochter, Christa ließ sich von Greta übers Haar streichen und Greta tauschte Heimlichkeiten aus, die nicht für die Ohren der Mutter bestimmt waren. Mal musste Christa über Gretas Gerede lachen, mal brachte sie die Behinderte zum Weinen. Manchmal vergaß Christa, dass Greta behindert war.

Im Hungerjahr 1947 verlor auch Greta Katt ihr Lachen. Im Stift kämpften sie ums Überleben. Mit den Pfleglingen im Gemeindehaus hatten die Helferinnen wenig Arbeit aber viel Kummer. Die Stille im Haus war bedrückend. Der dauernde Hunger machte die Menschen leise und matt. Zum Zanken und zum Lachen fehlte die Kraft. In der Klinik wurde es zur Hauptaufgabe der Schwestern, die Patienten zu vertrösten und hinzuhalten. Es fehlte an allem. Mullbinden, Medizin, Schienen und Stützen. Vor allem fehlte es an Essen.

Der Hunger quälte das ganze besiegte Land. Dennoch. Im Stift verhungerte niemand, kein Pflegling, kein Lehrling und kein Patient. Lag es daran, dass im Stift häufiger gebetet wurde als anderswo? Marie Katt wenigstens war davon fest überzeugt.

Die drei Frauen brauchten einander, um die Hungerzeit zu überstehen.

»Hast dir wohl eine neue Tochter angelacht?«, scherzten Marie Katts Kolleginnen im Heim.

»Mit einem Mann wärst du besser dran als mit der alten Katt und ihrer debilen Tochter«, spotteten einige Schwestern mit Christa auf Station.

Das Gerede machte beide nicht irr. Sie teilten zum Leidwesen der grauen Frau im Spielzeugladen die Lebensmittelkarten miteinander, teilten die Einsamkeit und die wenigen guten Stunden.

Das Jahr 1947 kannte keinen Frieden. Bei Nacht rollten LKW mit dem roten Stern der Sieger durch Arnstadts Straßen und jagten Nazis. Hunderte sollen es gewesen sein, die sie schon von ihren Tischen oder aus ihren verschwitzten Betten gezerrt hatten.

»Alles nur wegen dem Österreicher«, war eine weit verbreitete Meinung unter den Besiegten.

Im Jahr 1947 war es auch, dass die Kommunisten die Vereinigung mit den Sozialdemokraten erzwangen und alte Nazis »entnazifiziert« unter roten Fahnen weitermarschierten. Hans Rost, alt wie das Jahrhundert, war einer von ihnen. Er hatte Glück gehabt. Als neuer Genosse reiste er jetzt über Land und kollektivierte die Bauernklasse. Rost war wieder obenauf. Er hatte im Wechsel der Zeiten nicht verlernt, wie man Menschen Druck und Panik macht. Rost war wieder da. Manchmal sah er nach Schwester Christa auf der Station. Sie war »sein Werk« und sollte ihm dankbar sein. Sie musste ihm immer wieder »unbürokratisch« Termine bei Dr. Frosch verschaffen, denn Rost wurde alt und hatte vom vielen Bücken und Verdrehen und Drohen Rückenschmerzen. Wie gut, dass er sich seine Beziehungen zum Marienstift hatte bewahren können.

»Erinnern Sie sich noch, Schwester, wie ich Sie hier im Stift einführte?«, fragte er Christa bei jedem Termin und grinste zufrieden. »Sie haben ihre Chance gut genutzt, Fräulein Christa. Eine wie Sie würde ich jederzeit ...«

Spätestens im Jahr 1947 gab es ein Drüben und ein Hier. Im von den Russen besetzten Arnstadt kämpften die Leute sich mit Hamstern, Kohleklau und Schiebereien durch. Wenige Kilometer westlich hieß es blauäugig, der Krieg sei vorbei, nun ginge es aufwärts. Hier machten sie aus der schäbigen Not Volkseigentum. Dort fingen sie an, Geld zu verdienen. Hier tanzten zur Unterhaltung Rotarmisten Kasatschok. Dort tanzte man Swing.

»Warum willst du eigentlich in Arnstadt bleiben? Du bist hier so wenig zu Hause wie Drüben. Aus Thüringen geht der Russe bestimmt nicht mehr raus. Wenn du abhaust, könnte ich das verstehen.« Nicht wenige gaben Christa Ehrlich diesen Ratschlag. Auch Marie Katt tat es mit schwerem Herzen.

Marie hatte lange mit sich gerungen, ehe sie die Sätze sprach. Sie meinte es gut mit Christa, musste es aussprechen, weil sie nicht wollte, dass Christa wegen ihr und Greta ihr Leben im Osten vertat. Aber Christa Ehrlich blieb, wo sie war, und Marie Katt dankte dem Herrgott dafür jeden Tag.

MAX KATT An einem sonnigen Tag im August 1947 ging Max Katt den Weg vom Bahnhof zur Arnstädter Innenstadt. Der junge Mann war braun gebrannt, trug einen leichten grasgrünen Rucksack über der Schulter und glich einem »Sommerfrischler«, wie es ihn in der guten Zeit vor dem Krieg einmal gegeben haben sollte.

Max kam aus dem Krieg. Die vergangenen Jahre hatte er in Südfrankreich in Gefangenschaft verbracht. Vor einer Woche hatte man ihn und andere zurück nach Deutschland geschickt. An der Grenze zur Sowjetzone, er wollte unbedingt nach Arnstadt entlassen werden, hatte man ihn von einem Zug in einen anderen gesetzt und zu den Russen fahren lassen.

Nun war er zu Hause. Niemand sah ihm an, woher er kam.

Max war 29 Jahre alt. Es ging ihm gut. Dort unten im Süden gab es keinen Hunger, auch nicht für deutsche Kriegsgefangene. Zwei Jahre lang hatte er bei Bauern gearbeitet, war nicht geprügelt worden und am Ende fast so gehalten wie irgendein Knecht. Man sah es ihm nicht an, doch er schämte sich dafür, unversehrt zurück zu sein.

Max hatte damals mit Wut seine Familie verlassen. Freiwillig war er Soldat geworden, ohne einen Gedanken an seine Eltern zu verschwenden. Und dann an der Front zerriss ihn die Angst. Kameraden neben ihm verreckten im Dreck. Ihn verschonten die Kugeln. Einmal hatten sie ihm Heimaturlaub gewährt. Zur Beerdigung seines Vaters kam er zu spät und aus Furcht vor Bestrafung fuhr er zu früh an die Front zurück.

»Hast wieder mal Dusel gehabt«, hatten seine Kameraden geschimpft. Während Max in der Heimat war, hatte der Feind die halbe Kompanie aufgerieben.

Selbst die Gefangenschaft wurde sein Glück. Max' Überleben schien ebenso grundlos absurd, wie das Sterben seiner Kameraden. Max trug schwer an der Sinnlosigkeit des Daseins und niemand ahnte, was hinter seiner gebräunten Stirn vor sich ging. Während der Gefangenschaft dachte Max ernsthaft daran, zur Fremdenlegion zu gehen. Er tat es nicht, wählte einen anderen, den entgegengesetzten Weg, um das geschenkte Leben zu ertragen. Max wurde fromm. Er wollte Pfarrer werden. Gott hatte ihn bewahrt. Gott musste wissen, warum und wozu.

Max Katt ging langsam durch Arnstadt. Wer ihm entgegenkam, verwechselte seinen Schritt mit gelangweiltem Schlendern. Abschätzig sah man dem müßigen jungen Mann nach.

Jedes Haus, jeder Baum erinnerte Max an den Tag, als er seine Familie verließ. Damals schämte er sich seiner Eltern und seiner Schwester. Heute würden sie sich seiner schämen.

Max sah die Bombentrümmer in Bahnhofsnähe und den Trümmerberg des »Alten Hauses« im Marienstift. Jetzt schlug ihm das Herz bis zum Hals. Das Haus in der Krappgartenstraße stand unversehrt. Max stieg die Treppe hinauf, klingelte, niemand öffnete. Ratlos setzte er sich auf die Haustreppe.

GOTTES WEGE

Jahre später konnten sich weder Christa noch Max genau an ihre erste Begegnung in der Krappgartenstraße erinnern. Es war so, dass Christa Marie aufrecht halten musste, als die ihren Sohn auf der Treppe erkannte. Den jungen Mann nahm Christa kaum wahr.

Max saß den Frauen im Weg. Greta schrie zuerst laut seinen Namen. Dass Greta den fremden Bruder erkannte, war wunderhaft und wurde in der Familie jahrzehntelang wiedererzählt. »Weißt du noch, wie dich unsere Greta damals auf der Treppe ...?«

»Da ist der Max ja wieder!«, soll sie gerufen haben. Und: »Wo hast du denn deine Uniform? Kommst du vom Himmel her?«

Dass Max sie stets nur ungern berührte, hatte Greta nicht vergessen. Sie fasste ihn nicht an, ging einen Bogen um ihn, schloss die Türe auf und betrat die Wohnung wie alle Tage.

»Hättest du meinen Vater gekannt, würdest du es verstehen.« Max versuchte Christa zu erklären, warum er damals die Familie verlassen hatte.

»Mein Vater kam als halber Mensch aus dem ersten Krieg. Die Hälfte von ihm, die menschliche Hälfte, war an der Front verreckt. Ich kannte ihn nur hart und kompromisslos. Immer nur seine Wahrheit ohne Wenn und Aber. Ich hielt das nicht aus. Im Jungvolk unter Nazis war es tausendmal besser als zu Hause. Verstehst du?«

Zu Hause in Königsberg hatte Christa auch mitgemacht. Stolz hatte sie ihre deutschen Mädchen angeführt. Sie machte Max keine Vorwürfe.

»Rücksichtslos wie ein Prophet schleuderte mein Vater seine heiligen Wahrheiten hinaus, als gäbe es nichts zu verlieren. Ich konnte es nicht mehr hören. Der Mann mit den Krücken kam aus dem Nichts, nahm mir die Mutter weg und alles drehte sich nur noch um ihn. Da lief ich weg zur Wehrmacht. Dahin konnte mein Vater nicht nach.«

Max griff nach Christas Hand.

»Und dann, keine Woche an der Front unter Beschuss, wusste ich, dass er Recht hatte. Da war es zu spät, aber irgendwann hätten sie mich ja sowieso geholt. Mein Vater hatte Recht.

Die Nazis haben die Welt zur Hölle gemacht und gegen die Hölle hilft nur der Herrgott.«

»Und du wirst nun die Welt retten?«, fragte Christa und lächelte nachsichtig. Dieses Gespräch hatten Christa und Max schon mehrmals geführt.

»Glaubst du an Liebe?«, fragte Max. »Es muss doch seinen Grund haben, dass wir hier zusammen sind.«

Sie widersprach ihm nicht, strich ihm nur das Haar aus der Stirn, küsste ihn mit viel Nachsicht und etwas Leidenschaft.

Das war im Sommer 1948.

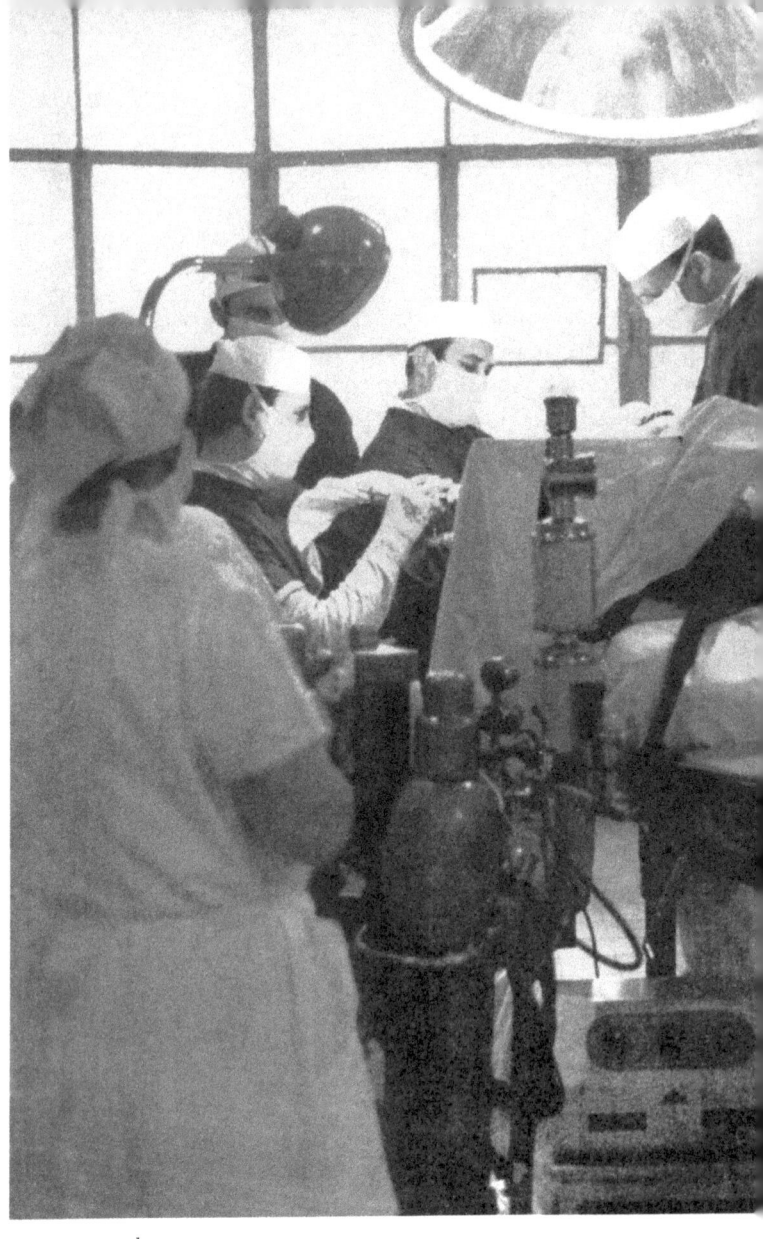

Operation in der
Orthopädischen Klinik

»Don't eat that yellow snow«

ZWISCHEN OST UND WEST Dass Christa und Max so schnell zueinanderfanden, hatte im Stift niemanden erstaunt. Auch nicht sie selbst. Denn ob aus Fügung oder Zufall, sie waren im Krieg nicht verloren gegangen und hatten das Leben noch vor sich. Wenn sie einander hielten, war es wie fliegen. Ihr Vertrauen schien selbstverständlich.

Schon bald hieß es, Katts Sohn und die Ostpreußin seien verlobt. Greta kam aus dem Kichern nicht mehr heraus, wenn sie sah, wie ihr Bruder und Schwester Christa sich küssten. Marie Katt glaubte an Gottes gütige Hand, die beide in ihrer Wohnung zueinander geführt hatte. Dass sie auf ihre alten Tage noch einmal so froh werden würde, hatte sie nicht gehofft.

Und schon machten Christa und Max gemeinsame Pläne. Wo würden sie miteinander leben? Christa wollte möglichst weit weg von den Russen.

Christas Arbeit im Stift war gut. Aus der Fremden war eine Kollegin geworden. Christa fühlte sich hier schon beinah zu Hause. Und dennoch wusste sie, dass der Alltag im Westen bei den Amerikanern besser und leichter war als in der Ostzone, und letztlich war Christa drüben so weit von Königsberg fort wie hier.

Im Westen ging es aufwärts. Im Westen fuhren sie die ersten Autos durch die geräumten Straßen. Im Westen brauchten sie Krankenschwestern und bezahlten sie besser. Im Westen würden auch Marie und Greta besser leben.

Als sich Max in Göttingen zum Theologiestudium anmeldete, dachte Christa, ihr gemeinsames Leben würde einmal dort weitergehen. Max schwärmte von der Universitätsstadt mit dem freien Geist. Er wollte Freiheit statt Parolen. In Arnstadt liefen sie schon wieder in Uniformen durch die Stadt, es wurde denunziert und bespitzelt. Und die Russen holten bei Nacht nicht nur alte Nazis ab.

War es irgendwann anders gewesen?

Schon wieder glich das Marienstift einer Insel. Schon wieder wurde das Land jenseits der Stiftsmauer zur unchristlichen Fremde und das Marienstift zugleich gebraucht und gehasst. Manch ein Patient lachte nun laut über die Kreuze an den Wänden und forderte trotzdem christliche Nächstenliebe schamlos für sich ein. Christa erlebte es jeden Tag auf Station. Der Student Max Katt dagegen erlebte nur alle paar Wochenenden die Ostzone. Da war es ihm leicht, mit der Zone geduldig zu sein.

»Was redest du immer, du willst nach drüben?«, fragte er seine Verlobte. »Denkst du wirklich im Westen ist alles anders? Da drüben ist nicht alles Gold, was glänzt.« Max packte seinen Rucksack mit Kaffee und Weinbrand aus, den er über die Zonengrenze mitgebracht hatte. »Damit halten wir es doch auch in Arnstadt aus, oder?«

Max' studentische Leichtigkeit und Christas täglicher Ärger passten schwer zueinander. Wenn Kaffee und Schnaps getrunken wurden, ging es besser.

»Hier wirst du gebraucht. Hierher hat dich der Herrgott gestellt«, sagte Max später. »Ich werde doch kein Pfarrer, um meine Ruhe zu haben irgendwo im Taunus! Im Osten werden Pfarrer gebraucht. Oder willst du den Kommunisten das Feld überlassen?«

Aber Christa blieb bei ihren Zukunftsplänen. Ihre Sache war es nicht, die Welt oder die Kirche zu retten, und sie hoffte, dass auch Max das noch begreifen würde. Hier im Osten würde sie die Angst vor Uniformen niemals los. Doch noch mussten sich die Verlobten nicht entscheiden. Noch hatten sie Zeit. Erst wollte Max fertig studieren und dann würde man sehen.

»Es wird schon werden«, sagte Max manchmal. »Ewig können sie das Land nicht in Osten und Westen aufteilen. Bis ich so weit bin, gibt es wieder ein Deutschland, und bis dahin bringe ich Schnaps und Kaffee aus Göttingen mit.«

Marie hatte für die jungen Leute gekocht. Es gab Kartoffeln, Ei und Spinat und für jeden einen Streifen gebratenen Speck.

Max sagte, dass die Bratwurst in Göttingen »Thüringer« heiße. »Die schmecken dort besser als hier. In Thüringen sind ›Thüringer‹ nicht zu bekommen.«

»Soll er doch drüben essen«, dachte sich Marie. »Danke zu sagen, fällt ihm wohl gar nicht mehr ein.«

Marie war ärgerlich über das »moderne« Studentengehabe ihres Sohnes. »Wenn es dir hier nicht schmeckt, lass etwas übrig für Greta oder deine Verlobte!«, schimpfte die Mutter laut. Sie hatte sich eine Woche lang Kartoffeln für die Kinder regelrecht vom Munde abgespart.

»Doch, doch, es schmeckt natürlich«, antwortete Max und nahm sich mehr, als ihm zustand.

»Ist ein einziger Jammer hier in der Ostzone. Hier schleppen die Russen alles aus dem Land. Dort baut der Ami das Land neu auf. Die Russen und die Amerikaner schaffen Tatsachen. Die Westmark und die Ostmark, das ist wie Krieg. Kalter Krieg zwischen Ost und West. Aber so bleiben kann das nicht immer. Ihr werdet es sehen. Ich hoffe, am Ende wird was Gutes daraus. Deutschland wird eins, neutral und sozial und wieder christlicher. Ohne Waffen.«

Christa liebte Max, aber sie glaubte ihm nicht alles, was er sagte.

Marie hatte ihre eigenen Sorgen. »Wir wären schon zufrieden, wenn wir mit den Pfleglingen endlich wieder aus den engen Zimmern im Gemeindehaus zurück ins Stift könnten. Die Kinder haben da oben keinen Platz zum Atmen. Alles auf einem Fleck: Schlafen, Wohnen, Lernen, Spielen. Damals wollten Mörder unsere Kinder umbringen, um Geld zu sparen. Das ist Gott sei Dank vorbei. Heute wollen alle Humanisten sein. Nur Geld haben diese Humanisten für Pfleglinge nicht übrig. Trotzdem werde ich meine Kinder nicht alleine lassen. Niemals!«

Wie aufmerksam ihr Sohn zugehört hatte, blieb offen. Marie redete weiter. »Mit unseren Kindern ist kein Sozialismus aufzubauen. Gerade darum braucht es das Stift hier in der DDR. Und überhaupt muss Familie beieinander sein.«

Marie redete selten über sich und ihre Arbeit. Heute musste es alles heraus, weil sie sich über Max' weltfremdes, politisches Gerede ärgerte. Max ärgerte sie, Christas Pläne für den Westen aber machten ihr Angst.

»Ich schaffe das bald nicht mehr«, sagte Marie. »Ich bin jetzt über sechzig. Vergesst das nicht!«

Dass der Direktor des Marienstiftes Max Katt mit voller Absicht abpasste, war nicht ausgeschlossen. Max vermutete, dass seine Mutter die Begegnung angebahnt hatte. Die Männer trafen sich vor der Gedächtnistafel für die erschlagenen Frauen der Bombennacht 1945. Vor kurzem erst hatten die Leute vom Stift das hölzerne Denkmal eingeweiht.

»Wieder mal in Arnstadt, Herr Amtsbruder?«, grüßte der Direktor den jungen Mann leutselig.

»Noch ist das nicht soweit, Herr Direktor«, antwortete Max leicht irritiert.

Zumindest auf dem Gelände der Stiftung war der Pfarrer eine Amtsperson, der ein junger Theologiestudent wie Max Katt mit Respekt begegnete. Max straffte seinen Rücken, reichte dem Mann die Hand und versuchte, einen guten Eindruck zu machen.

»Was sagen Sie, Bruder Katt, war es wirklich Glück, dass im Stift nur drei Menschen ums Leben kamen?« Behr wies auf die Inschrift der Tafel. Es machte dem Mann Freude, mit Max so zu reden, als begegneten sie sich jeden Tag. »In der Stadt sagt man, es hätte viel schlimmer kommen können. Ich kann da nicht mitgehen. Schwester Gertrud war mir nah. Die beiden anderen auch. Ich sage manchmal, die Frauen haben das nicht verdient, und weiß dabei, wie dumm solches Gerede ist. Jeder Kriegstote starb sinnlos. Sie als Frontsoldat wissen es besser als wir hier. Glauben Sie mir: Wegen dieser drei Frauen hadere ich manchmal mit dem Herrgott. Die Millionen Tote da draußen und die Ermordeten in Auschwitz und Buchenwald und überall kann ich mir nicht vorstellen. Diese drei sehr genau. Ist eine schwere Sache geworden mit dem Glauben nach der bösen Zeit, nicht nur, weil hier die Atheisten regieren.«

Behr schwieg nach diesem Bekenntnis.

Max aber las die Namen und Daten der Frauen laut vor. »Die Oberschwester war für mich fast wie eine Großmutter. Meine Mutter und sie waren befreundet. Für eine Diakonisse und eine Helferin war das nicht selbstverständlich.«

»Vom ersten Tag an, mein Junge«, antwortete der Direktor. »Vom ersten Tage im Jahr 1905 waren sich Ihre Frau Mutter und Schwester Gertrud vertraut. Die Oberschwester erzählte oft von der ersten Zeit im Stift.«

Nun hätte der Direktor irgendein abschließendes christlich väterliches Wort sagen und dann weitergehen können. Er sprach es nicht. Er stand fast verlegen vor dem Studenten und fragte: »Sie werden also Pfarrer, Herr Katt. Ihre Frau Mutter erzählt mir bei jeder Gelegenheit von Ihrem Studium in Göttingen. Sie ist so stolz auf Sie und so dankbar, dass der Herrgott Sie aus allen Gefahren gesund nach Hause geführt hat. Was sind Ihre Pläne?«

Max gab ihm folgsam Antwort. Dabei hätte ein gestandener Pfarrer wie der Direktor doch den Weg ins Pfarramt kennen müssen. Fünf Jahre Studium, erstes Examen, dann Vikariat und zweites Examen. Alles hatte sich im Land geändert. Der Weg ins Pfarramt nicht.

»In Thüringen kann unsere Kirche und die Diakonie jeden Christen brauchen. Gerade hier in der Ostzone. Sie kennen das doch: Ohne Gott und Sonnenschein … Propaganda von allen Wänden. Wo soll das enden, frage ich Sie? Was die Nazis anfingen, werden die Kommunisten vollenden. Soll unser Volk denn wirklich den Herrgott verlieren? Ist das die Strafe für die Barbarei? Erst die Nazis, dann Stalin?«

»Sie sollten mit solchen Sätzen vorsichtig sein, Herr Pfarrer.« Max sah sich um.

»Aber doch nicht bei uns«, antwortete der Direktor naiv, besann sich aber schnell. »Sie haben schon Recht, wenn ich an Rost denke, gestern SA und heute Genosse.«

Sie traten etwas zur Seite.

»Manchmal muss es einfach heraus«, der Direktor sprach nun leiser. »Man hat schon zu viel mitmachen müssen. Aber weshalb ich hier so viel gefährliches Zeug rede: Wollen Sie nicht nach Ihrem Studium zurück zu uns ins Stift? Einen wie Sie, der das Leben kennt, können wir brauchen. Drüben in Hessen oder in Bayern hat es fette Pfründe und Pfarrer genug. Hier ist der Platz, um dem Herrgott zu dienen.« Jetzt war es heraus. Max wurde verlegen.

»Wenn ich ehrlich bin, Herr Direktor, meine zukünftige Frau fühlt sich nicht wohl hier im Osten. Ihre traumatischen Erfahrungen auf der Flucht. Sie wissen wovon ich rede. Niemand spricht es laut aus, aber diese DDR ist kein eigenes Land. Christas Großonkel ist und bleibt verschwunden, und auch darüber wagt kein Mensch laut zu reden. Nicht, dass wir es uns einfach machen. Aber wenn Christa nicht ihre Angst verliert, dann müssen wir weg aus Thüringen. In Göttingen an der Universität könnte ich ...«

»Der Herrgott braucht nicht nur große Professoren, sondern uns einfache Bekenner. Wir haben das tausendjährige Reich überstanden. Da werden wir nicht vor diesen Genossen von Moskaus Gnaden ... Und Schwester Christa ist doch eine großartige Frau.«

Mit Widerspruch hatte der Direktor nicht gerechnet. Was für eine Jugend war das? Wenn Gott rief, galt es, zu gehorchen und nicht mit ihm zu diskutieren! Leicht verstimmt verabschiedete sich der Direktor und verschwand hinter der Türe des Handwerkerhauses.

Ein paar Wochen später versuchte Behr es noch einmal. Da passte er Max nach dem Gottesdienst ab und sagte: »Ich habe Sie beobachtet, Bruder Katt. Das war heute nicht Ihre Sache. Ihr jungen Studiosi wollt von Wundern nichts wissen. Keine Mythologie, sondern Dialektik. Leugnen Sie nicht. Ich sah es genau.«

Max fühlte sich ertappt. »Sie predigten sehr eindrücklich, Herr Pfarrer, und gerade unsere Stiftsgemeinde braucht wohl große Eindrücklichkeit und klaren Zuspruch. Ich denke nur, wenn sich solch ein Wunder wie die Heilung des Lahmen auch psychologisch vermitteln lässt und nicht nur eindimensional, dann weckt man keine falschen Hoffnungen ...«

»So, so, falsche Hoffnungen. Ich würde bei Ihnen in Göttingen also kein Examen bestehen. Aber, deshalb spreche ich Sie ja an. Wir brauchen hier im Osten junge Leute wie Sie. Ich bin nicht unmodern. Glaube braucht auch den Disput mit der Jugend. Wissen Sie, ich denke, entweder ist da ein Herrgott im Himmel oder der Himmel ist leer. Und wenn er da ist, warum darf ich dann nicht Wunder predigen? Unsere Arbeit an den Schwachen und Kranken im Stift ist mir Beweis genug, dass

Gott existiert. Das wollte ich Ihnen sagen. Gott nutzt uns schwache Menschen, um Wunder zu tun. Denken Sie mal darüber nach! Der Feind geht umher wie ein brüllender Löwe und schraubt uns den Geldhahn zu. Wir hier im Stift aber bleiben doch. Seien Sie nicht kleingläubig, Sie und Ihre Verlobte!«

Als Max im fernen Göttingen von diesem Gespräch erzählte, brachte er seine Freunde zu nachsichtigem Lächeln. Max selbst aber verfiel in heftiges, andauerndes Grübeln.

HOCHZEITSPLANUNG »Bringen Sie Ihre Frau Mutter bitte mit zum Hochzeitsgespräch! Als sie noch im Alten Haus arbeitete, sprachen wir fast täglich miteinander. Jetzt, da die Kinder oben im Gemeindehaus leben, sieht man sich so selten«, so sagte der Direktor Behr zu Max Katt, als der ihn um einen Termin bat, um die anstehende Hochzeit vorzubereiten.

Nun saß die ganze Familie Katt in seinem Büro. Auch Greta ließ sich von wichtigen Dingen nicht ausschließen.

»Wissen Sie, was mir Sorgen macht?«, wandte sich der Direktor an Marie. Auf sie schien er mehr gewartet zu haben als auf das Brautpaar. »Als die Kommunisten unser schönes Marlittdenkmal schleifen ließen, wurde mir wieder mal klar, wie kultur- und respektlos diese Herrn Genossen mit allem umgehen, was sie nicht verstehen. Nicht viel anders als die… Man darf es ja nicht laut sagen.«

Marie Katt war im Stift immer noch als Marlittleserin bekannt. Eigentlich ging es dem Direktor des Stiftes nicht um die Marlitt. Ihm machte es Sorge, dass die sozialistische Zeit alles in Frage stellte, was einmal gut und richtig war. Die Marlitt, die Kirche, das Stift und den Herrgott selbst.

»Aber ich will Sie nicht mit meinen Grübeleien plagen. Was ich eigentlich sagen will, natürlich segne ich unser Brautpaar. Mit Gottes Segen steht und fällt alles. Wenigstens wir hier werden das nicht vergessen. Im Segen des Herrn gründet die Zukunft des Marienstiftes, ob die Welt das hören will oder nicht.«

Der Direktor sah fragend nach den jungen Leuten. War seine Überzeugung auch die ihre? »Wenn ich Sie trauen darf, heißt das wohl, dass Sie hier in Arnstadt bleiben werden?«

Christa Ehrlichs Gesicht wurde finster. »Herr Pfarrer«, antwortete sie, ohne lange nachzudenken, »sobald Max mit seinem Studium fertig ist, wird man ihn in Göttingen oder irgendwo in Hessen brauchen. Heute wollen wir nur unsere Trauung anmelden.«

Max sah Christas angespanntes Gesicht und die beleidigt herabhängenden Mundwinkel des Direktors. Er sagte: »Es ist noch immer viel Zeit, bis ich das Studium abschließen werde. Ich bleibe optimistisch. Wahrscheinlich muss sich niemand zwischen Ost und West entscheiden. Auf alle Ewigkeit können sie das Land nicht teilen. Ich will an die Zukunft glauben, christlich auch sozialistisch im besten Sinn, wie die erste Gemeinde in Jerusalem. Ohne Waffen, ohne Atombomben. Neutral.« Das war, in wenigen Worten, das Bekenntnis eines Göttinger Theologiestudenten.

Die Braut dachte nüchterner. »Ich will nur leben ohne Angst, verschleppt zu werden. Und dass meine Kinder genug zu essen haben und laut reden dürfen, was sie denken. Mehr will ich gar nicht. Aber wenn das nur im Westen geht, dann werden wir dort ohne schlechtes Gewissen leben.«

»Ist auch für Sie nicht einfach, Frau Katt. Ein ganzes Leben hier im Stift und dann ...«, der Direktor seufzte leise.

Marie Katt seufzte auch, setzte an, ihrem Herzen Luft zu machen, und sagte dann doch nichts. Behr spürte, dass er zu weit gegangen war.

»Entschuldigen Sie, Frau Katt. Sie sollen sich nicht gegen die Pläne Ihrer Kinder ... Ich habe es ja nicht böse gemeint. Mich treibt nur die Sorge um unser christliches Marienstift. Nichts für ungut!«

Immerhin wurde man sich über den Termin der Trauung einig. Alles andere blieb so offen wie die Zukunft des geteilten Landes.

WIEDER EINE HOCHZEITSFEIER Die Gespräche der Gäste aus Ost und West kreisten um die Arbeit. Man bemühte sich, die Politik zu meiden, denn nicht alle Eingeladenen kannten und vertrauten einander. Sehr gut gelang das nicht, denn Arbeit und Politik waren im Jahr 1951 in der DDR ein und dasselbe.

Der Direktor wollte eine Geschichte erzählen, die er schon seit Wochen gerne mit den Leuten teilte. »So schlecht kann unser Ruf im Land nicht sein«, begann er und weckte das Interesse seiner Zuhörer. »Es ist nicht lange her, da hat sich ein Junge von vierzehn Jahren mit sehr abnormer Beinstellung förmlich mit Gewalt ins Handwerkerhaus gedrängt, ist durch alle Zimmer, hat sich nicht abweisen lassen, stürzte endlich bei mir herein und fragte, ob ich hier der Herr Direktor wäre. ›Ja‹, sag ich, und er: ›Ich muss hier her. Ich will was lernen wie die anderen.‹ Ich verstand zuerst gar nichts. Dann begriff ich, dass er bei uns in die Lehre wollte und vielleicht auch zur OP in die Klinik. Sie hatten ihm in seiner Heimat, irgendwo in einem Südthüringer Dorf, vom Stift erzählt und dass man bei uns auch mit schiefen Beinen Elektriker lernen kann. Da ist er einfach los gefahren nach Arnstadt bis in mein Büro.«

»Ein schlaues Bürschchen«, meinten die Tischnachbarn. Der Direktor aber sagte: »Wissen Sie, unsere Mittel sind gering. Wir sind nicht in der Lage, die behinderten Kinder aus ganz Thüringen aufzunehmen. Ich habe dem Jungen trotzdem mehr versprochen, als ich durfte. Wir werden ihm helfen. Wir taten es damals und tun auch heute, was wir können. ›Gott will es!‹, sagte mein Vorgänger immer, egal wie die Welt gegen uns tobt.«

Der Direktor blickte vielsagend und selbstzufrieden in die Runde. Sein Vergleich zwischen damals und jetzt barg Gefahren. »Sie wissen ja, was ich meine«, ergänzte der Erzähler und machte die Sache noch schlimmer.

Es brauchte etwas Zeit, bis das Gespräch wieder in Gang kam. Zwei hessische Studienfreunde, Gäste des Bräutigams, brachen das Schweigen. Das richtige Thema für eine Hochzeitsfeier fanden sie aber auch nicht. Thomas März, ein junger Mann mit schwarzer Hornbrille und Brecht-Frisur, sagte zu seinem Tischnachbarn, einem angehenden Orthopäden: »Mit den zwei Deutschlands wird es nicht lange dauern. Die Strafe der Völkergemeinschaft haben wir Deutschen verdient, da mache ich mir nichts vor, seit wir alles über Auschwitz wissen. Aber weder Adenauer noch Pieck leben ewig und was man von Stalins Einheitsplänen hört, klingt gar nicht schlecht. Da denke ich, dass Adenauer sie viel zu schnell abgewiesen hat. Was sagen Sie, werden wir Deutsche bald wieder zusammenfinden?« Der Orthopäde

167

entschuldigte sich bei dem euphorischen jungen Mann mit einem dringenden Toilettengang und sagte gar nichts dazu. Danach nahm er am entgegengesetzten Ende der Tafel beim Brautpaar Platz. Thomas März aber wandte sich unbekümmert mit demselben Thema einer Krankenschwester zu in der Hoffnung, das Interesse der hübschen Frau zu wecken. Endlich platze Max Katt dazwischen, aufgeschreckt vom Orthopäden. »Führ hier mal nicht das große Wort, Thomas. Wir sind nicht im Studentenkeller.«

»Lass ihn doch!«, rief ein junger Lehrer dazwischen. Es war Anton, ein guter Freund der Familie und so etwas wie ein Nachfolger Herbert Mayers, nur dass der große Skeptiker Anton sich die Hilfsschullehrerstelle im Stift selbst ausgesucht hatte. Anton hatte die Szene verfolgt und dabei zwei Schnäpse getrunken, die ihm die Zunge lösten. »Ich glaube, deinem Freunde gefällt es hier ganz gut. Es soll im Westen richtige DDR-Freunde geben.« Ob das ein Witz war, eine Provokation oder nur das Gelaber eines Angetrunkenen blieb offen.

Der Student jedoch fühlte sich verstanden. »Ich halte die Frage des Sozialismus noch lange nicht für erledigt.«

»Dann bleiben Sie doch einfach gleich hier, Herr Student!«, lallte der Junglehrer und war nicht mehr zu stoppen. »Im Westen geht es aufwärts, und wir zahlen Reparationen. Haben wir den Krieg denn alleine verloren?« Die plötzliche, peinliche Stille durchdrang selbst den Alkoholnebel im Kopf des Lehrers. Er musste nun auch schnell aufs Klo.

Ein letzter Hochzeitsgast erschien ungeladen und zum Glück erst jetzt.

»Sie sind etwas spät dran, Herr Rost«, begrüßte ihn Max. Hans Rost genierte weder die späte Stunde noch die Tatsache, nicht zur Gesellschaft zu gehören. Er ließ seinen schweren, alt gewordenen Körper auf den Stuhl neben dem Brautpaar fallen, nahm sich vom Kuchen, trank ein Glas Bier und sagte: »Ich wünsche Ihnen, liebe Eheleute Katt, Glück und eine gute Zukunft. Zwar heißt es nicht ohne Grund, Religion ist Opium fürs Volk, doch bis sich die Kirche bei uns endlich ausgewachsen hat, wird es noch dauern. Bis dahin werden alle gutwilligen Kräfte zusammen am Sozialismus arbeiten. In diesem Sinne und in alter Verbundenheit: Alles Gute zur Hochzeit!«

Rost meinte das alles im Ernst. Er erfüllte hier eine Pflicht und wenn er dann morgen früh seinen Bericht über die Hochzeit Katt aufschrieb, stand da nichts Schlimmes, was seine Vorgesetzten nicht lange schon wussten. Rost hatte seine Erfahrung mit Leuten wie Katts und Vorgesetzten, die sich im Wechsel der Zeiten stets treu blieben. Auf seine Art meinte Hans Rost es nicht böse.

»Ist gut, dass die Feier vorüber ist«, seufzte die Mutter des Bräutigams, als endlich alle wieder zu Hause waren. »Bei Familienfeiern geht es immer nur um Politik. Nie um die Liebe.«

EIN NACHKRIEGSKIND Die Landschaft blieb sich gleich vor und hinter der Zonengrenze. Der Qualm der Lokomotive zog auch im Osten durch die offenen Waggonfenster hinein ins Abteil und kratzte in den Hälsen der Passagiere. Die Sonne strahlte auf das grüne Land. Die Angst bei der Grenzkontrolle war fast schon vergessen. Auch in der DDR fuhr die Reichsbahn weiter. Fraglich, wen und was diese Grenze voneinander trennte.

Max Katts Herz schlug wieder langsamer. Die Vopos waren nicht unfreundlicher als sonst gewesen. Seine Taschen hatten sie nicht durchgewühlt. Alles schien gut, als er am Horizont die Wartburg über Eisenach sah. Das Telegramm hatte ihn in Frankfurt erreicht. Max hielt das zerknitterte Papier schon seit Stunden zwischen den Fingern. Die Aufregung, die ihm der Zettel gebracht hatte, legte sich nicht. Seine Mutter hatte das Telegramm geschickt. Sie teilte ihm mit, dass Christa in den Wehen lag. Früher als gerechnet. Wahrscheinlich war Max' Kind längst geboren.

Im Bahnhof von Eisenach bestiegen auch andere Fahrgäste den Zug, solche, die nicht zwischen den Zonen wechselten. Sie kamen von Arbeit oder fuhren nach Erfurt. Alles normale Leute. Niemand las die Parolen vom Frieden und Sozialismus an den Hauswänden rechts und links der Gleise. Östlich der Zonengrenze waren nicht nur die Landschaft, sondern auch die Menschen sich gleich, und es brauchte verschiedene Uniformen, viel rote Farbe und dicke Plakatmalerei, um einen Unterschied zwischen den Zonen zu behaupten.

Seit Max das Telegramm erhalten hatte, war ein halber Tag vergangen. Er stellte sich vor, wie Christas Kind, wie sein Kind aussah. Der aufgeklärte Göttinger Theologiestudent glaubte fest und fromm an das »gnädig Walten Gottes«. Nun war auch Christas Schwangerschaft gut vergangen. Viel davon hatte der werdende Vater nicht miterlebt, denn er studierte, stand immer vor irgendwelchen Prüfungen und bestand sie glücklich. Dennoch war alles gut und ihr Glück wie selbstverständlich.

Am Arnstädter Bahnhof wartete niemand auf Max. Warum auch? Wer hatte heute Zeit, ihm entgegenzugehen?

»Wie eine Insel«, sagte sich Max Katt, als er durch das Gelände des Stiftes seinen Heimweg abkürzte. Der Anblick des Marienstiftes bestärkte die Zuversicht des träumenden jungen Mannes. Er grüßte eine Diakonisse, die wie aus der Zeit gefallen, geschäftig zwischen den Häusern lief. Kinder spielten mit Bällen und Krücken. Ärzte trugen selbstbewusst ihre schneeweißen Kittel über die Wege. Draußen die Welt, hier das Marienstift, eine eigene Welt. Heute wie immer?

Erst als Max die Treppe zur Wohnung hinaufstieg und er sich seiner Heimkehr aus dem Weltkrieg erinnerte, machte die sorglose Stimmung der verdrängten Wirklichkeit Platz. Der Krieg, dem er damals so glücklich entkommen war, dauerte in Wahrheit immer noch an. Nur dass sie ihn heute den »Kalten Krieg« nannten und mit Parolen von Frieden und Freiheit übertünchten. »Wir müssen hier raus«, dachte Max. »Christa hat Recht. Raus hier, solange wir können.«

Das Kind war noch nicht geboren. Als Max die Wohnung betrat, hatte Christa Mühe, sich aus dem Sessel zu heben und ihm entgegenzugehen. Gestern war sie mit ihrer Schwiegermutter, Anton, dem befreundeten Nachbarn und Junglehrer, und Greta zum Kreißsaal gelaufen. Dort aber hörten die Wehen auf und die Hebamme schickte sie wieder heim. Das Warten ging weiter.

Max gab sich Mühe, die Enttäuschung zu verbergen. Der werdende Vater fühlte sich hilflos zwischen den Frauen. Immerhin kamen die sauren Gurken, der Käse und die Schweizer Schokolade, die er aus dem Westen im Rucksack mitgebracht hatte, gut an – jedenfalls bei Greta. Christa mochte nichts essen und Max' Mutter wollte nichts davon haben, solange Christa nicht aß.

Max beschloss, seinen Freund Anton aufzusuchen. Für ihn hatte Max eine Flasche Schnaps dabei. Asbach Uralt. Er musste diese Flasche sofort zu Anton hinübertragen.

Christa tat, als ob sie schlief, als Max sich in die kleine Wohnung des Freundes schlich. Max musste mit einem Menschen reden, der nicht schwanger und nicht seine Mutter war. Christa konnte ihren Mann ganz gut verstehen.

Anton brauchte zu dieser Zeit nicht geweckt zu werden. Er saß am Schreibtisch und las. Das Buch war Sartres »Das Sein und das Nichts«. Max hatte es ihm von drüben besorgt. Neben Sartre lag die Bibel. Und auch das Buch kam von Max Katt. Max stellte die Flasche »Uralt« auf den Tisch, der Lehrer holte zwei Gläser aus der Spüle. Schon nach dem ersten Schluck war ihr Gespräch im Gang.

Ob er nun fromm werden wolle, fragte Max. »Setzt du der Geworfenheit des Existenzialisten den Trost der Heiligen Schrift entgegen?«

Anton lächelte, ließ aber eine eindeutige Antwort offen. Er meinte nur, dass der neue goldene Altar im Kirchsaal ihn verlockt habe, ein paar biblische Geschichten nachzulesen. Die Geschichte mit den Heiligen Königen, dem leeren Grab und der Himmelfahrt. Die eigenartigen Altarfiguren auf dem Goldgrund sähen aus, als irrten sie durch die Welt. »Ich sehe mir das seltsame Ding da jeden Tag an und werde damit gar nicht fertig. Die Leute im Stift verstehen die Welt nicht mehr, seit der Direktor den modernen Altar aufstellen ließ. Die halten den Bildhauer schlicht für verrückt. Deine Mutter übrigens auch.«

Der Lehrer redete über den Flügelaltar, den ein im Stift arbeitender Heilpfleger geschnitzt und gebaut hatte. Dass der Schnitzer das Schnitzen nur nebenbei tat, sah man der Arbeit an. Jedenfalls war das die überwiegende Meinung in den Häusern. Was hatte das moderne Zeug im altehrwürdigen Stift zu suchen? Man meinte, der Pfarrer wollte Geld sparen, als der Kirchsaal eingerichtet werden musste. Anton dachte das nicht.

»Ich komme auch von dem knochigen Mann am Kreuz nicht los«, sagte der Skeptiker und lachte. »Verrückte Welt, nicht wahr?«

Max hörte dem Freund aufmerksam zu. Das Gespräch tat dem werdenden Vater gut. Doch sobald sich draußen im Treppenhaus etwas rührte, schreckte Max auf. Wurde es wieder still, ließ er sich zurück in den Sessel fallen.

»Was ist denn so besonders an dem Christus?«, fragte Max.

»Ein ausgemergelter Mann, zerrissen. Wie ein einziger Vorwurf. Engel, die zu weinen scheinen. Sie zeigen auf die seltsame Krippe und auf das Grab. Eine Heilige Familie, die aussieht, als wäre sie auf der Flucht. War sie ja auch. Und das ganze Elend auf Goldgrund. Zwei goldene Kreise rechts und links neben dem Kreuz in der Mitte. Der Altar ist hässlich und heilig zugleich. Und so was bei uns im Stift und die frommen Diakonissen davor begreifen so wenig wie ich. Gar nichts eben.«

»Was weißt du denn, was Diakonissen begreifen?«, meinte Max und tat, als würde er nicht genau wissen, worüber sein Freund sprach. »Und überhaupt, was sind das für neue Töne, Herr Genosse? Kamst du nicht als radikaler Zweifler von der Front? Was schwatzt du denn von heilig?«

»Vielleicht weil in der DDR nichts mehr außer Stalin heilig ist. Genau das ist es! Du fährst wieder in den Westen zurück. Du zitterst mal kurz an der Grenze und dann gehst du Studieren. Wir hier stecken mitten drin in der Gottlosigkeit. Verstehst du? Dieser neue Altar ist wie die nackte Wirklichkeit. Keine alten Geschichten. Die Welt, wie sie ist.«

Der leicht angetrunkene Lehrer sagte jedes Wort in tiefem Ernst. Darauf war Max nicht gefasst. Genau jetzt hätte er seinen agnostischen Freund missionieren müssen! Vor Schreck trank Max Katt aber noch ein Glas Schnaps. Das war eines zu viel und um verständlich von Gott zu reden, taugte seine Zunge nun nicht mehr.

Der Freund schwieg ein paar Sekunden, dann wurde ihm die Stimmung peinlich. »Ich habe meine Tür in den letzten Tagen immer offengelassen, damit ich nichts verpasse«, sagte er und wechselte das Thema. »Gestern brachte ich deine Christa bis zum Kreißsaal und dann wieder nach Hause. Pass nur auf, dass ich nicht aus Versehen als Vater auf der Geburtsurkunde stehe. Studiere du, ich mach das hier für dich.«

Auf Strümpfen ging Max Katt zwei Stunden später zurück in die Wohnung. Drinnen war es still. Die Frauen schliefen und das Kind in Christas Bauch gewiss auch. Auch am anderen Morgen erwachte Christa ohne Wehen.

»Lauf schnell in die HO und sieh, was es gibt!« Christa schickte ihren Mann weg. Es war unerträglich, wie er ziellos durch die Zimmer lief. Er gehorchte gerne und stand schon auf der Straße, als Greta hinterherkam, um ihren Bruder zu begleiten. Wie oft in seinem Leben war Max gemeinsam mit der Schwester durch die Stadt gegangen? Er hätte es an einer Hand abzählen können. Damals hatte er sich ihrer geschämt. Vor seinen »Kameraden« hatte sich Max mit Greta kein einziges Mal gezeigt. Viele wussten nicht einmal, dass es Greta gab. Max griff nach Gretas Hand. Heute schämte er sich ihrer nicht.

»Spinnst du?«, rief sie. »Wir sind doch kein Liebespaar.«
Max ließ nicht los.
»Nimm die Hand weg. Wie soll ich so laufen?«
»Ich freue mich doch nur, dass du mitkommst.«
»Ich geh, weil ich will.«
Endlich zerrte sie sich los. »Du spinnst ja«, rief Greta noch einmal und lachte. »Ich zeig dir das neue Heim.« Greta griff nach Max' Arm und zog ihn mit sich.

Es gab außer dem Altar noch etwas Neues im Stift, worüber alle redeten. Auf das Werkstatthaus, das den Bombenangriff überstanden hatte, war ein ganzes Stockwerk aufgesetzt worden, der Stolz der Anstalt. Die Pfleglinge, die seit 1945 mehr als sechs Jahre lang im Arnstädter Gemeindehaus notdürftig untergebracht worden waren, wohnten nun wieder im Stift. Alles wurde besser.

Greta kannte sich aus. Sie führte den Bruder durch das halb neue Haus, zog ihn in die Unterrichts- und Schlafräume und sagte jedem den sie trafen: »Das ist mein Bruder Max. Er bekommt gerade ein Kind.« Greta bekam dafür Lacher. Max machte gute Miene dazu.

Wenn sich Sonnenschein durch die Wolken brach, glich das Stift einem Garten. Heute strahlte es prächtig vom Himmel. Greta und Max gingen an der Tafel vorbei, die an die Bombenopfer des Luftangriffs erinnerte. Vor dem Holzkreuz blühten Blumen. Max erinnerte sich an das Gespräch mit dem Direktor. Heute verstand er den Mann noch besser als damals. Hier im Marienstift wartete wirklich überall gute Arbeit auf ihn.

Max Katt, der werdende Vater, wurde plötzlich vom Optimismus übermannt. Wieder griff er nach der Hand seiner Schwester, ließ sie vor lauter Herzlichkeit nicht los und sagte: »Ich sollte hier Pfarrer sein! Hier und nirgendwo anders.«

»Aber wir haben schon einen und Christa will nach dem Westen abhaun«, antwortete Greta und machte seiner Hochstimmung ein schnelles Ende.

Jetzt gingen sie in den Kirchsaal. Er war voller Kinder, denen zwischen zwei Schulstunden Christenlehre gehalten wurde. Lauter Mädchen und Jungen an Krücken oder in Rollstühlen. Der Direktor persönlich sprach zu ihnen. Der neue Altar war sein Thema. Leicht hatte er es damit nicht.

»Der komische Engel sieht aus wie ein Gespenst.«

»Der Herr Jesus am Kreuz ist spuckhässlich!«

»Und das Jesuskind in der Wiege guckt wie die dicke Greta.«

Der vorlaute Junge hatte nicht bemerkt, dass Greta und Max hinter ihnen standen.

»Na und?«, rief Greta so laut, dass alle erschraken.

»Er hat das nicht böse gemeint«, beschwichtigte der Pfarrer. »Los entschuldige dich bei Fräulein Katt!« Etwas hilflos versuchte der Mann, die peinliche Situation zu entschärfen. Greta aber war wenig nachtragend. Sie fand das Jesuskind in der Krippe durchaus so schön wie sich selbst.

»Was denkt ihr? Warum hat Herr Popp den Hintergrund des Altars ganz golden gemacht?« Der Pfarrer kämpfte sich zurück in sein Thema.

»Weil wir das verdient haben«, rief der Junge, um seine halbherzige Entschuldigung vergessen zu machen. »Früher wollten sie uns alle um die Ecke bringen. Heute sitzen wir im neuen Heim und haben einen goldenen Altar. Ich finde das nur gerecht.«

Max Katt, der kritische, in die Welt geworfene Theologe, suchte nach einem Taschentuch, um seine Augen zu trocknen. Der neue Altar im Marienstift tat Wunder. Fast hätten Max und Greta vergessen, warum sie unterwegs waren.

Als sie endlich in der HO unterm Markt in der Schlange standen, waren Milch und Butter schon ausverkauft. Margarine und Quark, mehr gab es nicht. Das Frühstück der Familie Katt wurde mager. Max' Staunen aber dauerte an.

Am nächsten Morgen, als sich Christas Zustand immer noch nicht verändert hatte, saß Max Katt wieder im Zug Richtung Göttingen. Er musste zurück. Eine schriftliche Prüfung war unaufschiebbar. Als er am Abend von der Universität in seine »Bude« kam, lag das Telegramm bereits auf dem Bett. Die Mutter gratulierte ihm zur Geburt seiner Tochter Alice. Mutter und Kind waren wohl auf.

GEMEINDEFEST 1953 Die Augen des Direktors strahlten an diesem Sonntag, als sähen sie schon das gelobte Land. »Das ist der Tag, den Gott gemacht!«, zitierte er die Heilige Schrift voller Inbrunst und öfter als es guttat. Er lief über den Hof des Landpfarrhauses, von Gruppe zu Gruppe, in einer Hand die Kaffeetasse, mit der anderen winkend und jedermann fröhlich segnend. Den guten Kaffee mit den goldenen Krönchen hatte Max Katt aus Göttingen mitgebracht. Seine Mutter und andere Frauen aus der Gemeinde hatten ihn gemahlen und ordentlich immer zwei Löffel mehr als nötig in großen Kannen aufgegossen. Es war Festtag. Vikar Katt trat mit seiner Familie die Pfarrstelle Gleichbrück nahe bei Arnstadt an.

Sie waren alle hier. Die ganze Familie Katt von Großmutter Marie bis zur Enkelin Alice. Alices Lachen war ein Segen. Und da standen die Bauern des Dorfes und die Gäste aus der Stadt und dem Stift, die Kolleginnen und Kollegen der Pfarrfrau Christa und sogar zwei Ärzte – beide Orthopäden, denen die Leute vom Dorf sofort ihre Fragen stellten, warum es ihnen hier und dort im Rücken knackste.

Alle kamen aus der Kirche, wo der neue Pfarrer, der sich nur »Vikar« nennen ließ, die Predigt gehalten hatte.

»Wunderschöne Predigt, Herr Pfarrer! Aber glauben Sie nun an Wunder oder nicht?« Max Katt wich der Beantwortung der Frage aus, indem er darauf verwies, dass er noch lange nicht fertiger Pfarrer sei und noch sehr viel lernen müsse.

Einem Vikar sah man die Unklarheit nach. Immerhin sorgte Max Katt dafür, dass im Pfarrhaus Licht brannte. Nichts ist für das Dorf schlimmer als ein unbewohntes Pfarrhaus. Wunderglaube hin oder her.

Das halbe Marienstift war angereist. Der Direktor hatte auch Lehrlinge, alle Prothesenträger und Rollstuhlfahrer, samt ihrem Werkzeug mitgebracht. Solche Feste liebte er. Er wurde nicht müde, die anderen Gäste auf die Jugendlichen aufmerksam zu machen. Die Starken und die Schwachen, die Gesunden und die Behinderten beieinander. Jeder hatte Gaben. Jeder brauchte den anderen. Die Lehrlinge aus dem Stift wollten den jungen Pfarrersleuten die Türschlösser reparieren. »Dies ist der Tag, den Gott gemacht!«

»Es tut uns allen gut, dass unser Bruder Katt hier bei Ihnen in Gleichbrück und zugleich im Stift Dienst tut. So sammelt er breite Erfahrungen und unterstützt die Kirche in ihren beiden Formen. In der Gemeinde und in der diakonischen Arbeit. Zwei Seiten derselben Medaille, wie ich immer sage.«

Es standen, Kuchenteller in Händen, der Stiftungsdirektor Behr und Oberpfarrer Helmut Schneider in brüderlicher Eintracht zusammen. Zwei Amtsträger, denen der Tag gefiel.

»Einen vollen Seelsorger kann sich unser Stift nicht leisten. Die Pflegesätze für die Kinder sind derart knapp, dass wir nicht auskommen. Skandalös unter uns gesagt. Ohne die Spenden aus den Gemeinden würden die Kinder Hunger schieben.« Der Blick des Direktors auf den Oberpfarrer war etwas herausfordernd. »Ich hoffe, Bruder Katt wird ein erfolgreicher Vermittler zwischen den Bauern aus den Kirchgemeinden und dem Stift. Das brauchen wir dringend.«

»Nun, Herr Direktor, unsere Kirchen brauchen auch jede Mark«, antwortete der Amtsbruder, der wusste, worüber er sprach.

»Natürlich, alles im rechten Maß«, gab der Stiftungspfarrer schnell zu. »Aber sehen Sie nur, wie gut es den jungen Leuten schmeckt. Diese Mäuler wollen gestopft werden!« Er wies auf die Lehrlinge, die sich nach getaner Arbeit über den Kuchen hermachten. Das Bild war eindrücklich.

»Warum lässt der Herrgott körperliche und geistige Schwächen zu? Haben Sie sich das nicht auch schon gefragt?« Der Direktor gab sich selber die Antwort. »Ich glaube, damit wir alle Nächstenliebe üben können. Gott sei Dank sind die unsäglichen Zeiten der Verfolgung der Schwachen vorbei.«

Der Amtsbruder stimmte zu, sagte aber: »Alle satt machen können wir auch nicht.«

Sie fanden ein anderes Thema, das zwischen ihnen leichter zu bereden war als die Geldsorgen von Diakonie und Kirche.

»Was sagen Sie zu den Ereignissen vom 17. Juni?«, fragte der Oberpfarrer.

»Ich glaube, wir können uns die Obrigkeit nicht aussuchen. Die Russen werden sich Widerstand nicht gefallen lassen.«

Der Oberpfarrer stimmte zu, sagte aber: »Ist es Ihnen bewusst, dass viele Leute denken, das Marienstift stünde sich mit den Kommunisten viel zu gut? Die Genossen lassen sich bei Ihnen gerne behandeln, wenn sie's im Rücken haben. Man hört da so einiges.«

Der Direktor konnte darüber nicht lachen. Er holte weit aus, um die besondere Situation seiner Einrichtung zu erklären. »Lieber Bruder, ziehen Sie keine falschen Schlüsse! Wie Sie wissen, steht die Klinik allen Patienten offen und deren Parteizugehörigkeit ...«

Unterdessen hatten es sich die Familie des neuen Vikars und einige enge Freunde im Gras unter den Obstbäumen bequem gemacht. Der 17. Juni war Thema auch bei ihnen. Max' Lehrerfreund Anton führte das Wort.

»Habt ihr die Schlosserlehrlinge gesehen? Haben wie die Wiesel gearbeitet. Ganz ohne Pläne und Höchstleistungen. So geht es auch.«

Man stimmte ihm gerne zu.

»Warum läuft es denn in der DDR so verkehrt? Außer Parolen und Programmen tut sich hier eben gar nichts. Wann werden die Genossen das begreifen? Das ist meine Meinung und hoffentlich hat es niemand gehört.« Anton verdrehte seinen Kopf fast um einhundertachtzig Grad und lachte.

Ein mutiger Mann, dachten die anderen.

Der Hilfsschullehrer war in diesem Kreis der Einzige, der zum Thema 17. Juni etwas Eigenes zu erzählen hatte. Und das wollte er nun tun. »Ich war in Apolda«, sagte er. »Ich habe sie gesehen, die Demonstranten auf der Straße. Den Arbeitern vom Büromaschinenwerk ging es nicht nur um Normen und Geld, die wollten eine neue Regierung. Die wollten Respekt. Auf Dauer können die Bonzen das nicht totschweigen oder niederknüppeln.«

»Tun sie aber«, widersprach Christa Katt. »In Berlin haben sie Demonstranten erschossen.«

»In Apolda waren die Vopos auch kurz davor. Immerhin dreihundert Leute auf den Straßen und das in der kleinen Stadt.«

»Die Opfer werden die Verantwortlichen zur Besinnung bringen«, sagte Max versöhnlich wie immer und machte seine Frau damit wütend.

Seit Max Vikar in der DDR war, redete er oft sehr amtlich und abgeklärt. »Über kurz oder lang wird sich alles zum Besseren wenden. Stalin ist tot.«

Das war wahr. Das machte Hoffnung.

Nicht aber Christa Katt. »Du bist und bleibst ein Träumer«, sagte sie zu ihrem Ehemann. »Dieses Land ändert sich nie. Spitzel, Drohungen, Parolen, Lügen. Du kannst ja den Helden spielen, deine Tochter aber soll so ein Leben nicht haben. Nach deinem Vikariat ziehen wir in den Westen. Du darfst den Leuten hier ja nichts versprechen!«

»Ja, ja«, antwortete Max etwas kleinlaut. »Ist alles möglich. Aber das musst du schon zugeben, etwas besser wurde es in den letzten Jahren in der DDR schon. Es geht nicht so aufwärts wie drüben, aber immerhin. Sogar im Stift wird aufgebaut. Die Pfleglinge haben wieder ein Haus. Das musst du doch zugeben, Christa. Eure Klinik ist gefragt wie nie.«

»Machst du jetzt Parteischulung?« Christa wollte sich nicht beschwichtigen lassen. Christas Stimmung war im Keller. Immer wenn ihre neuen Nachbarn sie mit »Frau Pfarrer« grüßten, fühlte sie Panik. »Willst du es schönreden? In der Klinik fehlt es an allem. Wir sparen wie 1945 sogar an Desinfektionsmitteln. Die Ambulanz bricht aus allen Nähten. Und das Gerede über den humanistischen Umgang mit Behinderten ist hohl, wenn die Kinder hungrig einschlafen und die Schwestern und Pflegerinnen auf ihr Gehalt verzichten müssen, um sie satt zu kriegen. Wie lange wird das Stift die Mangelwirtschaft aushalten? Du rettest weder die Welt noch das Marienstift, Herr Vikar. Denk an deine Familie!«

Die Gäste schwiegen betroffen. Christa floh in die Küche.

»Wo sie Recht hat, hat sie Recht«, meinte jemand, sagte es aber nur leise.

Am Ende des Nachmittags hatte Christa Katt viele gute

Wünsche zum Einzug mit beherrschtem Gesicht angehört. Sie hatte sich zusammengenommen und den neuen Nachbarn nicht widersprochen, wenn sie sie immer wieder Frau Pfarrer nannten. Und dennoch wusste nun jeder wie es im Pfarrhaus zuging. Würde sich die junge Frau eingewöhnen? Immerhin war Christa Katt Stationsschwester im Marienstift und kein »dummes Ding« mehr, das nicht wusste, was es sprach. So gingen die Gleichbrücker mit gemischten Gefühlen vom Fest nach Hause und dachten: »Gute Leute, die Katts. Irgendwann gehören sie schon dazu, ob sie wollen oder nicht.«

Als endlich alle Gäste fort waren, die Arnstädter mit der Bahn, die Gleichbrücker quer über die Straße, als Tochter Alice schlief und die alte Mutter und Greta in ihren Zimmern verschwunden waren, da saßen Christa und Max auf der Bank im Garten und atmeten auf.

»Gib doch dem Leben hier eine Chance, Christa!«, sagte Max leise. »Du hast sie vor den Kopf gestoßen mit deinen Sprüchen. Mach es nicht schlimmer als es ist! Bei der Arbeit im Stift fühlst du dich wohl und hier im Dorf spürt man von der DDR nicht viel. Alles vergeht, nur die Kirche und das Stift, die bleiben. Oder?«

»Du bist überall der Herr Pfarrer«, antwortete sie. Es war ihr sehr ernst. »Du schwebst über den Dingen auf deiner Kanzel. Ich aber stecke mittendrin. Deine Tochter wird hier zur Schule gehen. Hast du vergessen, was sie aus dir im Jungvolk gemacht haben? Meinst du, die Pioniere sind für deine Tochter besser? Nein, Max. Wir bleiben nur solange hier, bis dein Vikariat durch ist. Keinen Tag länger.«

Max nickte und schwieg.

NACH DEM FEST　Für einige Besucher des Gleichbrücker Gemeindefestes fing die Arbeit erst an, als sie wieder zu Hause waren. Sie hatten zu protokollieren und zu berichten, Aussagen zu vergleichen und politisch einzuordnen. Die Konsequenzen ihrer Berichte würden andere ziehen. Vorgesetzte, Führungsoffiziere, verantwortliche Genossen. So etwas nahm in der DDR seinen geordneten Gang.

Anton holte man gleich am nächsten Vormittag aus der Schule. Die Männer, die ihn abführten, schienen noch dieselben Mäntel zu tragen, in denen ihre Vorgänger im Stift nach unwertem Leben gesucht hatten. Der Vorwurf gegen den aufmüpfigen Lehrer lautete: Provokation der Arbeiter- und Bauernmacht. Verbreitung von Lügen über eine angebliche Demonstration in Apolda. Gezieltes Streuen von Feindpropaganda. In seinem Fall begnügte sich die Staatsmacht damit, Anton körperlich leicht zu züchtigen, weitere massive Übergriffe auf ihn anzudrohen und eine Haftstrafe von wenigstens fünf Jahren in Aussicht zu stellen. Wie Anton die Strafe vermeiden könne, wurde ihm deutlich erklärt. Als Lehrer innerhalb des Marienstiftes gab es genügend Gelegenheiten, den Dank an den Staat unter Beweis zu stellen. Fünf Tage später erschien Anton wieder an seiner Arbeitsstelle. Niemand wollte genau wissen, wer oder was ihm in den Tagen begegnet war. Der Mann glich auf Wochen einem traumatisierten Kind.

Was Christa Katt nach dem Gemeindefest erlebte, erschien dagegen fast harmlos. Hans Rost, ihr alter Bekannter, lud sie nach Feierabend auf eine Tasse Kaffee in das Stadtkaffee.

»Liebe Frau Katt«, sagte Rost geübt väterlich, »ich habe ja nie erwartet, dass Sie irgendwann der SED beitreten, aber etwas mehr Respekt vor unserer Ordnung wäre wünschenswert. Ich habe es nie übel gemeint, das wissen Sie. Nur solche Sprüche wie gestern in Ihrem Dorf da draußen, so was geht nicht. Denken Sie an Ihre Familie und Ihre Tochter! Auch als Pfarrfrau stehen Sie nicht über unseren Gesetzen.«

Christa tat, als wisse sie nicht, wovon der Mann sprach. Das ärgerte Rost.

»Habe ich Ihnen nicht die ersten Schritte ins Stift gebahnt? Ich fühle mich irgendwie verantwortlich für Sie. Wenn es berechtigte Kritik gibt, sind wir für jedes konstruktive Wort offen. Sie aber provozierten wie der Klassenfeind! Passen Sie auf, was Sie sagen, Schwester Christa!«

Rost genoss die Angst, die seine beherrschte Drohung erweckte. Ängste zu schüren, war seine Begabung. Christa widersprach nicht mehr. Sie entschuldigte sich und verließ den Tisch. Gutmütig, wie er zu sein meinte, ließ Hans Rost es auf sich beruhen, zahlte sogar die Rechnung und war mit sich sehr zufrieden.

DER TAG NACH DEM MAUERBAU August 1961. Pfarrer Max Katt und seine Frau Christa fuhren wie jeden Montag gemeinsam von Gleichbrück nach Arnstadt. Sie saßen einander gegenüber und schwiegen sich an. Christa sah zum Fenster hinaus, als würde sie das Land vor den Burgen nicht kennen. »... Maßnahmen zum Schutze des Friedens und zur Sicherung der Deutschen Demokratischen Republik in Kraft ... schwarzer Tag für alle Kriegstreiber ... Arbeitertat: Produktionsrekorde.« Max versteckte sich hinter dem »Neuen Deutschland«, was ihm trotz des Papierformates nicht gelang. Die fett gedruckte Überschrift des Parteiblattes ließ endgültig keine Ausreden und keine Hoffnungen mehr zu. Es war vorbei. Die »führenden Genossen« in Berlin hatten nicht nur die Kriegstreiber in Bonn, sondern auch das Pfarrerehepaar aus Gleichbrück vor Tatsachen gestellt, die, aus Steinen gemauert, alle Wege versperrten. Der Umzug der Katts in den Westen hatte Jahre lang unmittelbar bevorgestanden. Nun, im Sommer 1961, am 14. August, war es damit vorbei, so zu tun, als lebe man in der DDR nur auf Zeit. Ihr eisiges Schweigen ist das Resultat eines nächtlichen Streites. Max hatte ihre Vorwürfe eingesteckt, Christa hatte seine Erklärungen nicht mehr hören wollen. Damals, als Max sein Studium abschloss, wäre es für ihn und damit für die ganze Familie Katt die richtige Zeit gewesen, im Westen zu bleiben, ganz nach Göttingen zu ziehen. Niemand hätte ihm einen Vorwurf machen können, wäre er an der Universität geblieben. Auch nach seiner Vikariatzeit in Gleichbrück hätten sie die DDR noch verlassen können. Da war seine Mutter kurz vor der Rente und Greta wäre im Westen in eine Wohngemeinschaft für Behinderte gezogen. Aber sie blieben, wo sie waren. Max tat seine Christenpflicht, Christa wurde müder und leiser.

Christa hatte die Sehnsucht nach dem Westen freilich nie verlassen. Sie dachte nicht, dort wäre alles besser, das nicht, aber freier war es dort. Und um sein Recht durfte man dort laut kämpfen, ohne Angst zu haben, bei Nacht geholt zu werden. Vor drei Jahren war Manfred, ihr zweites Kind, geboren worden. Da fing die Unruhe in ihr noch einmal zu gären an und sie bedrängte ihren Mann, doch noch das Land zu verlassen. »Willst du deine Kinder hier aufwachsen lassen? Lass uns gehen! Du hast deine Pflicht doch längst getan.«

Aber das Ehepaar Katt kam über das Reden und Schimpfen wieder nicht hinaus. Abends, wenn sie den Fernseher anschalteten, lebten sie fast im Westen. Abends bei der Tagesschau oder Vico Torriani waren ihre Köpfe dort, wo das Leben bunter war als hier. Irgendwann einmal würden sie ihren Köpfen folgen, irgendwann. Nun hatte sich das »Irgendwann« in »Niemals« verkehrt. Nicht einmal das Träumen war ihnen geblieben.

»Du hast dem Spitzbart also geglaubt?«, hatte Christa in der vergangenen Nacht ihren Mann verächtlich gefragt.

»Was?«

»Na, das mit der Mauer, die niemand bauen will.«

Max gab ihr keine Antwort und jetzt bei der Fahrt zur Arbeit war er immer noch stumm.

Die Bahnfahrt von Gleichbrück nach Arnstadt dauerte zwanzig Minuten. Jeden Tag saßen dieselben Leute auf harten Bänken. Zwei Genossen nutzten die Strecke, um vor den Fahrgästen ihre tiefe Befriedigung darüber auszudrücken, dass die führenden Genossen endlich Tatsachen geschaffen hatten. Sie inszenierten im Waggon »Volkes Stimme«. Wer weiß, wer es ihnen befohlen hatte.

»Ich hätte den Riegel schon früher vorgeschoben«, sagte der eine so laut, dass es der ganze Waggon hören musste.

Der andere sagte: »Es wurde auch Zeit.«

Damit hatten sie ihren Auftrag erfüllt und verfielen in Schweigen bis zum Arnstädter Bahnhof. Weiterer Jubel blieb aus.

Im Stift angekommen gingen Christa und Max ihrer Wege. Max ging in den Kirchsaal, Christa hinauf zur Station. Im Jahr 1961 war Christa Katt keine junge Frau mehr. Die Abschottung der DDR fiel für die Achtunddreißigjährige mit der Einsicht zusammen, dass ihr Leben mehr als zur Hälfte vorbei war. Überraschungen waren nicht mehr zu erwarten. Längst hatte sie den Beruf, der ihr fast zufällig zugefallen war, richtig erlernt. Längst trug sie als Stationsschwester Verantwortung. Längst lag ihr das Land Ostpreußen, das einmal ihre Heimat gewesen war, weit weg, wie hinter Nebel. Den Staat, der um sie herum Hass auf den Klassenfeind und den Kampf um den Frieden plakatierte, nahm sie hin. Sie ertrug es, wenn ihre Tochter Alice, jetzt Schülerin der vierten Klasse, behauptete, sie hätte gelogen, als sie sagte, sie sei in einer Stadt namens Königsberg geboren, weit weg im Osten. Diese Stadt gäbe es nicht, hatte der Lehrer gesagt. Dort läge Kaliningrad und gehöre zur Sowjetunion. Alice hatte geweint und Christa widersprach dem Lehrer nicht.

»Gibt es den lieben Gott etwa auch nicht? Der Lehrer sagt immer, der Himmel sei leer.«

»Nun ist es für uns alle zu spät«, sagte Dr. Höhl, der leitende Stationsarzt, der sich mit Schwester Christa unter vier Augen gern mal über Gehälter westdeutscher Kollegen, über westdeutsche Automobile und über unmögliche Reisen in die weite Welt unterhielt. Heute war Dr. Höhl etwas blasser als sonst. Auch ihm war ein Traum über Nacht weggestorben. »Nun sehen Sie sich das an, Schwester Christa!«

Der Arzt schob Christa vor das Fenster. Draußen drückte die Augustsonne wieder einmal den Rauch der Heizungsanlage der Klinik auf die Erde. Die dreckige Braunkohle, die man verfeuerte, verpestete die Luft. Im Winter war das schlimm, jetzt im Sommer, wo man im Stift auch Heißwasser brauchte, wurde der Rauch unerträglich und niemand vermochte das Übel zu beseitigen. Man wartete auf Wind, der aber nur weht, wann und wo er will.

»Das glaubt einem keiner, was hier jeden Tag los ist. Im Osten hört der Krieg nie auf. Schwester Christa, ich hatte vor vier Jahren ein Angebot aus Köln. Wenn ich doch nur damals schon … Aber zum Glück werden wir alle mit dem Dreck in der Luft nicht lange leben. Hat ja auch etwas Gutes, dass sie keine Schornsteine bauen können.«

»Reden Sie nicht so laut, Herr Doktor! Hier hört immer jemand mit. Die Wände haben Ohren.«

»Die Wände nicht, aber die Patienten und wer weiß noch wer.« Dr. Höhl versteckte seine Hände in den Kitteltaschen und schlurfte aus dem Raum. Es war Zeit zur Visite.

Auch das geschah am 14. August 1961: Ein junger Chefarzt, Nachfolger von Dr. Frosch, lief dem Pulk der Mediziner und Schwestern bei der Visite vornweg. Wer wusste schon, was der Mann an diesem Tag dachte? Seit Jahren schon glich jeder Montag einem Glücksspiel. Nie wusste man, wer nach dem Wochenende aus Westberlin wieder heimkam. Vielleicht dachte der

Chefarzt: Jetzt können wir endlich verbindliche Dienstpläne machen. Jetzt wissen wir wenigstens, wer nächsten Montag noch da ist. Alles hat seine zwei Seiten. Sogar eine Mauer.

Pfarrer Katt ging durchs Stift. Noch immer gehörte die Klinikseelsorge zu seinen Aufgaben. Nach dem Vikariat hatten der Stiftungsdirektor, der Bischof und ein Oberkirchenrat die Teilung des Dienstes ausgehandelt. Finanziell tat es allen Beteiligten gut, denn das Stift wuchs, trotz aller Geldnot Monat um Monat. Immer mehr Patienten wollten behandelt sein. Immer mehr junge Leute, an Krücken und in Rollstühlen, wollten im Stift in die Schule oder in die Lehre. Sie wollten Schlosser, Korbmacher, Schneider oder Kaufmann werden. Hier hatten sie eine echte Chance. Hier galt, was sie leisteten, und nicht, was sie behinderte.

Bei so vielen Leuten im Stift musste man um das »Christliche« in der Anstalt jeden Tag kämpfen. Arnstadt lag mitten im gottvergessenden Sozialismus. Das Stift glich wie immer schon einer christlichen Insel und die allgemeine Gottlosigkeit schlug unaufhörlich von innen und außen gegen ihre dünnen Mauern.

Ein Pfarrer wie Max Katt wurde gebraucht. Einer wie Max Katt fühlte sich hier am richtigen Platz. Max ging von Zimmer zu Zimmer. Die Gespräche an den Krankenbetten gerieten heute alle gleich. Selbst die frisch Operierten waren mit ihren Gedanken mehr bei der Berliner Mauer, als bei ihren Knochen und Gelenken.

»Was sagen Sie denn dazu, Herr Pfarrer. Hätten Sie es für möglich gehalten? Eine Mauer mitten durch die Stadt. Das ganze deutsche Land durchtrennt. Meine Enkelin wohnt in Lübeck. Vielleicht sehe ich sie nie wieder.«

Mehr als unverbindlichen Trost konnte Katt der alten Frau nicht geben. Ein paar Worte über Gottes verborgene Wege, ein paar über die gleiche Nähe des Himmels überall auf der Welt. Dass auf Erden alles seine Zeit habe, sagte er nicht laut, denn die Bettnachbarin machte große Ohren.

Bestellten Lobrednern, wie sie im Zug gesessen hatten, begegnete Max Katt in der Klinik des Marienstiftes nicht. Die zu Bett liegenden Genossen mussten im Stift nicht über den Schutzwall jubeln, sie durften stillschweigen.

Am Abend hatte Pfarrer Katt mit zwei jungen Männern im Lehrlingsheim zu reden. Aus Liebeskummer wollten beide ihre Schlosserlehre schmeißen. Katt sollte sie beruhigen und wurde erwartet.

Auf dem Weg hinüber ins Heim traf Katt den neuen Direktor. Er war noch nicht lange im Amt, ein Pfarrer wie Katt, Sohn seines verdienstvollen Vorgängers und um all das eigentlich nicht zu beneiden. Der neue Stiftungsdirektor hatte täglich großen Spuren zu folgen.

»Bruder Katt, was sind das für Zeiten?«, fragte er sichtlich erregt.

Katt spielte manchmal auch bei seinem Vorgesetzten die Rolle des Seelsorgers.

»Wird es nun besser oder immer noch schlimmer? Ich weiß es nicht. ›Niemand hat vor eine Mauer zu errichten ...‹ Ich habe es ihm nie geglaubt.« Der Direktor litt unter den Lügen und der Gewalt im Land nicht anders als alle, musste aber jeden Tag den Felsen spielen, an dem die Fluten abprallten. Mit Katt durfte er reden. »Was sagen Sie dazu, Bruder Katt? Nun sind wir eingemauert. Nun können sie mit uns machen, was sie wollen.«

Katt antwortete nur mit einigen unverbindlichen Aufforderungen zu christlicher Zuversicht. Zufrieden war der Direktor damit nicht.

»Überall Lügen und Hass. Gestern reden sie von Frieden und Einheit und heute ziehen sie die Mauer hoch. Drüben bewaffnen sie sich wieder und Adenauer hält seine Hand über die alten Nazis. Lug und Trug überall und am Ende sind wir nur der Spielball zwischen den Russen und Amerikanern.« Der Direktor sah sich um. Auch zwischen Handwerkerhaus und Klinik vermutete er Spitzel und Zuträger. »Wissen Sie, was mir am schwersten auf der Seele liegt? Dass ich selber nicht weiß, was richtig ist und was falsch. Mein Vater irrte sich am Anfang auch. Da dachte er, unsere behinderten Jungen und Mädchen würden im Jungvolk gut aufgehoben sein. Aber dann begriff er, was die Nazis wollten. Da war es für ihn klar, wo Gut und Böse stehen. Da hatte er seine Richtung und irrte sich nie wieder. Glauben Sie an die Freiheit? Sie studierten doch drüben. Sie kennen sich doch aus. Ist es gut, wenn die Jugend wie übergeschnappt die Amitänze tanzt? Ist das Freiheit? Ist das christlich?«

Max hätte fast ja gesagt. Manchmal hörte auch er Rock n' Roll über den Rias und manchmal, an guten Tagen, tanzte er dazu heimlich in der Küche mit seiner Frau.

Der Direktor schien es zu ahnen. »Ich will ja nur sagen, dass es mir auch für Sie und Ihre Frau leid tut, dass Sie nun endgültig festsitzen. Ich kenne die Meinung Ihrer Frau. Sie hatte anderes vor mit ihrem Leben. Aber gewiss hat sich der Herrgott dabei was gedacht. Ganz gewiss. Das Stift braucht Schwester Christa und Sie. Ulbricht baut die Mauer und wir bauen unsere Klinik. Was weiß ich, was der Herrgott sich dabei denkt? Es geht aufwärts. Immer mehr Patienten, immer mehr junge Leute, die bei uns lernen. Daran müssen wir uns halten. Der Herr verlässt die Seinen nicht.« Der Direktor hatte sich selber frei geredet. »Danke für den brüderlichen Beistand«, sagte er, gab Max die Hand und ging getröstet seiner Wege.

Der Seelsorger wusste nicht, wofür man sich bei ihm bedankt hatte. Sein Kopf war immer noch voll und schwer.

Seit Marie Katt Enkel hütete, hatte sich ihre angeschlagene Gesundheit gefestigt. Lange schon fühlte sich die alte Frau im Dorf Gleichbrück wohl. Ein bisschen war es hier wie im Pfarrhaus in der Rhön. Für Marie Katt, geborene Xylander, wollte sich der Kreis des Lebens schließen. Die Schwiegertochter fuhr täglich zur Arbeit nach Arnstadt. Max machte seine Besuche, schrieb Predigten und beerdigte die Toten. Alice ging zur Schule und die Großmutter schob Manfred, den munteren Enkelsohn, im Wagen über den Dorfanger. Solch gute Tage wie jetzt hatte sie für sich nicht mehr erhofft. Als sie Sonntagabend im Radio hörten, dass Ulbricht seine Mauer durch Berlin bauen ließ, war Marie zutiefst empört und beruhigt zugleich. Die Träume der jungen Leute vom Westen waren vorbei. Maries Furcht, im Osten alleine zurückzubleiben, Gott sei Dank, auch. So lebte im Pfarrhaus Gleichbrück ein Mensch, der dem verlogenen Spitzbart fast dankbar war. Es fiel auf, wie leichtfüßig die Großmutter durch den Garten ging und wie hell sie dabei für ihren Manfred »Geh aus mein Herz« sang.

Es gab Tage, da litt Alice Katt besonders heftig darunter, die Pfarrerstochter von Gleichbrück zu sein. Der 14. August 1961 war so ein Tag. Als einzige Schülerin im Ort durfte Alice kein Pionierhalstuch tragen. Wieder und wieder hatte sie ihre Eltern bedrängt. Sie wollte wie alle zu den Pionieren. Deren Antwort war: »Wir Christen haben einen Gott. Wir brauchen keine Halstücher und keine Uniformen und sollen stolz darauf sein.«

Stolz war Alice nicht, aber einsam und neidisch und wie sie ihre Eltern ärgern konnte, wusste die Neunjährige genau. Pioniernachmittage waren der Pfarrerstochter verboten. Alice musste die Freundinnen verlassen, wenn die sich, wie heute, ihre blauen Tücher um die Hälse banden und zum gemeinsamen Würstchenessen trafen. Ohne zu zögern machte Alice deshalb ihrem Ärger Luft, als sie nach Hause kam. Sie stürmte ins Amtszimmer des Vaters und rief: »Nun hat der Genosse Ulbricht endlich den Frieden gerettet. Wir haben alle Feinde der DDR hinters Licht geführt.« Dem Vater blieb die maßlose Begeisterung seiner Tochter für den Mauerbau erspart, weil er nicht zu Hause war. Alices Wut wurde davon noch größer. Aufgeregt suchte sie nach ihrer Großmutter. Die hatte über Walter Ulbricht auch noch kein gutes Wort gesagt.

»Genosse Ulbricht macht alles gut und richtig!«, rief die Enkelin quer durch den Garten.

Marie lächelte nachsichtig, schob sie in die Küche, gab ihr von den Resten des Sonntagsbratens und sagte: »Wir machen es uns auch ohne Halstuch und Bratwürste schön.«

Alice liebte ihre Großmutter sehr. Beim Essen vergaß sie den Ärger. Immerhin musste sie nicht vor der Pionierleiterin strammstehen, um satt zu werden. Das war auch etwas wert.

Es war in Gleichbrück selbstverständlich geworden, dass die rüstige alte Frau Katt zum Seelsorgen ebenso gut zu gebrauchen war, wie der Pfarrer selbst. Eine Frau, die ihr Leben im Stift zugebracht hatte, galt vielen als halbe Diakonisse. Irgendwie hatte Schwester Gertrud doch Recht behalten.

Nachbarin Hannelore kam zu Besuch. Die Frau hatte rot verweinte Augen. »Mein Sohn ist ausgesperrt. Er sitzt in Hamburg fest. Ich sehe ihn nicht wieder.«

Marie griff ihre Hand, streichelte sie beruhigend und sagte: »Die in Berlin sind alles Lügner und Verbrecher. So machen sie es mit uns einfachen Leuten.« Außer Marie wagte niemand im Dorf, solche Wahrheiten laut zu sagen. »Aber vielleicht wird es auf Dauer hier trotzdem besser. Wenn die jungen Leute nicht mehr so leicht weglaufen, muss es werden. Was wird denn aus dem schönen Land, wenn alle fort sind?«

Dass es besser werden würde, bezweifelte die Nachbarin. Gründe für ihre vage Hoffnung wusste auch Marie nicht zu nennen. Darum kochte sie für Hannelore guten Westkaffee auf.

Im Pfarrhaus wurde nicht nur an Festtagen »Krönung« getrunken. Im Pfarrhaus war es fast wie im Westen, hieß es im Dorf.

»Seh'n Sie, Frau Hannelore. Vielleicht ist das der letzte gute Kaffee, den wir uns gönnen können. Trinken Sie nur, solange er heiß ist.«

Zur selben Stunde traf Katt die beiden Lehrlinge im Gemeinschaftsraum des Wohnheims. Der Hausvater hatte Max um Hilfe gebeten. Max musste kein Prophet sein, um zu wissen, was ihn erwartete. Von den verkrüppelten Beinen aufwärts waren die jungen Männer nicht anders als alle. Nur dass sie keine Mädchen fanden, die mit ihnen zum Tanz gingen, nur dass sie ausgelacht wurden, wenn sie sich draußen vor den Mauern des Stiftes durch Arnstadt schleppten. Auf dem Fernseher im Gemeinschaftsraum liefen Bilder aus Berlin. Bewaffnete standen schussbereit einander gegenüber. Die Kasernen, aus denen die Verfeindeten ausgerückt waren, konnten nur wenige Straßenzüge voneinander entfernt liegen. Berliner, deren Wohnung etwas zu östlich lag, stürzten sich aus Fenstern in die Freiheit. Ein Uniformierter sprang mit einem großen Satz über den Stacheldraht Richtung Westen. Der Fernseher zeigte das Programm der ARD. Dass das verboten war, kümmerte keinen. Katt roch die leichte Wodkawolke über den Köpfen der jungen Männer sofort, entschloss sich aber wie schon mancher vor ihm, den Geruch zu ignorieren. Heute war nicht der Tag, Verbote durchzusetzen.

»Jetzt sind wir doppelt und dreifach eingesperrt. Im Rollstuhl und hinter der Mauer. Wir landen nach der Lehre im Altenheim. Das war's dann mit dem Leben.«

Heute ging es nicht nur um Mädchen. Auch Max Katt unterschätzte die Leute im Stift viel zu oft. Rolf Kulik, ein achtzehnjähriger »Rolli« mit beeindruckend breiten Schultern, knapp vor der Gesellenprüfung zum Korbmacher, holte die unter der Decke versteckte Flasche Wodka heraus und prostete dem

Pfarrer demonstrativ zu. Pfarrer Katt atmete durch und ließ sich nicht provozieren. So schnell wie gehofft kam er heute nicht nach Hause. Sehr oft redeten die Jungen nicht mit ihm über sich und die Welt. Wenn sie aber ins Sprechen kamen, musste alles heraus und heute war es soweit.

Spät in der Nacht saß das Ehepaar Katt Bier trinkend unter dem Sternenhimmel im Garten des Pfarrhauses von Gleichbrück. Großmutter Marie hatte ein allerletztes Mal gesagt, wie es immer schlimmer auf der Welt würde.

»Dein Vater hat es gewusst und ich habe ihm nicht zugehört. Aber – leben können wir auch im Osten. Mit Gottes Hilfe! Und dann bleibt wenigstens alles beim Alten, bis ich sterbe.« Dann verschwand sie in ihrem Zimmer und ließ das Paar für sich alleine.

»Nun werden sie uns hier wirklich begraben«, sagte Christa. »Deine Kinder werden Genossen. Alice kann das kaum noch erwarten. Ich glaube, sie hat ihr Halstuch schon heimlich im Schubkasten.«

Manchmal war Max stolz auf den selbstbewussten Sarkasmus, mit dem seine Frau das Leben kommentierte. Manchmal machte sie ihm Angst.

»Die anderen Leute im Stift müssen auch damit leben. So viel ändert sich für die meisten nicht«, meinte Max.

»Also willst du immer noch die Kirche retten vor den Kommunisten?«

»Und du schimpfst jeden Tag und rettest trotzdem dein Stift und die Klinik. Ohne Leute wie uns hätte die Mangelwirtschaft im Land längst gesiegt.«

»Wir sind also selber schuld daran, wenn sie in Berlin genügend Steine haben, um Mauern zu bauen? Meinst du das?«

»Na, so ungefähr«, antwortete Max und schenkte Christa und sich nach. Sie mussten beide lachen, als sich ihre Gläser berührten.

GIPSBETT   1966. Hätte Schwester Ingrid nicht besonders innig mit der jungen Patientin Roswita gefühlt, hätten sie die Zweifel und Vorwürfe an ihrer Arbeit nicht derart getroffen. Aber sie hatte es gut gemeint und das Mitleid der Diakonisse mit dem im Gips fixierten Mädchen war groß. Die Zwölfjährige litt in dem Gipsbett, das ihr den von Skoliose arg gekrümmten Rücken richten sollte, heftig. Sie hielt die starre Hilflosigkeit der langen Behandlung noch weniger als andere Patienten aus. Doch ihre Qualen hatten Sinn, würden heilen, würden Roswita zu einem aufrechten Leben verhelfen. Nur die Geduld dieses Mädchens wollte nicht reichen, die lange Zeit zu bestehen. Lauter als alle machte sie ihrer Wut und Angst Luft, heulte und weinte und schrie auch bei Nacht immer wieder.

In der Klinik des Marienstiftes wurde viel Gips verbraucht. Als Behandlungsmethode war das Gipsbett bewährt, und die meisten Patienten halfen sich gegenseitig durch die dunkelsten Stunden hindurch. Roswita aber lag oft alleine, weil sie die Mitpatienten nicht schlafen ließ. Ihr war der ganze Körper festgemacht, vom Kopf bis zu den Beinen. Jede Notdurft wurde zur Pein. Sie vermochte sich nicht zu fügen, rebellierte, und niemand hielt es lange mit ihr aus. Darum lag sie in einem Einzelzimmer und Schwester Ingrid besuchte sie, wann immer sie konnte, und gab sich Mühe, liebevoll zu lächeln, wenn sie das Zimmer betrat. Aus dem Krankenbett aber schlug der Diakonisse oft blanker Hass entgegen. Lag es an Ingrids dunkler Schwesterntracht? Lag es daran, dass Schwester Ingrid alt war? Lag es daran, dass die Diakonisse das Mädchen mit »Grüß Gott!« begrüßte? Für Roswita waren die Diakonisse und ihr Gott ein und dasselbe und schuld daran, dass sie hier lag. Als die Diakonisse in bester Absicht dem Mädchen ein hölzernes Kreuz auf den Nachttisch stellte, damit sie bei Nacht etwas mehr Halt und Zuversicht habe, schrie Roswita laut lästerliche Flüche und Schwester Ingrid wusste nicht, wie ihr geschah.

Auch Stationsschwester Christa Katt erfuhr von dem unangenehmen Vorfall. Man sagte, Christa hätte mild gelächelt, als man ihr davon erzählte. Einige meinten, Schwester Christas Lächeln sei leiser Spott. Andere dachten, ihr Lächeln war nachsichtig, voller Mitleid. Auch Christa tat Roswita leid. Ebenso aber die Diakonisse, die wieder und wieder in den Krankenzimmern tauben Ohren predigte. Die Diakonisse redete vom gütigen Herrgott und die Patienten wussten nicht, wen sie meinte. Schwester Ingrid konnte Christa nicht helfen. Für Roswita organisierte sie Ablenkung.

Sie brachte dem Mädchen ein Transistorradio von zu Hause mit und ihr Mann sorgte dafür, dass Katechetin Liebe die Kranke besuchte. Fräulein Liebe war wie Sonnenschein. Wenn sie in der Christenlehrestunde vom Herrgott sprach und sang, stand der Heiland hinter ihr im Zimmer. Roswita mochte Fräulein Liebe sofort. Sie las mit ihr Geschichten, nicht nur aus der Bibel. Sie zählte mit Roswita die Tage, bis sie aus dem Gipsbett kam. Alles wurde besser. Ärzte und Schwestern wollten die Patientin bald in ein großes Zimmer verlegen.

Eines Abends bekam die junge Patientin Besuch von ihrem Vater. Dessen Laune war nach der holprigen Fahrt von Rostock nach Arnstadt nicht gut. Er trug die Uniform der Volksmarine, war Politoffizier und von Roswitas Mutter seit Jahren geschieden. Seine Kindsbesuche geschahen geplant, so als stünden sie im Dienstplan geschrieben. Jede Begegnung mit der behinderten Tochter drückte ihm schwer auf den labilen Magen. Er saß an Roswitas Bett und sah das hölzerne Kreuz und das Kreuz an der Wand und das Buch mit christlichen Bildern, das Fräulein Liebe auf den Nachttisch gelegt hatte.

»Die sollen dir hier den Rücken geradebiegen. Bekehren dürfen die dich nicht!« Dieser Ärger war für den Mann leichter zu ertragen, als der Anblick seiner behinderten Tochter im Gipsbett.

Roswita verehrte ihren fernen Vater zutiefst. Sie wusste genau, was er hören wollte. »Die zwingen mich zu beten. Der Pinguin greift sogar nach meinen Fingern, um sie miteinander zu verknoten. Die wollen mich bestimmt bald taufen.«

Eine junge Krankenschwester betrat das Zimmer, um Roswitas Schieber zu wechseln.

»Was tun Sie hier mit meiner Tochter?«, fragte der Uniformierte. »Hier geht es ja zu wie im Kloster.«

»Medizinisch ist unsere Klinik auf dem besten Stand«, antwortete die Schwester korrekt.

Roswitas Vater beschwerte sich schriftlich und machte seiner Parteileitung Mitteilung über die Zustände im Arnstädter Kirchenkrankenhaus. Er rügte die anachronistischen Verhältnisse, die dem Sozialismus spotteten. Auch als besorgter Vater müsse er der unwissenschaftlichen Beeinflussung unmündiger Patienten widersprechen und hoffe auf baldige Klärung der Zustände durch staatliche Stellen. Die Beschwerde zog Kreise. Die staatlichen Stellen luden den Direktor vor. Über den Inhalt des Gespräches wurde nichts bekannt. Danach aber sah man Fräulein Liebe nicht mehr an Roswitas Bett.

Roswita beschwerte sich darüber bei Schwester Christa. »Warum kommt Fräulein Liebe nicht mehr? Mein Vater merkt doch gar nicht, wenn sie mich besucht.«

Christa holte tief Luft und schwieg.

»Wird immer schwieriger mit dem Herrgott und dem Stift«, sagte Christa zu ihrem Mann. »Wann müssen wir auch noch die Kreuze von den Wänden nehmen und die Bibeln aus dem Nachttisch?«

»Das Marienstift ist und bleibt christlich«, antwortete Max. »Haben wir die Nazis überstanden, werden wir die DDR auch aushalten.«

»Ihr Pfarrer habt es leichter als wir«, meinte Christa vieldeutig. »Eure Talare sind wie schwarze Rüstungen. Wir anderen haben so was nicht. Mit uns können sie machen, was sie wollen.«

FRIEDENSFAHRT   Das Jahr 1968 ließ auch die Leute vom Stift hoffen. Ein demokratischer, menschlicher Sozialismus schien unverhofft denkbar.

Der Seelsorger Max Katt ging lächelnd den kurzen Weg von der Klinik hinüber zur Wachsenburgallee. Der grauhaarige Mann summte vor sich hin wie ein Hippie. »Good day sunshine«. Er hatte das Lied aus dem Radio eines Patienten im Ohr. Es passte. Die Maisonne wärmte das Land. Gleich hinter der Marienstiftsmauer am Straßenrand herrschte Jubel. Arnstädter Sportenthusiasten und die Sportsfreunde aus dem Marienstift standen

Schulter an Schulter an den Bordsteinen. Die Armlehnen der Rollstühle waren begehrte provisorische Sitzplätze. Es konnte kein Zufall sein, dass es unaufhörlich aus der Menge trötete und toste. Der staatliche Handel musste Arnstadt zur Friedensfahrt mit einem großen Kontingent an Tröten versorgt haben. Die Radsportfreunde nutzten sie ungehemmt. Jedes vorbeifahrende Auto wird mit Applaus und Lärmen begrüßt. Noch sind es nur Kleinbusse und Kräder – die Vorhut des kommenden Fahrerfeldes. Bald aber werden die Helden der Landstraße Arnstadt passieren. Die Friedensfahrt von Berlin über Prag nach Warschau führte 1968 durch Arnstadt, direkt vorbei am Marienstift.

»Peschel! Peschel!«, rufen jetzt schon die Kinder aus dem Heim, so als wollten sie den Namen schnell noch üben. Peschel ist der Held der Saison. Peschel wird siegen. Da sind sie sich sicher.

»Berlin, Prag, Warschau. Vielleicht dazu noch Budapest. Wenn es da wirklich überall Frühling wird, muss der russische Winter nach Moskau zurück. Es atmet sich jetzt schon leichter. Man möchte am liebsten laut mittröten!« Pfarrer Max Katt hatte sich neben den Direktor gestellt und lächelte ihm freimütig ins Gesicht. Er wusste, dass der Mann seine Hoffnungen teilte.

»Ihr Kurzurlaub in Prag zeigt Wirkung, Bruder Katt. Drei Tage in der goldenen Stadt und Sie reden in poetischen Bildern. Hat Sie der demokratische Sozialismus infiziert?« Max lächelte.

Der Direktor schien die ungetrübte Freude seines Klinikseelsorgers aber nicht zu teilen. »Ehrlich gesagt, ich mach mir meine Gedanken um Dubček. Wie lange wird der Russe noch stillhalten? Haben Sie unseren 17. Juni vergessen?«

Wieder fuhr ein Barkas mit Friedensfahrtbemalung über die Allee. Wieder brandete Jubel auf.

Als es etwas ruhiger wurde, redeten die Herren weiter. »Herr Direktor. Ich habe es mit eigenen Augen gesehen. Die ganze Tschechoslowakei tanzt. Sie diskutieren in Cafés und in der Presse über den menschlichen Sozialismus von Morgen. Alles beginnt neu. Ich habe das immer heimlich gehofft. Damals schon in Göttingen, als ich studierte. Demokratie und Sozialismus gehören zusammen. Das werden die Russen lernen. Und wenn das bei uns damit los geht, wird sich auch das Stift verändern. Öffnen.«

Es wurde laut an der Straße. Die ersten Fahrer rollten vorbei.

»Hören Sie das?«, schrie Katt dem Direktor ins Ohr. »Wenn Sie von etwas Gutem begeistert sind, werden alle Menschen gleich. Das Schweigen und Lügen wird aufhören. Die Betonköpfe treten ab.«

Leicht herablassend legte der Direktor dem älteren Pfarrer die Hand auf die Schulter. Im Jubelgeschrei ging ihr Gespräch unter.

Nun kam das Hauptfeld. In Windeseile rasten die Radfahrer durch die Stadt. Ob auch nur einer von ihnen die Leute aus dem Stift bemerkte, war sehr fraglich. Wahrscheinlich hatten sie genug damit zu tun, den Schlaglöchern der Wachsenburgallee auszuweichen.

»Täve! Täve!«, riefen einige Radsportfreunde.

Schon war die Friedensfahrt vorbei. Den nachfolgenden Polizeiwagen jubelte die Menge nicht mehr nach.

»Wo war denn nun der Peschel?«, fragte eine enttäuschte Rollstuhlfahrerin. Sie hatte ihren Rollstuhl mit Papierfähnchen geschmückt. Das Schmücken hatte hundert Mal länger gedauert als die Vorbeifahrt der Athleten.

»Ich habe ihn nicht gesehen«, antwortete ihre Freundin. »Bestimmt irgendwo mittendrin.«

»Aber der Täve fuhr vorneweg. Täve fährt immer vorneweg«, sagte ein anderer.

»Quatsch«, widersprach das Mädchen im Rollstuhl. »Täve fährt gar nicht mehr mit.«

»Glaub ich nicht.« Der Täve-Rufer will seinen Irrtum nicht zugeben. »Täve gewinnt die Friedensfahrt immer. Das ist jedes Jahr gleich und wird sich nie ändern.«

Max Katt hörte den Streit der Kinder mit und dachte: »Wäre wirklich schlimm, wenn der Täve-Freund am Ende Recht behält.«

Der Frühling 1968 wechselte mit dem Sommer und schließlich dem Winter. Der demokratische Sozialismus Dubčeks wurde unter den Stiefeln der Brudervölker zertreten. Mit Jan Palach verbrannte die Hoffnung auf Menschlichkeit auf dem Prager Wenzelsplatz. Christa und Max Katt erfuhren von der Selbstverbrennung des Tschechen aus der Tagesschau.

»Manchmal ist es schwer zu ertragen, dass du immer

Recht behältst«, sagte Max zu seiner Frau. Das war kein Vorwurf. Er sagte das, so wie es war. »Immerhin konnte ich im Frühling ein paar Wochen lang hoffen. Du leider nicht.«

IM NETZ Die Klinik im Jahr 1971: 160 Betten, 753 OPs, 1.770 Patienten, 25 körperbehinderte Jugendliche in Berufsausbildung, 60 Schüler in der Sonderschule.

Man lud Alice Katt zu einem Gespräch, nachdem ihr die Ablehnung des Studienwunsches Medizin auch offiziell ohne Bedauern mitgeteilt worden war. So war der Boden bereitet. Alice Katt, die wegen ihrer ausgezeichneten Abiturnoten auf den Studienplatz fest gerechnet hatte, nahm selbstbewusst den Termin als gutes Zeichen. Die Neunzehnjährige arbeitete schon ein Jahr im Stift, um die Wartezeit auf den Studienplatz zu überbrücken. Alice war sich ihrer Gaben bewusst. Die DDR konnte doch auf begabte Menschen wie sie nicht verzichten, selbst wenn es Pfarrerstöchter waren!

Das Zimmer, in dem das Gespräch stattfinden sollte, lag im großen, grauen Hochschulgebäude ganz oben und ganz hinten am Gang. Alice fand es nicht sofort. Ein karg möblierter Raum. Ein Tisch, zwei Stühle, das bekannte Portrait des Staatsratsvorsitzenden an der weiß getünchten Wand. Als sie eintrat, blickte der Mann hinter dem Tisch kaum auf. Die Akte vor ihm schien seine ganze Aufmerksamkeit zu fordern. Sich unaufgefordert zu setzen, wagte Alice nicht.

»Fräulein Katt?« Der Mann hob seine Stimme als müsse er ihren Namen erfragen.

Alice erinnerte sich später nicht, wie er ausgesehen hatte. Sie wusste nicht, ob sein Haar dunkel oder grau gewesen war. Sie wusste nicht, ob er einen Anzug getragen hatte oder im Hemd dasaß. Nur seine drohende Stimme vergaß sie nicht. Er drohte, egal was er sagte. Mit einem Wink befahl er Alice, sich zu setzen. Danach fragte er ihre Lebensdaten ab und verglich akribisch das, was sie sagte, mit den Eintragungen in der Akte vor ihm.

»Wie haben Sie das vergangene Jahr zugebracht? Gingen Sie einer geregelten Arbeit nach?«

Von ihrem mitgebrachten Selbstbewusstsein war Alice nichts geblieben. Sie hatte Angst. War sie eben noch die überdurchschnittliche Abiturientin, der man aus Dummheit den Studienplatz verweigert hatte, saß sie jetzt wie eine Beschuldigte da, fürchtete Erniedrigungen und Schläge. Alice war noch keine drei Minuten mit dem Mann alleine.

Man hatte Alice nach dem Abitur sehr verbindlich angeraten, für ein Jahr in die Produktion zu gehen. Nur am Fließband konnte eine wie sie der Arbeiterklasse Verlässlichkeit beweisen. Alice hatte den Rat nicht befolgt. Sie war nicht in die »Chema« oder in die »Gelenkwelle« nach Stadtilm gegangen. Sie wollte Ärztin werden, keine Ingenieurin. Ihre Eltern besorgten ihr passende Arbeit im Stift. Sie wurde Stationshilfe in der Klinik. Manchmal durfte sie als Letzte im Tross der Visite dem Chefarzt von Bett zu Bett folgen und »was lernen«, wie der Chefarzt sagte. Manchmal zeigte der Arzt der Tochter von Schwester Christa die interessantesten Fälle persönlich.

»Ich arbeite jeden Tag auf Station im Marienstift. Da kann ich mich am besten auf mein Studium vorbereiten«, sagte Alice.

»Mein liebes Fräulein. Aus Ihnen wird nur eine Ärztin, wenn wir es gestatten. Und Ihre Ärzte da in Ihrem Stift dürfen froh sein, dass wir dieses kirchliche Treiben dulden. Einrichtungen wie die Klinik der Diakonie braucht es in unserem sozialistischen Gesundheitssystem eigentlich nicht. Wir versorgen unsere Menschen selber. Da lässt Sie unser Staat kostenfrei das Abitur ablegen – in anderen Ländern muss man dafür Schulgeld zahlen, wie Sie hoffentlich wissen – und Sie scheuen den Kontakt zur Arbeiter- und Bauernklasse. Halten Sie sich wirklich für reif, eine Ärztin in unserer sozialistischen DDR zu werden?«

Auf das gestanzte Gerede des Mannes glaubte Alice antworten zu können. Das hatte sie in der Schule oft genug getan. Sie behauptete, die Möglichkeiten des Arbeiter- und Bauernstaates zu schätzen, und verurteilte die kapitalistische Klassenherrschaft in der BRD. Ihre Sätze kamen wie aus der Pistole.

Der Mann sah auf. Vielleicht war da ein Lächeln um seinen Mund. Jedenfalls war er mit der Antwort zufrieden. Mehr wollte er von Alice Katt gar nicht hören. »Was ist Ihr Berufswunsch, Fräulein Katt?«, fragte er.

»Ich will Orthopädin werden«, antwortete Alice.

»So«, sagte der Mann, »wahrscheinlich im Marienstift? Nächstenliebe, christliche Nächstenliebe zum Wohl unserer Menschen. Richtig?«

»Ja.«

»Das Wohl unserer Menschen steht über allem. Da arbeiten wir Hand in Hand mit denen, die guten Willens sind. Aber verlässlich müssen Ärzte sein. Die Verlässlichkeit ist von hoher Bedeutung. Nachdem Sie das Jahr in der Produktion umgingen, sollten Sie auf andere Weise Ihre Verlässlichkeit unter Beweis stellen. Wenn Sie das tun, werden wir Wege finden, damit Ihr Berufswunsch und die Bedürfnisse unserer sozialistischen Ordnung in Einklang gebracht werden können. Sie bewegen sich in Kreisen des Marienstiftes, die unserer sozialistischen Ordnung zumindest distanziert gegenüberstehen. Befreundet sind Sie mit fragwürdigen Subjekten. Da täten Informationen zum besseren Verständnis allen gut. Allen, ich betone allen.«

Alice begriff, dass der Mann von Ulrich Gärtner redete, ihrem, mal mehr und mal weniger festen Freund. Ulrich arbeitete im Jugendheim des Stiftes und wartete auf seine Einberufung zu den Bausoldaten. Ulrich entsprach dem oppositionellen Typ: lange Haare, Gitarrenspieler, Raucher. Kontakte zur Berliner Szene. Letzteres machte ihn in der Arnstädter Provinz besonders interessant. Ihr Verhältnis zu Ulrich Gärtner irritierte auch im Gleichbrücker Pfarrhaus. Es kostete Alice Kraft, zu behaupten, sie wisse nicht, welche »Kreise« der Mann hinter dem Schreibtisch meine.

Der Mann ließ die offensichtliche Lüge unwidersprochen im Raum. Er hatte Alice Katt längst, wo er sie haben wollte. Für ihn war es Zeit, dem Mädchen Erlösung anzubieten, und er kam nun schnell zur Sache. Schon lag eine Verpflichtungserklärung für Alice Katt unterschriftsbereit auf dem Tisch. Dazu einige wenige Hinweise: Im Umkreis des Marienstiftes wäre sie nicht die Einzige, der der Frieden am Herzen läge. Ihr Hauptaugenmerk hätte sie auf alle staatsfeindlichen Geschehnisse in den Heimen und im Freundeskreis zu richten und darüber vollständig zu berichten.

»Unterschreiben Sie sofort, können Sie noch im Herbst mit dem Studium beginnen.«

Alice Katt unterschrieb nicht sofort. Sie hatte vom Teufelspakt bei Bulgakow und Goethe gelesen und war weder naiv noch dumm. Und der Mann hatte damit gerechnet. Er hatte alle Zeit der Welt, seinen Fang einzufahren. In professioneller Weise ließ er die Züge seines Gesichtes versteinern. Dann gab er einen verbindlichen zweiten Termin in anderthalb Wochen vor. Würde sie über dieses Gespräch reden, schloss er Bestrafung nicht aus. Dann legte er Alice Katt ein vorbereitetes Protokoll vor und sie unterschrieb diesen Text ohne ihn gelesen zu haben.

Bis zum Nachtdienst, zu dem Alice Katt eingeplant war, waren es noch Stunden. Zeit genug, wie benommen durch die Bezirksstadt zu laufen, im Zug nach Arnstadt die Landschaft vorbeiziehen zu lassen und in der Wohnung zu sitzen, ohne einen klaren Gedanken zu fassen. Dann ging sie in die Klinik. Ihre Arbeit auf Station tat sie korrekt. Sie leerte die Schieber, richtete Betten, schob die Rollstühle, maß Fieber und schmierte Brote zum Frühstück, als es Morgen wurde. Alles nach Plan. Alles, wie man es von einer Hilfskraft erwartete. Mit den Patienten und Schwestern redete Alice über das Wetter.

Bis heute hatte Alice keine wirklichen Probleme gekannt. Selbst die erste Ablehnung ihres Studienplatzes hatte das Mädchen wie einen sinnvollen Aufschub genommen, bevor der Ernst des Lebens begann. Nun aber bedrohte ein Stasimann ihr Leben, stellte alles in Frage, was wichtig war, und erpresste sie mit ihrem Ehrgeiz und ihren Träumen. Die Alternative war klar: entweder Ärztin und Spitzel oder Stationshilfe für den Rest des Lebens. Mit ihrer Großmutter hätte Alice reden können. Mit ihr ja. Doch seit Marie Katt gestorben war, machte die Enkelin vieles nur noch mit sich selber aus. Manchmal sah Alice die alte Frau vor sich, wie sie am Fenster saß. Großmutter Marie, die immer zuhörte und nie aufhörte, gütig zu lächeln.

Als Alice am anderen Morgen nach Schichtschluss das Pfarrhaus in Gleichbrück betrat, wartete ihre Mutter auf sie.

»Wie war es gestern in Erfurt?«, fragte Christa ihre Tochter. »Was ist los? Stimmt was nicht?« Christa Katt sah, dass nichts stimmte. Die besorgte Mutter wollte verständnisvoll sein, konnte ihren Ärger aber nicht unterdrücken. Alice wollte keinen mütterlichen Rat. Alice war eine schwierige Tochter und Christa eine beleidigte Mutter. »Sie nehmen dich also nicht.«

Alice drückte trotzig ihre Zigarette in einem Blumentopf aus. »Er sagt, ich hätte mich vor der Bewährung gedrückt. Als Pfarrerstochter hätte ich in die Produktion gehen müssen, um mir ihr Vertrauen zu erwerben.«

»Eine Unverschämtheit. Also endgültig abgelehnt?« Christa wollte die Tochter in die Arme nehmen. Alice wich ihr aus.

»Weiß noch nicht. Ich muss nächste Woche noch mal hin.« Sie nickte ihrer Mutter zu, als hätte sie es eilig, verschwand in ihrem Zimmer und ließ Christa trostlos stehen.

In den folgenden Tagen und Nächten kam Alice nicht nach Hause. Ungewöhnlich war das nicht. Dennoch machte sich ihre Mutter Sorgen und schickte der Tochter den Vater nach. Max Katt kam Alice immer noch näher als sie.

Der Vater passte seine Tochter auf dem Stiftsgelände ab. Es war sein Krankenhausseelsorgetag. In all den Jahren hatte sich dieser Termin pro Woche erhalten. Er wartete vor dem Ausgang der Klinik. Sie konnte an ihm nicht vorbei.

»Warum redest du nicht mit uns, Alice? Wenn sie dich wieder abgelehnt haben, werden wir einen anderen Weg für dich finden. In diesem Land geht es nun mal nicht nach Leistung oder Recht. Da kannst du doch nichts dafür. Und wenn du doch Theologie..., da würdest du einen Platz an der Uni bekommen oder du studierst an einer kirchlichen ...«

»Vergiss es, Papa.«

Mehr sagte Alice nicht und Max bereute, schon wieder vom Theologiestudium gesprochen zu haben. Er kannte Alices Meinung dazu zur Genüge. Sie gingen miteinander über den Hof. Katt hoffte, seine Tochter endlich mit nach Hause nehmen zu können, irrte sich aber.

»Weißt du, was die Leute hier reden?«, fragte Alice unvermittelt.

»Was?«

»Die Leute sagen, hier im Stift wären fast alle korrupt. Mehr Stasi als Christen. Die einen reisen ständig dienstlich in den Westen und die anderen tun mit den Genossen dicke.«

»Wer so was sagt, hat keine Ahnung oder er will uns damit schaden«, antwortete Katt. Eine gewisse Unsicherheit in seiner Stimme war nicht zu überhören.

»Kennst du das Lied von Biermann ›Die hab ich satt‹. Kennst du das?«

Max kannte es, hätte vielleicht sogar den Text hersagen können. Max ahnte, Alice könne auch ihn satthaben, ihn, das Stift und die ganze Welt dazu.

Er sagte: »Ich weiß nicht genau, wovon du sprichst, aber das Leben in diesem Land ist kompliziert. Irgendwie müssen sich alle arrangieren mit dem System. Hier im Stift wie überall. Wir könnten sonst unsere Arbeit nicht tun.« Max ordnete seine Gedanken. »Irgendwie geht es doch allen gleich. Weißt du noch, wie du damals unbedingt Pionier werden wolltest? Heute kannst du das bestimmt nicht mehr begreifen. Man muss sich trotz allem den Glauben bewahren. Das geht schon, wenn man sich bemüht.«

»Ich weiß, Vater. Du fährst nächste Woche nach West-Berlin. Auch nicht schlecht.«

»Jetzt bist du ungerecht, Alice. Warum müssen wir so miteinander reden?«

»In diesem Land kann niemand sauber bleiben«, sagte Alice und ging ihrer Wege.

Max ahnte nicht einmal, was in seiner Tochter vor sich ging.

Es war Samstag. Alice Katt fuhr per Anhalter nach Leipzig zum Konzert. Sie war alleine unterwegs. Auch als sie angekommen war und in der Schlange vor der Saaltür stand, hielt sie sich von allen Bekannten und Freunden fern. Erst als die Tanzfläche vor der Bühne voller Leute war, ging sie nach vorn, um den Lautsprecherboxen so nah wie möglich zu sein. Dann überließ sie sich der Musik. Sie war hier, um zu schweben, flog nun wie der Vogel, von dem sie auf der Bühne sangen, und vergaß sich endlich, vergaß sich und das ganze verdorbene Land.

»Geht's dir nicht gut?«, gegen den Lärm der tobenden Menge brüllte jemand Alice die Frage ins Ohr und zwang sie, die Augen zu öffnen. Tim stand vor ihr. Er schien sich um sie zu sorgen. Tim, der sportliche Riese. Tim, der Krankengymnast mit dem Gesicht eines Schauspielers. Tim, über den man im Marienstift oft und vielerlei sprach. »Hast wohl zu viel getrunken?«

Alice widersprach ihm verlegen.

Tim hatte in Leipzig einen Platz zum Schlafen. Ein eigenes Zimmer. Bei ihm verwunderte das nicht. Man sagte, solche Plätze hätte Tim in der ganzen Republik. »Wenn du willst, kannst du hier übernachten«, sagte Tim, als wäre es selbstverständlich. Alices Leben wendete sich sowieso. Warum sollte sie das Angebot nicht annehmen?

Dann saßen sie in dem Zimmer. Tims Musik war nicht anders als ihre. Tims Rotwein nicht herber als der, den sie trank, und als er die Situation nicht ausnutzte, fing sie an, Tim zu vertrauen. Sie musste reden und besser mit einem wie Tim als mit denen, die sie zu gut kannten.

Sie lagen nebeneinander und rauchten.

»Im Stift gehst du mir aus dem Weg«, sagte Tim.

»Ich habe einen Freund. Da renne ich dir nicht nach.«

»Davon rede ich nicht. Ich glaube eher, ihr haltet euch alle für was Besseres, ihr Pfarrerstöchter.«

Alice wandte sich ab und überlegte zu gehen. Obwohl Tim wie sie im Stift arbeitete, wusste sie eigentlich gar nichts von ihm. Hier neben dem fremden Kerl zu liegen, war Irrsinn. Mit offenen Augen wartete Alice auf den Morgen.

»Wie ist das mit euren Hippiegefühlen?«, fragte Tim plötzlich. Auch er schlief nicht. »Ich frage mich ernsthaft, was jemand wie du oder dein Freund über einen wie mich denkt. Ihr gammelt und betet und rettet die Welt. Ich mache meine Arbeit, ohne zu beten. Ihr haltet mich für 'nen Spießer oder Spitzel oder beides zugleich, oder? Was will einer wie ich wohl in eurem heiligen Kirchenkrankenhaus? Hast du dir das schon mal überlegt? Gib zu, du hältst mich für ein Trojanisches Pferd?«

»Du kennst dich aus in der Sagenwelt?«

»Und wenn ich so wäre wie das Holzpferd? Glaubst du, ich hätte was gegen dich gesagt? Glaubst du, einer wie ich würde immer machen, was die wollen und wünschen?«

»Gibst du gerade zu, dass du bei der Stasi bist?«

»Du hast eine Chance auf Medizin, hab' ich gehört. Denkst du, man hätte dich noch mal gefragt, wenn es keine günstigen Informationen über dich gäbe?«

Alice schlug das Herz bis zum Hals. Nur weil der Morgen graute, verlor sie nicht die Fassung. Sie war schon mittendrin in dem Netz.

»Weißt du, Alice, die Guten und die Bösen sind nicht so

leicht zu unterscheiden, wie ihr immer denkt. Was könnte eine Ärztin wie du alles Gutes tun!«

Am Sontag fuhr Alice mit Tim zurück nach Arnstadt. Sein Trabant war nicht neu, aber besser als die meisten, die über die Schlaglöcher rollten. Als Tim und Alice sich später auf dem Gelände des Stiftes begegneten, grüßten sie einander nur flüchtig und dennoch war Tim sicher, seinen Auftrag erfüllt zu haben.

SAND UND SEE   Das Stift im Jahr 1976: 234 Mitarbeiter, Neubau des Kinderheims, 70 Kinder, 30 Lehrlinge mit körperlichen Einschränkungen.

Sie fuhren schon zwei Stunden von Heringsdorf südwärts über das holprige Mecklenburger Pflaster.
   Max Katt holte seinen Sohn Manfred von der Behindertenfreizeit an der Ostsee ab. Manfred, fast siebzehn Jahre alt, hatte ehrenamtlich im Heringsdorfer Heim als Helfer gearbeitet. Er hatte sich über den Willen seiner Eltern hinweggesetzt. Der Junge versäumte Schulzeit, obwohl das Abitur bevorstand. Man hatte einen Kompromiss gefunden. Damit der Sohn wenigstens nach einer Woche pünktlich heimkehrte, holte sein Vater ihn persönlich von der Ostsee ab. Eine Woche versäumte Schulzeit war irgendwie zu entschuldigen. Mehr ging nicht, wenn Manfreds Abitur ein realistisches Ziel bleiben sollte. Dass der Pfarrerssohn die Erweiterte Oberschule besuchen durfte, war sowieso nur Glück oder der heimlichen Nachsicht eines heimlichen Christen in der Verwaltung zu verdanken.
   Manfred sah das alles ganz anders. Für ihn war es sinnlos, für das Abitur alles mitzumachen, was der verlogene Staat verlangte. Manfred Katt würde niemals zu Kreuze kriechen! Er war fromm und entschieden und fast siebzehn Jahre alt. Manfred wollte mit dem Gottvertrauen, das sein Vater jeden Sonntag von der Kanzel predigte, jetzt und nicht erst irgendwann Ernst machen. Das war seine Art, frei zu sein. Nächstenliebe und Gottvertrauen. Da konnte ihn die Schule und die ganze vernagelte

DDR mal am Arsch ... Sein Vater, der bezahlte »Berufschrist«, verstand scheinbar gar nichts.

Ging es Manfred nicht um die Behinderten? Sagte Jesus denn, mach erst mal Abitur und hilf ihnen danach? Was wurde aus seinen Rollifreunden, nachdem sie das Stift verließen und in die Altenheime abgeschoben wurden? Den Behinderten musste man beistehen. Sie waren die »Nächsten«! Das hatte Sinn. Das wollte der Herrgott!

Es war früh im September. Spätsommerliche Schwüle lag über dem Land, das so klein war, dass es von Norden bis Süden nur ein einziges Wetter gab. Der Diensttrabant von Pfarrer Katt, himmelblau gespritzt, knatterte beharrlich dahin. Die Stoßdämpfer taten ihr Bestes. Vater und Sohn schwiegen brütend vor sich hin. Das Schweigen zu brechen, war die Aufgabe des Vaters, hatte er doch seinen Sohn fast gewaltsam aus dem Heim in Heringsdorf gerissen.

»Junge, ich weiß ja, dass es einmalig ist, was ihr mit der Behindertenrüste leistet. In der ganzen DDR gibt es keine Anstalt, die so was auf die Beine stellt. Und ohne euch freiwillige Helfer ginge das alles gar nicht.«

»Und du holst mich da raus«, antwortete Manfred.

»Seid ihr nicht genügend Leute? Gab's denn Probleme?«

»Nein. Und wenn, hättest du mich dann gelassen, wo ich war?«

Manfred zog eine Musikkassettte aus der Tasche und schob sie in das Autoradio. Chaos ergoss sich lautstark in die Fahrgastzelle. Der Sohn des Pfarrers war sicher, dass Frank Zappas Gitarre ihre Wirkung nicht verfehlen konnte. Sein Vater hielt es fast fünf Minuten aus. Dann erst drückte er den Ausschaltknopf. Zur Musik kam über seine Lippen kein Wort.

»Wie schiebt ihr eigentlich jeden Tag die Rollis durch den Sand?«, fragte Max Katt etwas scheinheilig.

»Wie wohl? Mit aller Kraft eben. Und am Abend geht's noch einmal raus ans Feuer zu Stockbrot und Gesang. Das interessiert dich doch nicht wirklich?« Der Vater fühlte sich durchschaut. »Jetzt frag mich nur noch, ob es mich ekelt, den Gelähmten den Arsch zu putzen?«

»Und, wie sehr ekelt es dich?«

»Es muss eben sein. Dazu braucht man kein Abitur.«

Eigentlich bewunderte Max Katt seinen Sohn. Manfred erinnerte ihn jeden Tag an seinen Vater. Frieder Katts Enkelsohn war bewundernswürdig und unerträglich zugleich.

»Wie kam Bastian zurecht? Konnte er dieses Jahr ins Wasser? Wer betreut den Jungen jetzt?«

Bastian war ein mehrfach behinderter Achtzehnjähriger. Mit ihm reden konnte fast niemand außer Manfred, auch wenn der mehr erriet, was Bastian sagte, als dass er ihn verstand. Manfred berichtete genau, wie Bastian in Heringsdorf zurechtkam. Durch den Sand wurde er getragen. Das Baden im kühlen Wasser wollte erst niemand erlauben, dann aber wollte Bastian nicht mehr aus den Wellen heraus. Zwei Helfer wichen ihm nicht von der Seite. Lange und traurig hatte Bastian einem Mädchen im Bikini nachgesehen. Da vermochte auch Manfred nicht zu helfen.

Auf der Autobahn in Höhe des Berliner Rings ging die Fahrt endlich schneller voran. Mit neunzig rollte der Trabant dahin. Max Katt ging es nun fast zu schnell, denn die rare Gelegenheit, mit dem Sohn ernsthaft zu reden, verfloss mit jedem Kilometer.

Bei Potsdam fing der besorgte Vater das entscheidende Gespräch endlich an. »Weißt du, Manfred, immer wenn ich dich sehe, denke ich an deinen Großvater Frieder.« Der Sohn ahnte, was kommen musste. »Mein Vater war wie du. Jedenfalls mit seinem sturen Kopf. Nach dem Ersten Weltkrieg kam er wie ein Prophet nach Hause. Zerschossen und verwundet bis auf die Seele. Da kannte er nur noch Entweder-oder. Als wäre das so einfach. Gott oder Teufel. Im nächsten Krieg war ich. Ich ging als kleiner Nazi rein und Gott hat mich trotzdem bewahrt. Eigentlich unglaublich. Wenn das Entweder-oder für mich gegolten hätte, hätte ich an der Front verrecken müssen. Verstehst du, was ich meine?«

»Nein«, antwortete Manfred.

»Ich meine, so einfach und klar ist das nicht. Gott ist gnädig.«

»Was hat mein Abitur damit zu tun?«

»Gar nichts. Du hast ja Recht. Ich meine nur, dass Gott nicht so radikal ist, wie du meinst. Dein Großvater kam mit der Welt nicht mehr aus, als er aus dem Ersten Weltkrieg kam. Deine Großmutter hatte mit ihm viel auszustehen. Mir erging es viel besser nach der Gefangenschaft in Frankreich. Sonst würde mich deine Mutter nicht geheiratet haben. Man muss sich mit der Welt und sich selbst arrangieren. Das will ich dir sagen. Das musst du auch in diesem Land. Also, was ich dir sagen will: Mach erst dein Abitur, ehe du ganz zu den Behinderten gehst. Du musst leben und arbeiten und was dann später wird, wissen wir alle nicht. Studiere Theologie! Probiere es erst mal aus! Als Pfarrerssohn, hast du sowieso kaum eine andere Wahl.«

»Was willst du von mir?«, fragte Manfred und schien mit seiner Geduld am Ende.

»Provoziere deine Lehrer nicht, spiel ein bisschen mit, sag, was sie hören wollen, und denke dir, was du willst. So machen es alle. Und wenn sie wissen, dass du in die Theologie gehen willst, lassen sie dich in Ruhe. Dann interessiert sich keiner mehr für dich und du kommst irgendwie durch.«

Nun hatte Max alles gesagt, was er seinem Sohn sagen wollte. Gab es zur väterlichen Vernunft irgendeine Alternative? Für Manfred schon. Manfred schob die Zappakassette zurück in das Gerät. »Don't you eat that yellow snow«, sang der Künstler und Manfred musste laut lachen, weil er zum ersten Mal den Sinn des Stücks verstand.

Zehn Kilometer später.

»Weißt du, was mein Kompromiss mit diesem verlogenen System hier ist? Ich werde nicht über die Grenze gehen und mich am Zaun erschießen lassen. Das sind sie hier nicht wert. Aber heucheln wie ihr alle, werde ich nicht.«

Der Junge genoss den Schrecken, den er seinem Vater bereitete.

In der Ferne leuchteten die Leunaer Chemieanlagen. Feuer standen in der Luft. Das Land um Leuna herum war grau und gelb. Rußiger Dreck flog an die Windschutzscheibe. Die Wischer schmierten ihn breit.

»Das ist doch alles krank hier«, sagte Manfred. »Die haben nicht nur an den Behinderten kein Interesse, die machen auch das Land kaputt. Umweltschutz kennen die nicht mal als Fremdwort.«

»Oder willst du dich nur vor den Prüfungen drücken?«, wandte der Vater zögerlich ein. »Deine Schwester hat es doch auch geschafft.«

»Alice? Wundert ihr euch nicht über Alice? Studium, Blauhemd, CDU?«

»Und was willst du machen? Was machst du – anders?«

»Ich gehe zu den Bausoldaten und werde Diakon bei der Kirche. Ich bleibe im Stift, im Heim. Tradition, Vater! So wie Großmutter Marie und Großvater Frieder, wie Mutter und du. Daran kann nichts falsch sein.«

»Nein«, sagte Max Katt.

»Die machen das richtig gut im neuen Heim. Sie versuchen es wenigstens. Leben, glauben, arbeiten, pflegen, üben. Das ist kein Heim mehr, keine Anstalt, sondern wie ein Zuhause. Und da werde ich dabei sein. Und dein großartiges Studium brauche ich dafür nicht.«

Der Vater wusste nichts mehr zu sagen. Sein Sohn hatte einen Lebensplan. Was konnte ein Vater sich Besseres wünschen?

Manfred suchte nach moderateren Tönen im Radio. Frank Zappa musste schweigen. Die Lage im Auto entspannte sich und als sie die Arnstädter Kirchtürme sahen, wussten beide, dass Manfred seinen Willen bekommen würde. Nur der Mutter musste das alles noch vermittelt werden.

Die eigentliche Überraschung dieses Tages erlebte Max Katt erst am späten Abend. Max erklärte Christa vorsichtig, dass Manfred sich entschieden hatte, »Pflegeerzieher« zu werden.

»Ich denke, unser Sohn will kein Heuchler werden wie ich? Er hält uns wohl für gespaltene Persönlichkeiten.« Max meinte damit so maßlos übertrieben zu haben, dass es wie ein Witz ankam. Christa aber lachte nicht.

»Der Junge will eben keine halben Sachen«, antwortete sie. »Er sieht nicht nur wie dein Vater aus. Kennst du das mit dem richtigen Leben im falschen? Manche meinen, das gibt es nicht, das Richtige im Falschen. Wir aber lügen uns hier jeden Tag durch.« Bald 25 Jahre waren Max und Christa miteinander verheiratet und die vertriebene Ostpreußin überraschte ihren Mann noch immer.

»Wenn da ein Herrgott im Himmel ist, warum machen wir uns dann eigentlich Sorgen?«, sagte Max. Den Satz ließ Christa unwidersprochen stehen.

MUTTER-KIND-RÜSTZEIT

1979. »Wir sollten Martina hier bei uns leben lassen«, sagte Max Katt, seufzte und winkte dem Auto nach. »Wir nehmen sie jeden Tag mit ins Stift zur Hilfsschule. Eine bessere als unsere Schule wird Alice für die Kleine auch in Berlin nicht finden, und mit Martina wird alles so wie damals mit meiner Schwester Greta. Ist wohl unser Schicksal, ein behindertes Mädchen in der Familie zu haben. Und am Ende ist es kein schweres Schicksal, sage ich. Alice kann arbeiten. Wir kümmern uns um die Kleine. Was ist schlecht daran?« Der Großvater schwenkte immer noch sein kariertes Taschentuch. Ob er sich damit lächerlich machte oder nicht, war ihm egal. »Andere geben ihre behinderten Kinder ins Kinderheim, weil sie dort die beste Förderung bekommen. Warum nicht auch unsere Martina? Und ihr Onkel Manfred ist ja auch noch da. Was ist schlecht daran?«

»Nichts«, antwortete Christa, »gar nichts.«

Die Großeltern winkten einem Skoda nach, der mit ihrer Enkelin Martina, ihrer Tochter Dr. Alice Katt aus Berlin und ihrem Sohn Manfred zum Dorf hinausfuhr.

Das Auto war fort. Die Großeltern standen noch immer auf der Straße.

»Sie hat es dennoch schwer«, sagte Christa leise und meinte Alice. Nicht einen Tag hatte Christa Katt aufgehört, sich um ihre Tochter Sorgen zu machen, auch wenn die sich heute Frau Doktor nennen durfte. »Alleine mit dem behinderten Kind in der großen Stadt. Weißt du noch? Dass Martina nicht wie andere Kinder ist, hat Alice trotz Studium zuallerletzt begriffen. Wir erkannten Gretas Augen, Alice nicht.«

Max wusste es gut. »Aber ihr Kerl, der Herr Vater, sofort weg. Ein Halunke, dieser Genosse. Wenigstens zahlt er für Martina.«

»Der hat es nicht geschafft mit der Verantwortung.«

»Willst du den Kerl verteidigen? Ich denke, er ist Wissenschaftler. Ein schöner Wissenschaftler muss das sein.« Bei diesem Thema verlor Max Katt regelmäßig seinen christlichen Gleichmut.

»Ich bin eigentlich froh, dass er von unseren Mädchen weg ist«, sagte Christa.

Endlich gingen sie zurück ins Pfarrhaus. Die Nachbarn standen hinter den Gardinen und machten sich ihre eigenen Gedanken über die Verhältnisse im Gleichbrücker Pfarrhaus.

Alice steuerte den Skoda. Der Wagen gehörte ihr, Frau Dr. Alice Katt, Orthopädin aus Berlin-Weißensee. Von dort war sie mit ihrer Tochter angereist, hatte den Bruder aus Gleichbrück abgeholt und nun fuhren sie gemeinsam nach Wernshausen. Alice hatte sich nach langer Überlegung dazu entschlossen, mit Martina die Rüste des Marienstiftes zu besuchen. Zwei Wochen für behinderte Kinder und ihre Eltern. Man führte die Rüste jährlich in einem Heim in Wernshausen an der Werra durch. Manfred hatte wie immer alles organisiert. Erziehungspfleger Manfred Katt gehörte zum festen Stamm dieses DDR-weit einzigartigen Angebotes des Marienstiftes. Selbstverständlich war das alles nicht. Zum ersten Mal gab Dr. Alice Katt zu, dass auch sie Hilfe brauchte.

Martina und ihr Onkel kamen wie immer gut miteinander aus. Manchmal lachten sie so laut durchs Auto, das Alice sich die Ohren zuhalten wollte. Mit wohltuender Selbstverständlichkeit gingen Manfred und Martina miteinander um. Von Mitleid keine Spur. Es machte dem Onkel Spaß, mit Martina Bilderbücher zu lesen. Sie freuten sich über die drei kleinen Schweine, die in Häusern aus Stroh, Holz oder Steinen wohnten und er blies mit dem Mädchen um die Wette, wenn der böse Wolf an der Hütte aus Steinen scheiterte.

Nervös forderte Alice Ruhe im Wagen und schämte sich danach, denn sie war eifersüchtig auf ihren Bruder. Gelassenheit war Alices Sache nicht. Aber Martina und Manfred kümmerten sich sowieso nicht um ihre Mahnungen. Jetzt prusteten sie wie Trompeten durchs Auto und ließen lustig ihre Spucke sprühen.

»Mach die Kleine nicht verrückt!«, sagte Alice. »Ich denke, du bist Erziehungspfleger?«

»Zu Befehl, Frau Doktor.«

»Frau Doktor, Frau Doktor, Frau Doktor ...« Martina kriegte sich gar nicht wieder ein.

»Nun frag mich schon!«, forderte Alice ihren Bruder auf. »Tu nicht so, als wolltest du nicht wissen, warum ich mit Martina extra von Berlin herkomme.«

»Du willst ihr und dir was Gutes tun, und so was wie bei uns gibt es bei euch in der Hauptstadt nicht.«

»Jetzt redest du wie unsere Eltern. Nun sag schon, was ihr hier über mich denkt! Euer nachsichtiges Getue, so als wäret ihr Jesus, geht mir auf die Nerven. Ihr habt doch kein besseres Thema als mich: Die verlassene Frau Doktor mit dem behinderten Kind.«

»Selber behindert!«, rief Martina dazwischen.

»Sag du doch, was los ist«, sagte Manfred und wartete ab.

»Ich fahre wegen eurer Fachleute mit. Und weil ich mir mal ein wenig Zeit für meine Tochter nehmen möchte. Mach ja kein großes Ding draus!«

»Schon klar«, antwortete Manfred.

Da prustete Martina einen Mund voll Kuchenkrümel aus und ihre Mutter hielt an, weil sie so viel Dreck im Wagen nicht ertragen konnte. Alice war ärgerlich, aber Martina lachte einfach weiter, und wenn Martina lachte, hatte Martina gewonnen. Am Ende lachten alle drei.

Auf der Höhe des Thüringer Waldes war der Ausblick sensationell. Alice hatte den Wagen noch einmal gestoppt. Vielleicht, um die Landschaft zu sehen, vielleicht, um etwas später nach Wernshausen zu kommen. Am Horizont begrenzte die Rhön die Sicht nach Westen. Im breiten Tal blitzte das Wasser der Werra in der Sonne. Manfred erklärte die Gegend, nannte die Namen der Berge und die Lage des Sperrgebietes vor der nahen Westgrenze.

»Wie bei uns in Berlin«, meinte Alice. »Eigentlich ist es überall wie in Berlin. Eigentlich ist es hier überall unerträglich.«

»Aber, aber, Parteifreundin Katt«, scherzte Manfred. Seine Schwester reagierte nicht darauf.

Martina interessierte weder die grüne Landschaft, noch die verminte Grenze, die das Land zerschnitt. Sie war müde und lehnte den Kopf an die Schulter ihres Onkels.

Jetzt hätte Manfred das Gespräch mit seiner Schwester weiterführen können. Alles war unausgesprochen zwischen ihm und ihr. Alice umgab eine Wolke von Vermutungen, Gerüchten und Unterstellungen. Hatte sie alle verraten, um Doktorin zu werden? Wo war Martinas Vater? Niemand in Arnstadt hatte den Menschen je gesehen. Nun war Alice wirklich Ärztin und sie war mit der behinderten Tochter allein …

Doch Manfred wollte seine Schwester nicht ausfragen. Er redete über den Ablaufplan der Rüstzeit und klang dabei fast dienstlich, so als führte er ein Beratungsgespräch.

Die Rüsten waren gut nachgefragt. Sie interessierten nicht nur christliche Familien. Wurde ein behindertes Kind geboren, wussten sich auch gottlose Genossen nicht zu helfen. Wahrscheinlich sah der Staat deshalb kritisch auf die Arbeit des Marienstiftes und fürchtete überall konspirative Zersetzung.

»Wir bieten Eltern Gymnastik und Kindern Therapie, Beschäftigung und Spiele. Reden und Zuhören ist dabei das Wichtigste. Ihr Eltern habt da alle die gleichen Sorgen und Freuden. Freiwillige christliche Besinnung gibt es auch, und alle gehen hin. Ich weiß nicht, wie du heute dazu stehst, Pfarrerstochter? Da gibt es manchmal die größten Überraschungen. So oder so.«

Alice sah kurz auf, streichelte Martina die blonden Haare von den geschlossenen Augen und fragte: »Bin ich daran schuld oder dein Herr Jesus?«

Die Rüste hatte ihre eigene Ordnung und ihre eigene Zeit. Die Welt, das kleine Land da draußen, blieb außen vor. Auch Alice, die junge Frau Doktor aus Berlin, die sich fest vorgenommen hatte, alles, was hier geschah, mit kritischer Distanz zu betrachten, war am Abend des ersten Tages mittendrin, zwischen den Müttern und Vätern behinderter Kinder, mit deren Leben sie mehr verband, als mit sämtlichen Freundschaften in Ostberlin. Ob man Doktor war, Parteifreund, Genosse oder Christ, war im Rüstzeitheim Wernshausen egal.

Am Vormittag stellte sie ihre Tochter einem Arzt aus dem Stift vor. Er untersuchte, verordnete und hatte sogar eine Schiene für Martinas verkümmertes Bein dabei, die dem Mädchen mehr Halt gab als die Hilfsmittel, die sie bis dahin verschrieben bekommen hatte. Die passende, leichte Schiene kam aus dem Westen. Selbst in der Hauptstadt hatte Frau Dr. Katt so was nicht besorgen können. Alice sah, wie sich Martina freute. Schon wegen dieser einen Schiene hatte sich die Reise nach Wernshausen gelohnt.

Zum Grübeln und zum Hadern mit dem Schicksal ließen diese Tage keine Zeit. Am Morgen turnten die Mütter, dann die

Mütter mit den Kindern. Spielen am Vormittag, Gymnastik nach der Mittagsruhe. Lachen flog durchs Haus. Wie immer lachte Martina am lautesten.

Vor den angekündigten frommen Vorträgen des Direktors hatte Alice sich etwas gefürchtet. Immer erwartete sie Vorwürfe, wenn der liebe Gott ins Spiel kam. Sie wollte sich mit Kopfschmerzen entschuldigen. Aber Martina wollte, dass sie zum Vortrag ging, denn die Kinder spielten in der Zeit unter sich. Also musste Alice sich dem Willen ihrer Tochter beugen.

Der Direktor redete über nichts weniger als den Sinn des Lebens. »Die Behinderung, der Gendefekt, die Linderung des Leidens, die Hilfe zum Leben, das alles ist der Sinn unseres Lebens. Gott will, dass wir pflegen, üben, trösten.«

Alles in Alice wehrte sich gegen die fromme, wohlgemeinte Selbstverständlichkeit, mit der der alte Mann redete. Was wusste er davon, wie es sich anfühlt, die Mutter eines behinderten Kindes zu sein? Am Ende standen die Eltern doch alleine, wenn ihre geliebten Kinder nachts jammerten und sich quälten.

Alice passte ihren Bruder hinter dem Rüstzeitheim bei den Tonnen ab, wo sich die Raucher einfanden, denn drinnen war Rauchen verboten.

»Ist das Zynismus?«, fragte Alice so, als hätte sie nur darauf gewartet, ihre Wut loszuwerden. Alles Gute der vergangenen Stunden war wie weggewischt. »Denkst du auch, der liebe Gott lässt Martina leiden, damit ich etwas zu tun habe?«

Manfred rauchte und schwieg. Heute hatte Manfred Katt den Vortrag des Pfarrers schon zum vierten Mal gehört. Die Gewissheit des Direktors irritierte auch ihn. Manfreds Lieblingsbibelwort hieß: »Mit meinem Gott kann ich über Mauern springen.« Nach gottgewolltem Leiden sehnte Manfred sich nicht.

Er gab seine Ratlosigkeit zu, und seine Schwester dankte ihm dafür und sagt fast versöhnt: »Vielleicht hat der alte Mann sogar Recht. Das ewige Klagen hilft weder Martina noch mir. Man muss damit leben, am besten so gut es irgend geht. Nur, selbst muss man darauf kommen. Verlangen darf das niemand.«

Dr. Alice Katt war mit Gymnastik, Massage, Spielen und Singen beschäftigt. Alles tat sie mit ihrer Tochter. Als ihr eine der Schwestern anbot, Martina zu beschäftigen, damit sie als Mutter auch ein paar Stunden Ruhe habe, lehnten Alice und Martina das ab. Sie wollten nicht voneinander lassen.

Kurz vor Ende der Rüstzeit war der Direktor ein zweites Mal in Wernshausen. Jeder sollte Gelegenheit haben, mit ihm zu reden. Alice tat es, obwohl der Pfarrer für sie kein Fremder war. »Sie meinen es gut«, sagte sie. »Nur reden Sie die Behinderung zu schön. Manchmal klingt es, als wollten Sie den Herrgott dafür verteidigen, dass er Kinder wie meine Martina geschaffen hat. Das müssen Sie gar nicht tun, Herr Direktor. Ist schon wahr, mir ist oft mehr nach Fluchen als nach Loben. Aber das ist am Ende nicht verkehrt, glaube ich. Die Liebe macht das bisschen Fluchen nicht kaputt.«

»Und wie wird es weiter gehen?«, fragte der Direktor. Er rechnete damit, dass Alice Katt, die Tochter Max Katts, Martina für das Marienstiftsheim anmelden wolle. Pfarrer Katt und er hatten darüber gesprochen. Einfach würde es nicht, Mutter und Kind waren in Berlin gemeldet und freie Plätze im Stift waren rar. Für Familie Katt hätte der Direktor dennoch Wege gefunden. Alice aber bat nicht um einen Platz.

»Wir fahren nach Hause. Nach Berlin«, antwortete sie. »Dann werden wir sehen.«

Erst ärgerte sich der Direktor, dann verstand er, was mit Mutter und Tochter in dieser Woche geschehen war. Wer wollte dem Direktor des Marienstiftes verübeln, dass er auf die Arbeit »seiner Leute« auch hier in Wernshausen stolz war?

Als Alice und Martina im Auto von Gleichbrück zur Autobahn nach Berlin fuhren, waren sich die Großeltern nicht sicher, ob sie sich freuen oder ob sie traurig sein sollten.

»Wie ausgewechselt, deine Schwester«, sagte Max Katt zu seinem Sohn Manfred. »Was habt ihr in Wernshausen nur getan? Kleine Wunder?«

»War alles wie jedes Jahr«, sagte Manfred. »Am Schluss kamen Alice und Martina nicht mehr auseinander. Nur ob die Kleine in Berlin so gute Unterstützung bekommt wie bei uns, daran zweifle ich sehr.«

»Du redest wie dein Chef«, meinte Max. »Hinter der Mauer ums Stift sind die Leute auch nicht alle auf den Kopf gefallen.«

Manfred lachte, zweifelte aber weiter daran, dass sein Vater damit die Wahrheit sagte.

Friedensfahrt durch Arnstadt, 1968

Marktstand in Arnstadt, 1973

Alles wird anders – alles bleibt gleich

(1980–2005)

DIE »KOMMUNE«, DAS STIFT UND HERR GÖTTING

Manfred Katt, obwohl erst einundzwanzig Jahre alt, arbeitete nun schon vier Jahre im Kinderheim des Marienstiftes – seine freiwilligen Einsätze an der Ostsee waren da nicht eingerechnet. Er wartete noch immer auf die Einberufung zum Bausoldaten. Es war Taktik des Wehrkreiskommandos, jungen Männern, die es ablehnten, eine Waffe in die Hand zu nehmen, die Lebensplanung zu verbauen. Jederzeit, von heute auf morgen, konnte man sie so aus dem Alltag reißen.

Aber Manfred Katt machte das nicht verrückt. Ihm war wohl mit sich und seiner Arbeit im Heim. Nur heute hasste Manfred, was man von ihm verlangte.

Es war der 1. Dezember 1980 und Manfred besuchte die »Kommune Steindorf« auf dem Land, das anarche Absprengsel aus dem Behindertenheim des Marienstiftes Arnstadt. Eigentlich fühlte sich der junge Mann in dieser freien Wohngemeinschaft selbst zu Hause. Die Leute in Steindorf waren für ihn keine Pfleglinge, sondern Freunde. Immer wieder hatte er hier im Haus ausgeholfen, wenn Betreuer krank gewesen waren oder auf Reisen. Immer wieder war er angereist, um kräftig mitzufeiern. Anlässe zum Trinken fanden sie immer. In der »Kommune Steindorf« herrschten Aufbruchsstimmung, Lebensfreude und Unvollkommenheit. Hier wurde das Recht jedes Menschen auf Selbstbestimmung nicht nur gefordert, sondern gelebt, egal, wie die Welt draußen tobte. Die wichtigen Leute im Stift und in der

Kirche besahen das Treiben mit Sorge. Wohin sollte es führen, wenn sich nun schon Behinderte Freiheiten nahmen, von denen andere nur träumten? Und dennoch – und das war wie ein Wunder im Land DDR – gab es sie, die Außenwohngemeinschaft, die alle Welt nur »Kommune« nannte. Sie sorgte für Gerüchte, Gerede, Legenden und reichlich Arbeit für die Pflegekräfte – und für die Genossen der Staatssicherheit. Für den Erziehungspfleger Manfred Katt war die Wohngemeinschaft die Zukunft der Behindertenarbeit. Raus aus dem Heim, hinein ins Leben! Manfred ließ nichts auf die »Kommune« kommen.

Die konkrete Freiheit hatte ihren eigenen Geruch. Die Zimmer des alten Steindorfer Pfarrhauses durchzog ein Duftgemisch von Knoblauch, schmutziger Wäsche, Zigarettenrauch, Pflegemitteln, Rotwein und Bier. Auf den Köpfen der jugendlichen Pfleger standen die Haare rot und blau in Punkerkämmen ab. Durch die Räume wimmerten Gitarren und fromme Gesänge.

Heute wäre Manfred Katt gerne zu Hause geblieben. Hätte er seine Nichte Martina nicht bei sich gehabt, wäre er vielleicht umgekehrt und mit dem Bus zurückgefahren. Er hätte in Arnstadt behauptet, die ganze Kommune wäre unauffindbar auf Ausflug gewesen. Aber Martina zerrte an Manfreds Hand und wollte ganz schnell zu ihrem Kumpel Matze ins Warme.

Matze, war ein junger Gelähmter im Rollstuhl, auf dessen breiten Schultern ein Einsteinkopf prangte. Seine ärztlich attestiere Lebenserwartung war kurz. Das machte ihn besonders und unangreifbar. Matze mit seinem großen Hirn, mit dem großen Herzen und dem allseits gefürchteten Mundwerk nutzte mutig sein Schicksal. Für Martina war Matze nur ein Freund. Als er noch im Stift in Arnstadt lebte, besuchte sie ihn täglich und half, Matze durch die Stadt zu schieben oder seine Zigaretten anzuzünden. »Deine Nichte versteht mehr als du glaubst«, war Matzes Meinung. »Die soll mal ihr Leben leben, wie sie will.«

Matze sagte und tat, was er dachte. Welches DDR-Zuchthaus wollte einen Rollstuhlfahrer mit kurzer Lebenserwartung einschließen? Matze tat so, als könne ihm keiner was.

Auch Manfred war von Matze begeistert und deshalb wollte er vor ein paar Stunden noch Nein sagen, als ihn sein Chef im Heim um diesen »kleinen Gefallen« bat.

»Fahr hin! Hör, was los ist. Es gibt Gerüchte wegen Götting. Du weißt doch, Matze ist manchmal nicht zu bremsen.«

Es kreisten Gerüchte unter den Leuten vom Stift. Gerüchte, die hinauf bis zu den Verantwortlichen drangen. Arge Befürchtungen, die denen, die oft zwischen allen Stühlen saßen, den Schlaf raubten. Anlass der Befürchtungen war der angekündigte Besuch Gerald Göttings im Arnstädter Marienstift. Gerald Götting, eigentlich nicht mehr als ein eitler alter Mann, war Vorsitzender der DDR-CDU. Ein verlogener Zwitter aus Christ und Genosse. Ein verbohrter Bonze, der es der SED immer recht machen wollte, qualifiziert zum Parteivorsitz durch seinen seriös weiß schimmernden Haaransatz. Offiziöse Besuche kamen im Marienstift nicht selten vor. Bonzen schmückten sich gerne mit Sozialem, besonders vor Weihnachten. Die Marienstiftsleitung holte bei diesen Gelegenheiten raus, was herauszuholen war. Man bettelte um Baumaterial, Genehmigungen oder Kohle. In der sozialistischen Mangelwirtschaft hatten die Leute vom Stift immer Bedarf. Als Gegenleistung spielte man mit und zeigte sich je nach politischer Wetterlage in der sozialistischen Presse. Ungestraft durfte man solche Avancen sowieso nicht ablehnen.

Nun war also Gerald Götting angesagt und beunruhigende Gerüchte aus der »Kommune« störten die Planung des Besuches. Wollten Matze und seine Leute den Termin stören? Mutig genug dafür waren sie. Zu verlieren hatten sie nicht viel. Zu gewinnen aber Würde und Aufmerksamkeit. Freund und Feind traute ihnen alles zu.

Im fernen, freien New York hatte unlängst die UNO das Recht auf selbständiges Leben aller Behinderten festgestellt und in die weite Welt geschickt. Auch das kleine Land DDR gehörte zur Welt. Über Menschenrechte Reden halten konnte man gut in der DDR, umsetzen konnte und wollte man sie hier aber nicht. Gefundenes Fressen für einen wie Matze! Es hieß, er plane, im Rollstuhl vorzufahren und Götting den Weg in die Stiftung zu verstellen. Es hieß, sie hätten schon große Plakate gemalt. »Gleiches Recht für alle!« Niemand in Arnstadt wusste Genaues. Das machte die Sache bedenklich.

»Fahr hin und sieh nach, was da los ist!«, hatte Manfreds Chef gesagt. »Du hast den Draht, bist vernünftig. Fahr hin, komm zurück und berichte!« Ein »Nein« als Antwort kam nicht in Frage.

Nun stand Manfred vor Matzes Rollstuhl, und Martina spielte längst irgendwo mit Matzes Büchern und leeren Flaschen und schlug auf den Seiten der Gitarre von Matzes Pfleger herum, dem Mann mit dem Irokesenschnitt. Es war später Nachmittag. Die Kanonenöfen glühten und der übliche Duft im Haus wurde durch den heißer Bockwürste bereichert. Allgemeine Behaglichkeit. Draußen erstarrte das Land in Ignoranz und Kälte, hier war Wärme und Leben. Auch Manfred hätte sich wohlgefühlt, wäre er nicht im Auftrag zu Besuch. Der große gemeinsam genutzte Raum mitten im Haus war voller Leute. Immer stand dieses Haus offen, egal ob morgens, mittags oder bei Nacht. Heute war es besonders voll. Gestern Abend hatten sie in der Steindorfer Kirche das erste Friedensgebet gehalten und nicht alle Beter waren danach wieder abgereist. Der widerständige Geist des Abends schwebte noch immer durch die Köpfe der Aktivisten. Sie hatten die Dinge vor Gott und der Stasi beim Namen genannt: »Die Welt steht am Abgrund.« »Frieden schaffen ohne Waffen!« »Abrüstung beginnt in den Köpfen.«

Matze berichtete Manfred vom Friedensgebet: »Es war richtig gut, Junge!«, sagte er. »Oh, komm du Geist der Wahrheit – gegen Dummheit und Waffen in Ost und West. Die Genossen saßen blass hinten in den Bänken, froren sich die Finger steif und schrieben alles mit. Ist doch gut, da geht nichts verloren.«

Auch Manfred konnte vom Friedensgebet in Arnstadt erzählen.

»Vielleicht wird in diesem Land ja doch noch alles gut«, sagte Matze und es blieb unklar, ob er es ironisch meinte oder die Hoffnung noch immer nicht völlig verloren hatte. »Wenn sie nur wollten, würde es gehen. Die sollten die Leute nur machen lassen. Ich zum Beispiel will nur eine kleine eigene Wohnung und Hilfe und lernen und Arbeit... und Reisen. Lasst uns unser Ding machen! Aber die haben ja sogar Angst vor uns Krüppeln. Mehr noch als wir vor ihnen.« Manfred nickte. Er musste zum Thema kommen.

»Matze, ich soll dich was fragen. Ich will nicht lange rumreden und aushorchen will ich dich auch nicht. Mein Chef schickt mich.« Matze verschränkte seine kurzen Arme über seinem dicken Bauch. Das war Matzes Kampfhaltung. »Ihr habt das doch auch gehört, dass der Götting ins Stift kommt.«

Matze hatte es gehört. Unfähig seinen großen Kopf ohne Rollstuhl auch nur einen Meter vorwärts zu schleppen, entging seinen Ohren dennoch nichts, was da in der großen und kleinen Welt geschah.

»Diese Blockflöte ist verkommener als die Genossen selbst«, sagte er und klang sehr böse. »Bestimmt verteilt er billige Geschenke an die armen Kinder. Vielleicht bringt er auch ein paar Orden mit. So was kommt immer an.«

Manfred bestätigte das. Schwester Christa, seine eigene Mutter also, hatte eine hohe staatliche Auszeichnung aus den Händen des Vorsitzenden der CDU zu erwarten.

»Und nun fürchtet unser Herr Pfarrer Direktor, wir könnten vorrollen und laute Sprüche machen? Eine tolle Idee. Eine Rollidemo für das Recht auf Arbeit und selbständiges Leben. Da hätte ich selbst drauf kommen können.«

Wer Matze etwas näher kannte, fühlte kaum noch Mitleid mit dem Mann ohne Beine, nur noch Respekt. Manchmal brauchte es nur einen Satz von ihm und man begann sich zu fürchten. Er setzte noch einen drauf: »Drüben schießt die RAF. Hier fahren Rollstühle vor. Da kriegen sie alle Schiss, hüben wie drüben.«

»Mach du nur Witze«, antwortete Manfred. »Du weißt doch, was an solchen Herrscherbesuchen hängen kann. Wenn die Bonzen uns keine Kohlen liefern, frieren wir uns im Stift den Arsch ab. Die sitzen am längeren Hebel. Läuft doch alles über Erpressung. Unsere Berufsausbildung haben sie dem Marienstift schon weggenommen.«

»So ist es und genau dagegen müsste man mal etwas lauter werden.« Matze genoss das Gespräch.

»Aber, dass sie euch den Laden hier dicht machen können, wann immer es ihnen gefällt, weißt du auch. Sie schicken den Amtsarzt oder die Hygiene, und alles ist aus und vorbei und ihr geht ab ins Altersheim.«

»Daran musst du mich nicht erinnern, Fußgänger.«

Manfred verstummte, klang er doch selber schon wie ein Erpresser.

Wie immer, wenn Martina in dieses Haus kam, schien sie glücklich. Immer spielte irgendjemand Gitarre und das Mädchen sang dazu. Am liebsten von Gott, der die ganze Welt hier und überall in der Hand hält. Manchmal auch das Lied vom Rollstuhlfahrer, der unterwegs war bis ans Meer, oder das vom Wunsch, kaputt zu machen, was einen selbst kaputt macht. Das Mädchen johlte und tanzte vor Vergnügen und die »Kommunarden« gaben alles, damit sie nicht verstummte. So hatte Manfred wieder große Mühe, Martina zu überzeugen, dass sie zurück nach Hause mussten.

»Und was nun?«, fragte Manfred Matze.

»Hältst uns also für schwachsinnig?«, antwortete Matze Manfred.

IM UNTERSUCHUNGSZIMMER

Es herrschte gute Stimmung im therapeutischen Badebecken im Keller des neuen Kinderheims. Sechs Mädchen und Jungen folgten den Anweisungen des Therapeuten Tim, streckten sich, hüpften und verdrehten ihre Beine. Am Beckenrand passte Schwester Gabriele auf. Erziehungspfleger Manfred Katt stand neben ihr und wartete auf seinen Schützling Hagen. Auch am Beckenrand war die Stimmung gut. Schwester Gabriele und Pfleger Manfred hatten sich immer etwas zu erzählen.

Das Bassin galt als größter Luxus im Haus, ja im ganzen Stift. In der Stadt wurde darüber geredet, was sich die Diakonie da wieder Großartiges für ihr Westgeld leisten konnte.

»Heute ist es wenigstens einigermaßen warm hier«, sagte Manfred. »Das ist aber auch der erste Tag in der Woche, wo die Kohle für die Heizung reicht. Vorgestern gab es weder warmes Wasser noch warmes Essen. Der Heizer hatte nichts zum Verfeuern.« Manfred Katt sagte dem hübschen Mädchen in der Schwesterntracht nichts Neues. Sie hatte alles selber erlebt und hörte ihm dennoch gerne zu.

»Hoffentlich zeigen sie dem Götting nicht auch noch das Bad hier. Am Schluss wird er neidisch und will das Haus samt Swimmingpool.« Ihr helles Lachen klang lustig zwischen den gefliesten Wänden.

»Parteifreund Götting ist doch nicht der Erste, der unser Haus samt Bad besichtigt«, sagte Manfred. »Obrigkeit schmückt sich überall mit ›Nächstenliebe‹, solange sie nichts kostet.« Der Spruch war gut aber nicht wahr. »Nur bei den Nazis. Da war es schon noch schlimmer«, ergänzte Manfred sich selbst. Er wusste, dass Nachdenklichkeit bei Schwester Gabriele gut ankommt.

»Sehen wir uns heute Abend im Gesprächskreis?«, fragte Schwester Gabriele, als die Kinder aus dem Wasser stiegen. Der Weg zu Gabriele führte nicht wie bei anderen über die Diskothek, sondern über kritische kirchliche Aktivitäten. Manfred kannte sie gut.

»Ja«, sagte er, »ich bin da.«

Gabriele trocknete die Kinder ab und brachte sie zurück in die oberen Etagen. Manfred musste Hagen in die Klinik zum Arzt begleiten. Eine Operation stand an. Heute sollte Hagen zum letzten Mal vor dem Termin untersucht werden. Der Junge fand die Begleitung des Pflegers doof. An seinen zwei Krücken stürmte er vor Manfred davon in die Klinik.

Im weiß gekachelten Untergeschoss des Klinikgebäudes standen Holzbänke an den Wänden des Ganges. Die Patienten, aus der Stadt und aus dem Stift, saßen dicht beieinander und warteten auf ihre Untersuchung. Auch Manfred und Hagen mussten warten. Neben ihnen saß Dieter, ein zwanzigjähriger Mann im Rollstuhl. Manfred kannte ihn gut.

»Und, Dieter, wann kommst du unters Messer?«, fragte der Erziehungspfleger so heiter er konnte. Er wusste, dass die OP und einiges mehr dem Lehrling schwer auf der Seele lagen.

»Vielleicht in drei Wochen, vielleicht früher. Der Doc will es mir heute sagen.«

»Hast du Angst?«, fragte Manfred und Hagen, der vor gar nichts Angst hatte, fing zu kichern an. Dieter verzog seinen Mund zu einem kümmerlichen Grinsen. »Halt nur die Klappe, Kleiner. Ich habe höchstens Schiss, dass ich meine Lehre nicht mehr zu Ende kriege, bevor die hier alles dicht machen. Was soll dann mit mir werden? Kannst du mir das sagen?«

Manfred bemühte sich, dem jungen Mann verantwortlich zu antworten. »Wer seine Lehre einmal angefangen hat, der bekommt sie auch zu Ende. So wird es immer gesagt.«

Sehr sicher klang Manfreds Versprechen nicht.

»Und dann taucht hier mal wieder so ein Bonze auf, verteilt irgendwelchen Schnickschnack an die Knirpse, macht auf Weihnachtsmann und gleichzeitig drehn sie uns Lehrlingen den Hahn ab. So ist das doch!« Dieter sah sich unsicher um. Immer und überall gab es Lauscher. Dennoch musste alles raus und gesagt sein. »Die dulden hier im Stift nur noch die ganz Blöden. So ist das doch!«

Der kleine Hagen sah Dieter fassungslos an. Dann stubste der junge Mann den kleinen Jungen freundlich in den Bauch und sagte: »Es gibt hier noch viel blödere Knirpse als dich, Knirps.«

Hagen begann zu wüten und zu heulen. Sein Erziehungspfleger konnte das Kind kaum beruhigen. »Du bist selbst saublöd, selber!«

Endlich wurde Dieter ins Untersuchungszimmer gerufen. Hagens Wutpegel senkte sich langsam. Dann war er an der Reihe. Manfred half ihm beim Auskleiden.

»Wirf die Sachen von Hagen nicht so unordentlich auf den Stuhl!«

Der Vorwurf war gegen Manfred gerichtet und kam von Schwester Christa, seiner Mutter, die dem Arzt assistierte. Die Sprechstunde dauerte schon einige Stunden und die Wartebänke vor der Türe waren immer voll besetzt. Christa Katt bemerkte, dass sie sich etwas im Ton vergriffen hatte. Sie sah ihren Sohn versöhnlich an, nahm Hagens Hand und führte ihn zur Untersuchungsliege.

»Nun, was wünschst du dir zum Fest?«, fragte sie den Jungen, um die Stimmung zu lockern.

Der Arzt ließ auf sich warten. Hagens Wunschliste war lang. Schwester Christa erfuhr alles. Spielzeug, Schinken, ein weiches Kopfkissen ...

»Meinst du, das Christkind kann das alles tragen?«

»Vielleicht hilft ihm Gerald Götting. Der bringt bestimmt was mit. Das sagen alle.« Hagen sagte es in allem Ernst.

»Da freu dich mal nur nicht zu früh«, meinte Schwester Christa dazu. Hagen aber blieb dabei. Sogar der freche Dieter hatte es gesagt. Gerald Götting würde was mitbringen.

»Lacht ihr über mich?«, fragte der Arzt beim Betreten des Untersuchungszimmers. Schwester Christa erklärte ihm die

Situation und der erfahrene Mann im weißen Kittel hielt allen einen kurzen Vortrag über Geschenke.

»Schwester Christa, ein wenig Ehre und einen kleinen Orden lehnen Sie doch auch nicht ab?« Christa Katt errötete. »Wenn es schon keine Kohlen gibt in unserer Republik und Autos nur nach zwanzig Jahren Wartezeit, dann wenigstens ›Helden der Arbeit‹ und kleine Prämien dazu. Also gönnen Sie dem Jungen doch auch seine Geschenke von der Staatsmacht!«

Der Doktor wusste, mit wem er seine Scherze machen durfte.

»Ich habe mich nicht nach dem Orden gedrängt«, antwortete Christa schnippisch. Nun wendeten sich Arzt und Schwester Hagens verkrümmten Knochengerüst zu.

»Sie verdienen das, liebe Schwester Christa«, sagte der Arzt und begann mit der Untersuchung. »Wer, wenn nicht Sie?«

Manfred Katt stand grinsend dabei und nickte der Mutter zu.

»Matchbox-Autos sind besser als Orden«, meinte Hagen, als der Arzt das Abtasten seines Rückgrats beendet hatte. Er hatte auf der Liege viel Zeit gehabt, darüber nachzudenken.

»Die gibt's doch nur im Westen«, meinte Manfred.

»Das ist ja das Problem«, sagte der Doktor und ging.

DER BESUCH EINES HOHEN GASTES Nichts kam wie befürchtet, nichts wie gewünscht. Der Vorsitzende der Christlich Demokratischen Union in der DDR, Parteifreund Gerald Götting, hatte sich für den 10. Dezember 1980 um 14 Uhr im Marienstift Arnstadt angekündigt. Seine Besucherdelegation bildeten Vertreter des Rates des Kreises, dessen Vorsitzender, der Bürgermeister der Stadt, der Kreisarzt, Genossen des Ministeriums für Staatssicherheit. Auch die Evangelische Landeskirche und die Diakonie waren prominent vertreten. Ein Oberkirchenrat sorgte dafür, dass der Stiftungsdirektor den offiziellen Besuchstermin in angemessener Weise durchführte. Das neue Kinderheim bot den Rahmen. Dessen Bewohner und Mitarbeiter standen pünktlich Spalier. Dann fuhr der Bonze vor, versteckt hinter einer Maske gespielter Seriosität. Nicht nur Hagen drängte sich ganz nach vorn, um dem erwarteten Weihnachtsmann in Schlips und Kragen die Hand zu drücken. Der Gast ging über die Flure des Neubaus, besah sich mit verlegenem Grinsen die Krücken und die Rollstühle, die verkrümmten Rücken und die erwartungsfrohen, nicht immer sehr schlauen Gesichter der Kinder und hatte seine Hände leer. Später erzählten die Leute vom Stift, Götting hätte nichts mitgebracht, weil die zwei Mitglieder seiner Blockpartei im Stift ihren Parteibeitrag nicht bezahlt hatten. Auch das war nur ein Gerücht. Für Reden und Orden reichte es noch. Die Kirchenmänner mühten sich nach Kräften, den Herrgott nicht zu verleugnen. Albert Schweitzers Tropenhut und Humanität, der kleinste gemeinsame Nenner aller Anwesenden, passten zum Anlass und wurden immer wieder als Beispiel bemüht. Die Vergabe der Orden löste die Stimmung bei Gebern und Empfängern. Christa Katt, die seit Kriegsende im Stift ihre Arbeit tat, zeigte Haltung, als ihr der weißhaarige Mann die Auszeichnung auf die Schwesternschürze heftete. Jedes seiner lobenden Worte war wahr. Schwester Christa war aufopfernd, genau, liebevoll und klug. Nur der, der das sagte, war es wahrscheinlich nicht. Gemischte Gefühle.

»Wollten Sie immer schon Schwester werden?«, fragte Götting. Das fragte er jeden und jede. Christa Katt antwortete, sie wäre nur zufällig hier.

»Wieso?«, fragte Götting verwundert.

»Wegen der Flucht und den Russen«, erklärte Christa.

Da wandte sich der Gast rasch der Nächsten zu und glaubte, nicht richtig gehört zu haben. Später erzählte Christa ihrem Mann von ihrer ehrlichen Antwort.

»Ich war so aufgeregt, Max. Da kam das einfach so raus aus meinem Mund.«

Noch ein paar Wochen lang erschrak Christa vor jedem Fremden, der über die Dorfstraße von Gleichbrück ging. Sie fürchtete, man könnte sie für ihre ehrliche Antwort abholen. Aber es kam niemand und irgendwann wurde Christas Gespräch mit dem Vorsitzenden zur Familienlegende.

Während seine Mutter sich und den Vorsitzenden in Verlegenheit brachte, saß Manfred im Saal hinten in der letzten Reihe, sah auf die Türe und erwartete den Auftritt von Matze und seinen Freunden. Die »Kommune« rollte aber nicht vor. Matze verachtete die Bonzen lieber aus sicherer Entfernung und tat gut daran.

Und dennoch fehlte es nicht an Aufregung im Zusammenhang mit dem Besuch Gerald Göttings im Marienstift. Sie kam von anderer Seite. Sie kam schriftlich und höflich und pragmatisch daher. Nicht Matze, ein anderer nutzte die Situation. Die Delegation lief durch das Haus. Der Direktor führte die staatlichen und kirchlichen Gäste über die Flure. Im Therapiebad überfiel die Gäste bloßer Neid. Ein Genosse nannte das Bad auf gut amerikanisch einen »Swimmingpool«.

»Das wäre etwas für unseren Olympia-Kader!«, rief Götting spontan.

Doch so sauber die Kacheln auch blitzten, war es bitterkalt hier im Keller. Der Direktor sprach über den Brennstoffmangel, der der Nutzung der modernen Einrichtung enge Grenzen setzte. Götting schwieg. Die Genossen vom Kreis entschuldigten die Situation in üblicher Weise mit dem frühen, heftigen Winter. Die Arbeiter und Soldaten im Braunkohlerevier würden trotz allem tagtäglich wahre Heldentaten verrichten. Dann wollten die Gäste schnell wieder hinaus aus dem Keller.

Der Direktor aber ging wie zufällig neben dem Vorsitzenden des Rates des Kreises. »Herr Vorsitzender«, sagte er, »ich habe da ein Schreiben vorbereitet und bitte darin um Hilfe für die Energieversorgung. Es geht ja nicht nur um unser Bad. Selbst die Küche kann nicht immer ihre Arbeit tun. Wenn im Braunkohlerevier so unermüdlich gearbeitet wird, muss doch auch für uns hier etwas Hilfe für das Notwendigste zu erhoffen sein. Ich weiß ihre Unterstützung sehr zu schätzen. Würden sie bitte dem Herrn Götting dieses Schreiben übergeben? Ich werde dann zu gegebener Zeit bei ihm nachfragen.« Schon hielt der Direktor den Brief in der Hand. Hastig griff der Vorsitzende nach dem unbequemen Papier und steckte es tief in die Tasche seines Jacketts.

»Danke, dass sie das Schreiben weiterreichen. Ich werde mich erkundigen, was daraus werden kann.« Eines leichten Lächelns konnte sich der Direktor nicht erwehren.

Noch am selben Abend, die Gäste waren nur ein paar Stunden fort aus dem Stift, fuhren Kohlelaster auf das Gelände an der Wachsenburgallee. Einer hatte Steinkohle geladen. Die Heizer des Stifts wussten kaum, mit dem ungewohnten Material umzugehen, denn sie hatten echte Steinkohle noch niemals mit eigenen Augen gesehen.

»War ein seltsamer Tag. Voll Lug und Trug«, sagte Max Katt, als er mit seiner Frau Christa nach Hause fuhr. Der Krankenhausseelsorger hatte seinen Dienst aus reiner Neugier auf den 10. Dezember verlegt. Er wollte dabei sein, wenn seine Frau den Orden bekam. Er wollte den Bonzenauflauf mit eigenen Augen sehen.

»Also gönnst du mir den Orden auch nicht«, sagte Christa und war nun doch beleidigt, nachdem sie die Sticheleien den ganzen Tag tapfer ertragen hatte.

Max streichelte versöhnlich der Ehefrau über das ergraute Haar. »Auf Station haben sie erzählt, die Genossen säßen jetzt im Rathaus. Dort würden sie Wodka saufen.«

»Aber die Kohlen sind wahrhaftig geliefert. Hast du das gesehen? Die Heizer machen Überstunden.«

»Manchmal heiligt der Zweck die Mittel. Ein bisschen Anbiedern und ein wenig Erpressung.«

Dann erzählte er seiner Frau von dem Brief des Direktors, der so große Wirkung hatte, dass das Therapiebad tagelang warm werden würde.

Christa Katt war sehr nachdenklich. »Vielleicht hätte ich die verlogene Auszeichnung doch ablehnen sollen. Was meinst du? Ich hätte nichts über die Russen gesagt und meine Ruhe.«

»Wir schwimmen doch alle irgendwie mit«, sagte Max. »Richtig gegen den Strom wagt sich keiner. Wie auch? Wie sollten wir das Stift sonst über Wasser halten? Nicht mal Matze hat seine Drohung wahr gemacht.«

Max Katt hatte natürlich Recht. Und dennoch tauchte der viel genannte Orden nie wieder aus den tiefen Gründen von Christas Schubläden auf. Manchmal wurde sie danach gefragt: »Christa, hol ihn doch mal vor! Wie sieht denn sowas aus?« Da antwortete sie: »Wie falscher Tand. Wahrscheinlich haben ihn die Motten schon zerfressen.«

ZERBRÖCKELN

1983. »Denn Jule wäscht sich nie ...« Ein Saal voller »Jule-Sympathisanten« sang, rief und schrie die Worte mit und wartete dann ungeduldig, dass der geliebte Refrain endlich wiederkehren würde. Kinder und Erwachsene, Erzieher und Erzogene waren fest entschlossen, jede Pädagogik zu vergessen. Das Vergnügen ließ sich noch steigern. Das Lied vom »Popel« schaffte es mühelos. Einigen Kindern genügte es nicht, »Der Popel, der Popel ...« nur zu singen. Sie fanden in ihren Nasen viele schöne Exemplare und Schwestern und Erzieher hatten alle Hände und Taschentücher voll zu tun, sie einzufangen.

Alle Leute vom Stift waren da, als Gerhard Schöne im Kinderheim des Marienstiftes sang. Auch Frau Dr. Alice Katt und ihre Tochter Martina. Frau Dr. Katt war aus verschiedenen Gründen in Arnstadt. Sie wollte fort aus Berlin. Am liebsten würde sie im Stift arbeiten. Ihre Gespräche mit dem Chefarzt und dem Direktor gingen voran.

Jetzt aber war Spaß angesagt. Martina saß und hüpfte mit den anderen. Martina Katt fühlte sich im Kinderheim wie zu Hause. Das Singen war ihre Stärke freilich nicht. Sie tat es trotzdem und besonders laut. »Ein Popel, ein Popel ...« Auch ihre Nase konnte mit denen der anderen mithalten.

Immer wenn sich Martina freute, freute sich auch ihre Mutter. Jetzt stand Alice hinten an der Wand und beobachtete ihr Mädchen. Ganz in Martinas Nähe stand Onkel Manfred. Neben ihm Tim. Tim massierte und therapierte noch immer im Stift.

Alices Stimmung kippte. Obwohl sie es besser wusste, schob Alice immer noch Tim die Schuld an allem zu, was ihr geschehen war. Wegen Tim hatte sie sich verpflichtet. Wegen ihm hatte sie die Berichte geschrieben. Auch wegen ihm war sie Ärztin geworden und paktierte mit allem, was sie verachtete. Auch ihre gescheiterte Beziehung war die Folge jener Nacht mit Tim.

Alice redete sich beharrlich ein, als Spitzel niemandem geschadet zu haben. Ganz im Gegenteil. Hatte sie über ihre Bekannten nicht immer nur Gutes berichtet? Und vielleicht war das wirklich so. Niemals waren die Genossen Führungsoffiziere mit ihr zufrieden. Und dennoch fühlte Alice sich schmutzig, seit Jahr und Tag.

Was wäre aus Alice geworden, hätte sie nicht Martina zur Welt gebracht? Als sie ihre Tochter im Arm hielt, relativierte sich selbst die Verpflichtungserklärung an die Staatssicherheit. Sie verweigerte fortan die konspirativen Treffen und man schien das Interesse an ihr zu verlieren. Sie war ihren Weg weitergegangen, nun als Ärztin und alleinerziehende Mutter.

Als sie ihren Bruder Manfred und den schönen Tim vertraut nebeneinander sah, traf es sie wie ein Schlag. Griff sich der Spitzel den nächsten Katt? Alice schob sich mitten durchs Publikum. Das Schimpfen der Kinder hörte sie nicht. Die Wut in ihr übertönte sogar Gerhard Schönes Lieder. Wie konnte Tim es wagen? Wie konnte es dieses verfluchte, jämmerlich armselige Land wagen, sie alle zu manipulieren, zu belügen und zu missbrauchen? Alice Katt baute sich vor Tim auf, schob den Bruder zur Seite wie damals, als sie für ihn die große Schwester spielte. Dann griff sie nach Tims Arm und zog den Mann ohne Erklärung zum Saal hinaus. Tim ließ es zu.

»Willst du Manfred auch noch in den Dreck zerren?«, fauchte Alice ihn an. »Reicht es nicht, dass du und ich bis zum Hals drinstecken? Was haben sie dir für Manfred versprochen?« Endlich merkte Alice, was sie hier tat. Sie ließ Tim los und stand jetzt verlegen neben ihm auf dem Gang. »Ich werde meinem Bruder die Wahrheit sagen. Schluss mit Konspiration. Ist egal, was passiert«, sagte sie etwas leiser. »Die denken sich sowieso alle ihren Teil. Die Leute vom Stift ahnen lange schon, warum aus mir so schnell eine promovierte Ärztin wurde. Mit Manfred macht ihr das nicht! Überhaupt, mein Bruder ist ein zufriedener Mensch. Mit dem könnt ihr nicht so leicht wie mit mir!«

»Ich weiß«, antwortete Tim. »An Manfred ist ein Heiliger verlorengegangen.« Tim lächelte. Verwundert sah Alice, dass sein Lächeln ohne Zynismus war, eher neidisch.

»Spar deinen Wein nicht auf für morgen ...«, sang Schöne drinnen im Saal.

Die Menschen ändern sich. Auch der »schöne Tim« war älter und klüger, vielleicht mehr noch als Dr. Alice Katt. Alice sah das an Tims traurigen Augen. Alice ging zurück, bereute ihren Gefühlsausbruch und Martina hüpfte immer noch neben ihrem Onkel.

In einem letzten Bericht schrieb Tim Sätze, die keinen Zweifel daran ließen, dass das Ministerium für Staatssicherheit einen langjährig geführten IM verloren hatte.

»Zum aktuellen Erscheinungsbild des Marienstiftes gehört auch eine moderne Metallskulptur des Eisenacher Künstlers Professor Laufer im Eingangsbereich des neuen Kinderheims. Bei gründlicher Betrachtung des Werkes erschließt sich jedem dessen Bedeutung. Die Skulptur schlägt eine Brücke zwischen dem christlichen Glauben, der heutigen Zeit und der Naturwissenschaft. Glaube und Wissenschaft widersprechen sich nicht! Gott gehört in diese Welt, ist der Schöpfer von allem. Die Ehrfurcht vor dem Leben, auch dem behinderten Leben, ist die Grundlage der Arbeit im Stift. Immer wieder bemüht sich der Direktor, den Besuchern diese Aussage anhand des Kunstwerkes zu erklären. Auch mir half es zum Glauben und zum Zweifel an meiner Tätigkeit für das MfS.«

In der Stadt bröckelten die Fassaden. In der Stadt standen sie an nach Bananen, Fleisch und Radeberger Bier. In der Stadt schimpften sie auf den Staat. In der Stadt träumten sie von Supermärkten, während sie sich zwischen den halbleeren Regalen im Konsum die Füße wund liefen. Dass sich irgendwann irgendetwas ändern könnte, glaubte niemand. Nicht als Tschernobyl explodierte. Nicht als Reagen rief: »Tear down this wall!«

Den Leuten vom Marienstift ging es nicht anders. Es war ihnen nicht wohl im Land hinter den Zäunen. Sterbensschlecht war ihnen aber auch nicht jeden Tag. Man wollte wie jedermann leben und arbeiten. Im Stift mit Gott! Etwas freier als draußen. Immerhin wurden sie gebraucht. Immerhin suchte man ihre Hilfe, wenn alle anderen nicht helfen konnten oder wollten. So christlich, frei und menschlich hatten es Behinderte nirgendwo im sozialistischen Gesundheitssystem.

Da fanden die Mütter der gelähmten und verwachsenen Kinder den Weg ins Stift von weit her, nur um hier ihr Kind sonografieren zu lassen. Das landauf, landab berühmte Diagnosegerät kam aus dem Westen. Allein das machte seinen guten Ruf. Dazu blieben die Ärzte und Schwestern, die es bedienten, menschenfreundlich bis zum Feierabend.

Auch die Hilfsschule im Stift fiel aus dem Rahmen. In ihr wurde unterrichtet und gebetet. Anderswo vertrieb man den Herrgott, wo auch immer er sich zeigte. Hier, bei den Geistesschwachen im Stift, drückte der gottlose Staat seine Augen fest zu und ertrug diese Zumutung tapfer. Auch eine Werkstatt für angepasste Arbeit ließ man bestehen. Chronisch Kranke und Behinderte durften dort im Hinterhof ihre Tage nützlich verbringen.

Und dann, die dichteste Grenze hielt sie nicht auf, landeten wieder und wieder Busse voller christlich-diakonischer Hessen auf der Insel Marienstift in der DDR. Ende der achtziger Jahre konnte der Staat diese Kontakte nicht unterbinden. Und die Leute vom Marienstift und die Leute aus Hessen redeten miteinander über die Arbeit, die sie hüben und drüben taten. Vieles war gleich, Krankheit und Lähmung machte zwischen Ost und West keinen Unterschied. Zwar waren die Mittel, sie zu bekämpfen, sehr ungleich verteilt, die Menschen jedoch, die da kämpften und aushielten, glichen sich, wenn auch nicht in den Gehältern, sehr. Meist brachten die aus dem Westen denen im Osten was mit. Mal einen Apparat zum Röntgen, mal Werkzeuge zum Operieren; Schokolade und Jeans regelmäßig.

Auch in der DDR verging die Zeit. 1988 hatte das Ehepaar Katt den Rentenstand erreicht. Die Sorge um Kinder und Enkel verließ sie deshalb nicht. Manfred Katt, ihr Sohn, war verantwortlich für eine ganze Etage im Heim. Er tat seine Arbeit aufopferungsvoll, rauchte viel zu viel und überhörte die Sorgen der Mutter und seiner Frau Gabriele um seine Gesundheit. Nur wenn seine kleine Tochter Sabine mit ihm schimpfte, drückte Manfred Katt die »Karo« sofort wieder aus. Immerhin.

Martina, die junge Frau mit dem Down-Syndrom, putzte fröhlich die Flure im neuen Heim. Wenigstens sie schien zufrieden.

Ihre Mutter, Dr. Alice Katt, wohnte bei Tim, den sie früher einmal den »schönen Tim« genannt hatten. Das Paar gehörte zu den »Antragstellern«, von denen es mehr und mehr gab im Land und im Stift.

Eines Morgens um 5 Uhr erzwangen zwei Männer den Eintritt in die Wohnung von Alice und Tim und zogen die Ausreiseantragsteller aus den Betten. Ihre ledernen Mäntel waren noch immer dieselben. Sie zerrten Alice und Tim aus dem Haus, schoben beide in einen grauen Wolga, fuhren mit ihnen nach Eisenach und setzten sie dort in die Bahn Richtung Bebra in Hessen.

EINE NACHT ZWISCHEN DEN ZEITEN 1989/1990.

Keiner von denen, die hier dicht an dicht billigen Sekt aus Pappbechern schlürfend, Bierbüchsen schwenkend, schunkelnd und tanzend den Marktplatz füllten, hatte in seinem langen oder kurzen Leben etwas erlebt, das mit dieser Nacht zu vergleichen war.

Sie feierten nicht nur das aufscheinende neue Jahrzehnt. Sie feierten mit naivem Optimismus den Anfang des neuen, eigentlichen, wahren Lebens. Ein paar Stunden lang glaubten sie fest daran, immer nur auf diese Nacht gewartet zu haben. Da lagen sie sich trunken in den von allen Ketten befreiten Armen. Befreit fühlten sich alle. Die Angeketteten und die, die die Ketten im untergehenden Land so stramm wie möglich gehalten hatten. Ein Meer von Opfern des untergegangenen Systems tanzte auf dem Arnstädter Markt und alle fühlten sich als Sieger der friedlichen Revolution. Ein trunkenes Volk, das sind die Arnstädter in der Silvesternacht 1989/90.

Auch die Mitglieder der Familie Katt fühlten den Rausch.

Doch alle Sorgen, die Familie Katt umtrieben, konnten auch viel Sekt und Bier nicht fortspülen. Seit beide im Ruhestand waren, wohnten Max und Christa Katt wieder in der Stadt. Über die Feiertage war ihre Tochter Alice samt neuem Ehemann Tim zu Gast. Die Grenze war offen, der Weg nach Hause auch für »Ausgereiste« frei.

Frau Dr. Katt wollte mehr. Sie wollte endlich wieder ganz und gar zurück nach Arnstadt. Zwischen den Jahren führte sie Gespräche mit dem Chefarzt der Klinik und bot ihre Erfahrungen als westdeutsche Ärztin an. Wie schnell hatte sich das Land schon verändert! Alles war nun möglich und eine wie sie konnte man jetzt brauchen. DDRler wollten in den Westen. Alice Katt wollte dorthin zurück, woher sie kam.

Frau Dr. Katt machte sich etwas zu wichtig, als sie ihren Eltern und ihrem Bruder Manfred die Gefahren erklärte, die sich mit einer Einführung der Westmark verknüpfen würden. So richtig ernst nahm sie niemand. Was hatte Alice gegen das Westgeld? Keiner verstand, was die Ausgereiste sagen wollte. Ihre Eltern lächelten nachsichtig, denn Alice hatte ja nie gewusst, was sie wollte. Warum war sie nicht froh, im Westen mit ihrem Westgeld?

Auch Alices Tochter Martina Katt machte der Plan ihrer Westmutter, zurück in die DDR zu gehen, wütend. Sie wollte nichts davon wissen. Wütend stampfte die Frau mit dem Fuß auf und verschüttete die Cola mit Absicht. »Du nimmst mich mit in den Westen!«, rief sie ihrer Mutter ins Ohr. »Wir machen alle jetzt rüber!«

Martina hatte besondere Gründe in den Westen zu wollen: lila Schokolade, Jeans, Schallplatten und hauptsächlich Norbert, ihr neuer hessischer Freund. Vor ein, zwei Wochen war Norbert in einem Bus voller Hessen zur Adventsfeier nach Arnstadt ins Marienstift gefahren und hatte Martina auf die Wange geküsst.

»Ich komm zu dir nach Hessen«, hatte Martina beim Abschied versprochen. »Wir sind hier nicht mehr eingesperrt. Weg, weg in die Freiheit!«

Das war Martinas Plan für die Zukunft. Verrückt war nicht sie, sondern ihre Mutter, die in den Osten wollte.

Heute zu Silvester kam der Bus aus Hessen wieder. Die Gäste mussten schon angereist sein. Martina und Norbert waren fest verabredet. Martina schwebte in freudiger Erwartung, sagte ihrer Mutter noch einmal die Meinung und verschwand in der Menge. Schon entdeckte Martina ihre Freunde aus der Behindertenwerkstatt unter den Arkaden am Arnstädter Markt und die Hessen standen dabei. Norbert, einen Kopf größer als alle, überragte die Gruppe. Martina sah ihn sofort. Und nun entdeckte Norbert auch Martina, schob seine hessischen Werkstattkollegen zur Seite und eilte der neuen Freundin aus dem Osten entgegen. Martina lag in Norberts Armen und reckte ihren Mund aufwärts zum Küssen. Familie Katt war ihr gefolgt und sah nun staunend und etwas fassungslos an, was da geschah.

Als Martina wieder auf ihren Füßen stand, griff sie nach Norberts Hand und zog ihn mit sich fort, weg von den Blicken der Familie. Einen Augenblick lang sahen sie noch Norberts Kopf über die Menschenmenge ragen, dann war auch das vorbei und das Paar unter den tanzenden und trinkenden Arnstädtern verschwunden.

»Ach, lass sie doch!«, meinte Großvater Max Katt und lächelte spitzbübisch. »Ihre Tante Greta war auch nicht anders. Immer fröhlich und ehrlich ... Die Greta fehlt mir sehr. Wie lange ist Greta schon tot?«

Alice hatte weniger Sinn für die menschliche Komik der Stunde. »Wir müssen Martina nach!«, rief sie. »Das Kind darf doch nicht mit einem Mann ganz allein ...« Die besorgte Mutter ließ ihrer Familie keine Wahl. Man machte sich auf, in der Menge der Silvesterfeiernden das junge Paar zu suchen.

Max und Christa hielten sich bei den Händen, als sie quer über den Platz ihrer Enkelin nacheilten. Sie mussten sich Lücken zwischen den Menschen suchen, rempeln, sich entschuldigen, kreisende alkoholische Getränke freundlich ausschlagen, Polonaisen und Freiheitslieder grölenden Gruppen ausweichen (»I've been looking for freedom ...«) und dennoch nach allen Seiten hin freundlich »Guten Rutsch!« wünschen.

Max kam dabei außer Puste. Der alte Mann blieb stehen und sagte: »Wir lassen dem Mädchen den Spaß. Was soll denn schon geschehen? Die kommt wieder.«

Als ein fremder Herr Christa Sekt anbot, griff sie zu, teilte mit Max, trank und lachte. Das war eine besondere Nacht.

»So muss der Karneval in Rio sein. So schmeckt die Freiheit.«

»Prost, Oma!«, riefen ein paar junge Leute. »Prost, Christa!«, sagte Max und seine Stimme klang fast wie vor vierzig Jahren.

»Auf die Freiheit! Auf die D-Mark!«

»Das wir das noch erleben dürfen.«

»Und unsere Martina hat schon einen Freund.«

Endlich beruhigte sich auch Alice. Tim hielt seine Lebensgefährtin in den Armen und wagte ein paar Tanzschritte über das Marktpflaster. Max und Christa zögerten noch. Tanzende alte Pfarrersleute auf dem Arnstädter Markt? Ach, wäre die Wende doch dreißig Jahre früher gekommen!

»Bruder Katt! Dies ist der Tag, den Gott gemacht!« Ein angetrunkener Mann trat aus der Menge, griff nach Max' Schulter und schüttelte ihn voller Freude. Amtsbruder Grobschmied. Grobschmieds Begeisterung schien vollkommen. »Ist dies nicht ein Wunder des Herrn? Eine neue Zeit und alles ohne einen einzigen Schuss. Nun wird es endlich wieder wie früher in Deutschland. Ein geeinigtes Land, das seinen Herrgott lobt und ihm dankt.«

Die Eheleute Katt hatten Pfarrer Grobschmied noch nie leiden können. Grobschmied hatte auf »allen Hochzeiten« getanzt. »Suchet der Stadt Bestes!«, das war sein Bibelwort für alle Fälle. Wenn die Genossen mal einen Pfarrer brauchten, mit dem sie gemeinsam »am Sozialismus bauten«, war Grobschmied schnell dabei. Ob ihm sein kindlicher Glaube aus dem Herzen kam oder Berechnung entsprang, war sein Geheimnis.

Der breite Mann ließ Max Katt nicht los. Die Begeisterung sprudelte nur so aus ihm heraus. »Nun wird die Stimme unseres Herrgotts wieder gehört. Wir Christen haben eine große Aufgabe vor uns. Die Friedensgebete wirken. Nun kommt die Zeit der Ernte.«

»Warum haben Sie denn dann Ihre Kirche für die Friedensgebete verschlossen?«, fragte Christa Katt verärgert zurück. »Bei Ihnen in der Kirche, Pfarrer Grobschmied, durften sich die jungen Leute nicht versammeln. Oder täusche ich mich?« Christa Katt widerte der Heuchler an. Der Sekt löste ihr die Zunge und Max fürchtete eine große Szene, denn das Alter hatte seine Frau noch lange nicht gebeugt.

»Herr Grobschmied!«, sagte sie laut, um im allgemeinen Lärmen verstanden zu werden. »Sie haben noch vor ein paar Wochen gepredigt, man darf den Staat nicht provozieren, wenn man ihn bessern will. Immer schön die Klappe halten und mitnehmen, was man kriegt. So ist es doch! Und nun: ›Das ist der Tag, den Gott gemacht ...!‹ Dass ich nicht lache!«

Max Katt holte tief Luft. »Komm Christa! Wir müssen Martina suchen!«

Sprachlos stand Grobschmied allein. Wann hatte ihm jemals jemand die Wahrheit gesagt? Er konnte sich nicht erinnern. Er wusste die Wahrheit ja selber nicht. Eine dunkle Vorahnung stieg in ihm auf, dass ihm die neue Freiheit beschwerlich werden könnte.

Die alten Katts drängten weiter zwischen den Menschen, Schritt für Schritt. Der Rest der Familie ging ihnen verloren. Dennoch, überall bekannte Gesichter. Überall Freude und Verzückung.

»Kennst du den noch?«, fragte Christa und zeigte auf einen Herrn mittleren Alters im dunklen Mantel. Auch er begrüßte das Ehepaar überfreundlich und sagte: »Nun ist das Vaterland eins. Wir sind das Volk. Dem Herrgott sei Dank!«

»Wer war das denn?«, fragte Max etwas später.

»Den kennst du nicht mehr? Das war doch der Herr Parteifreund.«

Max kannte ihn nicht.

»Der, der mich damals für den Orden vorgeschlagen hat. Nun tu nicht so, du weißt es doch.«

»Ach, der Parteifreund aus dem Gefolge von Götting.«

»Nun ist er auch ein Sieger der Geschichte. Er legt schon wieder los«, sagte Christa.

»Wundert mich nicht. Solche Leute wissen, wie gewendet wird. Wahrscheinlich hat er schon die neuen Orden parat.«

»Da! Unter den Bäumen steht sie mit dem langen Jungen.« Christa hatte die Enkelin wiederentdeckt. Sie griff nach Max' Hand und zog ihn weiter.

Auch Alice Katt hatte ihre Tochter gefunden. Sie sah ein knutschendes Pärchen an der Kirche stehen. Manfred Katt und eine Gruppe junger Leute aus dem Heim standen daneben und ließen eine Flasche Sekt durch eine bunte Reihe von mehr oder weniger behinderten Menschen kreisen. Matzes Leute waren auch dabei. In den Körben ihrer Rollstühle brachten sie Rotwein und Fettbrote mit.

Diese Nacht hatte ihren besonderen Zauber. Über allem lag ein Rausch von Gleichheit, Freiheit und Verbrüderung. Alices übergroße mütterliche Besorgnis störte da nur. Sie konnte es trotzdem nicht lassen, Martina Vorwürfe zu machen.

»Was schimpfst du so laut? Was hat Martina denn schlimmes gemacht?«, fragte Manfred seine Schwester etwas herablassend. Auch ihn hatte der Geist der Freiheit voll gepackt. Das passende Lied tönte aus einem Kofferradio. Manfred sang mit: »Freiheit ist das Einzige, was zählt ...«

»Vielleicht werden die beiden Turteltäubchen bald heiraten. Warum nicht? Jeder Mensch hat dasselbe Recht auf Liebe – auf körperliche Liebe, Frau Doktor!«

Grundsätzlich war Alice derselben Meinung wie ihr Bruder. Nur so konkret wie heute hatte sie damit ihre Probleme. Sie verstummte und griff sich eine Flasche Bier.

Martina nutzte clever die Situation und suchte mit Norbert schon wieder das Weite. Das verliebte Pärchen ließ sich Hand in Hand durch die Menge treiben.

Unter dem Rathausbalkon spielte Musik. »So ein Tag, so wunderschön wie heute ...« Das Lied kannten beide. Man sang es im Osten und im Westen. Martina und Norbert stellten sich zu der Gruppe Männer dazu und krächzten mit so laut sie konnten.

»Was schreit ihr so? Seid still, ihr Spastis!« Martina und Norbert begriffen gar nicht, dass sie gemeint waren. Sie lachten, so wie immer, wenn die Situation unklar wurde. Der schimpfende Mann trug eine auffällig braune Lederjacke am Leib wie eine Uniform. Das Lachen machte den Mann noch wütender. Er nahm einen großen Schluck aus seiner Schnapsflasche und ging den langen Norbert frontal an. Noch einmal lachte Martina dümmlich auf, dann wusste sie, was geschah und heulte, während Norbert wie ein Ball zwischen den Männern hin und her gestoßen wurde.

Tim erkannte zuerst die Gefahr. Er ging dazwischen, redete beruhigend auf die Schläger ein und wollte Martina und Norbert in Sicherheit bringen. Die Szene löste sich auf. Wer wollte sich denn an diesem schönen Tag ernsthaft prügeln? Alles nur Spaß. Nichts für ungut!

Als alle Katts endlich einen ruhigen Platz am Marktrand gefunden hatten, war es Mitternacht und die Glocken begannen zu läuten. Ein großes »Prost Neujahr!« vereinte noch einmal die Leute der Stadt, bevor mit dem neuen Jahrzehnt das andere, wirkliche Leben wirklich begann.

Nacht der Nächte! Auf ein und demselben Platz erprobten die Leute jeder auf seine Weise die neue Freiheit. Die einen ließen den Nazi in sich frei, andere träumten tanzend von Reisen um die weite Welt, wieder andere wollten endlich ihr eigenes Leben leben. Die ganze Nacht war ein Wunder. Noch lagen sie sich, ihre alkoholischen Getränke teilend, in den Armen. Nicht einmal Nazis meinten es böse, wenn sie ein Mädchen wie Martina kurz »Spasti« nannten. In den ersten Minuten des neuen Jahrzehnts, wenn sie zusammen in den Himmel sahen, den schon mit Westmark bezahlten Raketen nach, glaubten alle, ihr Weg in die Zukunft führe zur Freiheit. Darüber, was das war, »Freiheit«, dachte jeder das Seine.

Jetzt lohnte es nicht mehr, ins Bett zu gehen. Bis zum Frühdienst wollte Manfred Katt munter bleiben. Die Mitfeiernden sahen es ebenso. Der lange Norbert saß längst mit den anderen Hessen im Bus. Martinas Abschiedstränen waren getrocknet. Sie wollte heute auch nicht mehr in ihr Bett. Es wurde bald 3 Uhr morgens. Den Rest der Nacht wollten die Katts in Manfreds Dienstzimmer im Heim verbringen. Das war nicht weit. Dort war es gemütlich und warm.

»Unglaublich, unfassbar. Wie ein Traum«, sagte Manfred Katt. »Da bin ich dreißig Jahre alt und habe so etwas noch nicht erlebt. Der Arnstädter Markt voller friedlicher, glücklicher Menschen.«

»Beinah jedenfalls«, widersprach Tim.

»Was man jetzt alles aus der Klinik machen kann!«, träumte Alice laut. »Jetzt wird das Marienstift nicht mehr klein und unbedeutend bleiben. Jetzt kann es mit der Arbeit richtig beginnen.« Alice Katt träumte von modernen Krankenbetten, Röntgenapparaten, Überwachungsmonitoren und beglückten Patienten mit Hüftgelenken aus edlen Metallen. »Wenn man mich lässt, bin ich dabei«, sagte Alice.

»Und wenn die Patienten jetzt alle nach dem Westen wollen?«, fragte Manfred. Er war der Nüchternste von allen und hatte trotz aller Begeisterung Zweifel. »Wisst ihr, was die Kollegen aus Hessen sagen? Sie sagen: Nun seid ihr keine Insel mehr. Und das klingt wie, das habt ihr nun davon.«

»Versau uns nicht die Stimmung, kleiner Bruder!«, sagte Alice und griff nach ihrer Flasche.

Auch Christa und Max Katt schliefen am Neujahrsmorgen 1990 um 3 Uhr noch nicht. Sie lagen mit offenen Augen im Bett und grübelten. Noch auf dem Marktplatz war den alten Leuten ein

Teil der Euphorie abhandengekommen. Plötzlich ahnten sie, dass auch die Wende die Welt nicht erlösen würde.

»Fett schwimmt immer oben«, sagte Christa. »Und die Menschen bleiben immer die gleichen.« In ihrem Kopf drehten sich die Bilder der tanzenden Arnstädter. Vor dem Fenster stiegen letzte Raketen in den dunklen Himmel.

»Du denkst wieder an Krieg, wenn es draußen knallt«, sagte Max und griff nach Christas Hand. Sie zitterte leicht.

»Es geht schon«, sagte sie. »Unter den tanzenden Leuten kam ich zurecht. Jetzt, in der Stille, ist es schlimmer.«

»Wen meinst du mit ›Fett‹?«

»Na hast du nicht zugehört? Die tun alle so, als wären sie auf die Straße gegangen. Als wären sie immer dagegen gewesen. Die wollen aber alle nur weitermachen, jetzt eben für Westgeld. Da hat nur noch Hans Rost gefehlt. Ist zu früh gestorben, der arme Mann.«

Es war für Manfred Katt, den diensthabenden Erziehungspfleger am 1. Januar 1990, nicht leicht, um 6 Uhr morgens seine Gäste aus dem Heim zu bringen. Er redete, bat, schob und zerrte. Endlich waren alle zurück auf der kalten Straße und Manfred stand alleine in der Küche und bereitete das Frühstück für seine Kinder vor. Auch drüben in der Klinik versorgten die Schwestern die Patienten. Im winterlichen Grau des Morgens begannen die neunziger Jahre nicht anders als die achtziger Jahre zu Ende gingen – mit notwendiger Alltagsarbeit.

NEUE ZEIT   2005. Wie sie dasaß, vor dem Computer, Aktenordner um sich, dienstlich korrekt im Business-Kostüm. Ihr Vater Manfred machte immer wieder Witze über Sabines seriösen Anblick, denn Manfred kam aus einer anderen Zeit und wusste rein gar nichts von Corporate Identity. Schon aus vertragsrechtlichen Gründen gehörte sie nicht zu den Leuten vom Marienstift. Dennoch arbeitete sie in einem Büro der Stiftung. Sabine Katt war Manfreds älteste Tochter und die viel geliebte, im einigen Deutschland großgewordene zweite Enkelin von Christa und Max, dem verstorbenen Großvater, zehn Jahre jünger als ihre Cousine Martina, mit der sie in diesen Tagen nach Dienstschluss fast täglich zum Eisessen ging. Sabine Katt, Urenkelin des Marienstiftschusters Frieder Katt und der Helferin und Pfarrerstochter Marie, deren alte Geschichten zu Geburtstagsfeiern immer wieder hervorgeholt wurden, war ein typischer Mensch des neuen Jahrtausends. Eine gepflegte, schlanke Person, Praktikantin, steil auf der Karrierebahn mit Studium der Betriebswirtschaftslehre und zwei Auslandssemestern in London.

Nein, zu den angestellten Leuten vom Stift gehörte sie nicht, obwohl kühle Rechnerinnen wie sie auch aus dem Stift längst nicht mehr wegzudenken waren. Sabine Katt war hier, um das Stift auf Wirtschaftlichkeit und Gesetzeskonformität zu kontrollieren. Nachdem ihre Wirtschaftsprüfungsgesellschaft, gelegen weit westlich der Mitte Deutschlands, nach einer Ausschreibung den Prüfungsauftrag für das Stift zugesprochen bekommen hatte, gelangte die junge Frau wegen ihres sozialen und regionalen Hintergrunds ins Prüfungsteam. Mitarbeiter aus dem Osten gab es noch immer nicht viele und solche, die in ihren Lebensläufen unter der Rubrik »Kirchenzugehörigkeit« evangelisch-lutherisch ankreuzten, gar nicht. Die Praktikantin Sabine Katt konnte also in einer Einrichtung wie dem Marienstift durchaus positiv wahrgenommen werden und helfen, den neuen Kunden an die Firma zu binden. Vielleicht hatte der neue Kunde im grünen Herzen Deutschlands sogar eine Zukunft.

Zu dritt waren sie angereist. Zwei junge Männer und sie. Nach einer guten Woche sollte die Arbeit vor Ort getan sein.

»Halten Sie die Vertraulichkeit ein, gerade in der Familie und wenn es persönlich wird, aber nutzen Sie auch Ihre Kontakte! Wenn die im Osten denken, Sie wären eine von ihnen, kann uns das nicht schaden«, so die Abschiedsworte ihres Vorgesetzten vor der Reise nach Arnstadt. Dass Sabine nicht im Hotel, sondern in ihrem alten Kinderzimmer schlief, machte den auffälligen Unterschied zur Spesenabrechnung ihrer Kollegen.

Sabine saß vor ihrem Rechner. Der Bildschirm voller Zahlen. Ist und Soll. Und doch wollten Sabines Augen nicht so wie sonst von einer Tabelle zur anderen springen. Jede Kostenstelle erzählte der Praktikantin eine Geschichte. Zu jedem

Namen, zu jedem Haus und zu jeder Abteilung stieg in Sabine ein Bild auf, ein Gefühl, ein Geruch. Es ging nicht voran mit der Prüfung. Sie hatte ihren Kollegen und der Zentrale nichts zu melden. Sie kam nicht zu Ende. Da standen Begriffe auf dem Bildschirm, die waren ihr das Leben lang vertraut. Las sie das Wort »Kinderheim«, erinnerte sie sich der Mädchen und Jungen, die in ihm gewohnt hatten, als sie noch in Arnstadt lebte. Wie oft war sie mit dem Vater dort gewesen, hatte mit den Kindern gespielt und alle Feste mitgefeiert.

In einem Kinderheim des Stiftes hatte ihre Urgroßmutter 1905, diese Jahreszahl war in der Familie Katt allgegenwärtig, den Dienst begonnen. Das Haus wurde im Krieg zerbombt. Andere, ferne, unvorstellbare Zeiten! Und dennoch war die Arbeit der Urgroßmutter nicht anders als die, die man heute tat. Sabine prüfte die Budgets für Verpflegung, Kleidung und Körperpflege. Heute in Euro, damals in Reichsmark. Die alten Geschichten tanzten ihr dabei durch den Kopf. Von den Diakonissen, die wie Pinguine fromm über die Gänge liefen, von Pfleglingen in Rollstühlen und an den Krücken. Von Verbrechern, die Behinderten nach dem Leben trachteten. Und die Geschichte von Oma Christa, die aus Ostpreußen kam.

Die Controllerin kam mit ihrer Arbeit nicht vorwärts. Da stand sie schon wieder am Fenster und besah sich die Neubauten auf dem Gelände. Sie fiel ins Träumen. Anderswo passierte ihr das nie. Behinderte spazierten in Grüppchen kichernd über die Wege. Sie glichen alle Cousine Martina. Und die Schwestern glichen der Großmutter und die Ärzte Tante Alice. Alles war anders und alles war gleich.

Selbst das Kapital der Stiftung, das Geld, das einstmals eine Fürstin Marie von Schwarzburg-Sondershausen gestiftet hatte, war in den Geschäftsunterlagen nachzuweisen. Sabine hatte es eben mit eignen Augen geprüft und bestätigt.

War das dort vor dem Bürofenster die heile Welt der Nächstenliebe? Sabine glaubte es nicht. Sie suchte und fand bald Untiefen, die sie als Rechnungsprüferin zu dokumentieren hatte. Dafür wurde sie bezahlt. Sie schrieb über Verwendungszwecke, Mahnungswesen, steuerliche Vorbehalte und schwer einzuplanende politische Entscheidungen auf Landes- und Europaebene, die allesamt eine umfassende Beratung durch ihr Unternehmen notwendig machten. Ihre fachliche Einschätzung war sachgerecht, begründet und jeden Euro wert.

»Und dennoch ist das hier noch ein wenig wie früher«, dachte Sabine nach getaner Arbeit.

»Und?«, fragte ihr Vater. Er setzte sich der Tochter am Esstisch gegenüber, so als wolle er sie verhören.

»Was und?«

»Na, was kommt bei eurer Prüfung raus? Das Geld ist knapp. Weiß ich auch so. Höre ich von der Verwaltung immer wieder. Aber es darf im Stift doch nicht nur ums Geld gehen! Der Betreuungsschlüssel ist derart eng. Am Personal dürfen wir nicht sparen. Dass das ja nicht bei euren Kontrollen herauskommt! Noch weniger Personal kommt nicht in Frage, Tochter, das sage ich dir.« Seiner darauffolgenden Behauptung, nur gescherzt zu haben, glaubte Sabine nicht.

Sie sagte: »Ihr denkt hier wirklich, im Stift gingen die Uhren anders als überall. Ist aber nicht wahr. Läuft trotzdem alles. Frag mich ja nicht aus! Ich werde dir nichts sagen.«

»Na, du weißt doch aber noch, warum und wofür wir arbeiten? ›Gott will es!‹, soll der alte Petri damals immer gesagt haben. Geh ja mit deiner Cousine zum Werkstattfest! Da kannst du mal deine Zahlen vergessen.«

Sabine nickte nur und ließ ihren Vater sitzen. Es war wohl doch nicht die beste Idee, zu Hause im Stift ihre nüchterne Arbeit zu tun. Im nächsten Jahr würde sie den Auftrag ablehnen und sagen, es fehle ihr der professionelle Abstand. Die Chefs sollten sie besser irgendwohin, vielleicht bis nach Friesland schicken.

Bei einem ersten Meeting gaben Sabine und ihre Kollegen den Verantwortlichen im Stift einen Zwischenbericht. Die gute Mitteilung war, dass der Prüfungsvermerk hundertprozentig erteilt werden könne. Man gratulierte zur transparenten und vollständigen Buchhaltung, merkte aber an, dass nicht alle Finanzierungsquellen gehoben würden. Im Klartext hieß das, manche Preise und Unkosten sollten angehoben werden.

Die Bemerkung der Leitung, dass es im Stift eben immer noch christlich zugehe, stieß bei den Prüfern auf Befremden und wurde sofort mit der Behauptung relativiert, Wirtschaftlichkeit und christliche Tradition stünden einander nicht entgegen. »Auch Nächstenliebe muss bezahlt werden können.«

»Haben wir begriffen. Die Wende ist schon fünfundzwanzig Jahre her.« Der Stiftungsmitarbeiter sah Sabine Katt herausfordernd an. Es war ihr Vater Manfred.

Cousine Martina rief an. »Na, Sabinchen! Viel Arbeit?« Sabine hatte meistens viel Arbeit, wenn Martina anrief. Sie liebte die Cousine mit den schräg stehenden Augen, verleugnete sie nie, auch nicht im Kreis ihrer Schlipse und Hornbrillen tragenden Kollegen, hatte aber Mühe, mit ihr Gespräche zu führen, zumal am Handy. Jetzt waren sie in Arnstadt. Jetzt gab es keine Ausreden. Martina, als Ältere von beiden, war davon überzeugt, auf die kleine Cousine achten zu müssen. Schließlich hatte sie sie nicht nur einmal im Kinderwagen über die Wachsenburgallee geschoben.

»Wir treffen uns vor dem Saal, um sieben. Mach dich hübsch!«, rief Martina durch den Hörer.

Heute war die Jahresfeier der »Werkstatt für Behinderte Menschen«, Martinas Arbeitsplatz.

»Ich weiß nicht, ob ich es schaffe. Ich habe noch so viel zu tun«, antwortete Sabine.

»Das schaffst du schon mit deinem Computer. Ich habe es in der Werkstatt ja auch geschafft ohne Computer, nur mit meinen Händen. Fünfzig Kisten vollgepackt. Also beeil' dich!«

»Ich bin pünktlich«, antwortete Sabine. »Wenn nicht, halte mir einen guten Platz frei.«

Martina kicherte und legte auf.

Zehn vor sieben saßen Martina und Sabine nebeneinander am weiß gedeckten Tisch. Rufen, Reden und Lachen von wenigstens zweihundert Menschen um sie herum. Besonders eifrige Kollegen Martinas, meist junge Männer, die sich die Mädchen genau ansehen wollten, eilten von Tisch zu Tisch, um jeden und jede mit Handschlag zu begrüßen. Manchmal wurden ihre Umarmungen zu kräftig. Ein Wink des Betreuers holte sie wieder ein. Sabine als Gast war besonders beliebt.

»Wer bist du? Wo kommst du her? Warum kennst du Martina?« Sabine war das alles nicht neu. Sie hatte vor den

Leuten hier keine Scheu und versprach dem einen oder anderen sogar einen Tanz nach dem Essen.

Jährliches Werkstattfest. Wirtschaftsprüferin Sabine Katt kannte die Kosten der Veranstaltung. Sie hielten sich im Rahmen des Budgets. Mit Bleistift hatte Sabine gestern ein kleines Fragezeichen neben die Gesamtsumme gesetzt und es danach wieder wegradiert. Die Werkstatt der Stiftung hatte alle Vorschriften eingehalten.

Nicht nur die aufgeregten jungen Männer, auch die Werkstattleitung begrüßte Sabine Katt als besonderen Gast.

»Ist alles korrekt?«, fragte der Einrichtungsleiter leicht irritiert, denn als neue Leitungskraft wusste er bis eben nichts von den verwandtschaftlichen Beziehungen der Controllerin zu der Beschäftigten Martina Katt.

»Prima hier. Tolle Stimmung«, antwortete sie, und der junge Mann schien erleichtert.

Das Jahresfest der Werkstatt folgte dem üblichen Ritual. Zuerst redete der Pfarrer in einfachen Worten vom lieben Gott und darüber, dass nicht nur Gott froh sei über alles, was im vergangen Jahr in der Werkstatt gearbeitet wurde. Die Beschäftigten sangen dann laut ein Lied zur Gitarre. Jedes Dienstjubiläum und besonders fleißige Mitarbeiter wurden geehrt. Zu Recht stolze Frauen und Männer liefen danach aufgeregt durch den Saal und ließen sich beglückwünschen.

»Und du hast nichts bekommen?«, fragte Sabine ihre Cousine mit etwas Mitleid in der Stimme. Martina schüttelte energisch den Kopf. »Ich war letztes Jahr dran. Wir müssen an alle denken.«

Sabine fühlte, wie ihr die Augen nass wurden. Sie saß inmitten von Leuten, denen man draußen gern aus dem Weg ging, die man anstarrte oder belächelte. Und doch kam Sabine nicht von dem Gedanken weg, »genau so muss sich Gott das gedacht haben«.

Zum großen festlichen Essen wurde es laut im Saal. Wider Erwarten reichten Braten und Nachtisch aus, alle hungrigen Mägen zu füllen. Dann spielte die Disco zum Tanz. Zur »Dancing Queen« rollten die ersten Tänzer in Rollstühlen im Kreis, hüpfte, wer zu hüpfen vermochte, ging eine Polonaise rund um die Tische, und keiner der Leute vom Marienstift blieb lange sitzen…

Die Orthopädische Klinik
des Marienstifts

Nachsatz

Im Marienstift Arnstadt wird auch heute gearbeitet. Jetzt, in dieser Minute, in der Sie diese Zeilen lesen. Geht es unter dem Zeichen des Kreuzes immer so weiter mit den orthopädischen Behandlungen und Operationen, dem Begleiten von Menschen mit Handicaps, dem Unterricht in der Schule, dem Kindergarten, dem betreuten Wohnen, den Beratungen...?

Heute arbeiten die Leute im Marienstift in einem Bundesland, in dem Christen in der Minderheit sind. Andere konfessionslose, sozial engagierte Träger wirken ebenfalls gut und kompetent. Dennoch kann das Marienstift mithalten, verfügt über Fachleute, Technik und Unternehmergeist.

Anders als andere trägt das Marienstift viel Geschichte und viele Geschichten mit sich.

Unkomplizierter wird der Alltag dadurch nicht. Am Ende ist die christliche Tradition aber einer der Gründe, warum auch entkirchlichte Menschen von einer diakonischen Einrichtung christliche Nächstenliebe erwarten. Solange die Leute vom Marienstift das nicht vergessen, ist mir um die Zukunft der Arbeit nicht bang.

Wer weiß, welche Geschichten in hundert Jahren erzählt werden? Eines aber ist sicher: Leute wie die vom Marienstift werden auch dann noch gebraucht.

Biographische Angaben

Marie Fürstin von Schwarzburg-Sondershausen
geb. 1845 in München
gest. 1930 im Residenzschloss Sondershausen
1869 Heirat mit Karl Günter von Schwarzburg-Sondershausen
1870/71 Gründerin eines Unterstützungsvereins
für Kriegsverwundete
1880 Fürstin von Schwarzburg-Sondershausen
1905 Gründerin des Marienstiftes Arnstadt
1918 Abdankung Karl Günters
Die ehemalige Fürstin blieb dem Marienstift
bis zu ihrem Tod verbunden.

Emil Petri
geb. 1850 in Linden (Hannover)
gest. 1929 in Arnstadt
Theologiestudium in Göttingen
Pfarrer
Stiftungsgeistlicher am Luisenstift in Niederlößnitz
1884 erster Geistlicher des Evangelischen Vereins
für Innere Mission Hannover
1891 Superintendent in Zellerfeld
1897 Visitationsreise nach Südafrika
1902 Konsistorialrat und Superintendent in Arnstadt
1905 Gründung des Marienstiftes
1917 Ruhestand im Kirchendienst;
nun hauptamtliche Leitung des Marienstiftes
1929 beigesetzt auf dem Friedhof von Arnstadt

Schwester Gertrud Ranft
geb. 1880 bei Altenburg
gest. 1945 in Arnstadt
Krankenschwester im Diakonissen-
mutterhaus Eisenach
1905 als junge Diakonisse entsandt ins
Marienstift Arnstadt
Oberschwester Gertrud prägte und verant-
wortete gemeinsam mit Emil Petri den
Geist und die Arbeit im Stift entscheidend.
Sie kam mit zwei weiteren Mitarbeiter-
innen durch einen Bombenabwurf auf die
Gebäude der Stiftung ums Leben.

Friedrich Behr
geb. 1898 in Lobenstein
gest. 1958 in Arnstadt
Theologiestudium; dann Pfarrer in Thüringen
Persönlich durch Krankheiten eingeschränkt
1925 Heirat
1929 Direktor Marienstift in Nachfolge von Emil Petri
1933 spricht er sich öffentlich gegen Zwangssterilisation
und »Euthanasie« aus und stellt sich damit gegen die
menschenverachtende Politik der Nationalsozialisten.
1945 organisiert er die Weiterarbeit des Marienstiftes
unter Sowjetischer Besatzung und in der DDR.

Professor Leopold Frosch
geb. 1890
gest. 1958
Orthopäde
Ab 1925 baute er gemeinsam mit
Friedrich Behr die Orthopädische
Klinik der Stiftung auf.

1953 »Verdienter Arzt des Volkes«
Bis 1958 war er hoch anerkannter
Chefarzt der Klinik.
Arnstadt ehrt Professor Frosch mit
der Namensgebung einer Straße.

Professor Rudolf Schäfer
geb. 1887 in Altona
gest. 1961 in Rothenburg a.d. Wümme
Maler
»Autorität für kirchliche Kunst« im 20. Jahrhundert
1939 Ausmalung des Kirchsaals im »Alten Haus«
im Marienstift

Friedrich Popp
geb. 1905 in Bamberg
gest. 1998 in Ebersdorf
Ab 1930 war er Masseur und Krankengymnast
im Marienstift.
1954 Holzbildhauermeister
1958 Fachbuch »Orthopädische Krankengymnastik«
Popp erschafft zahlreiche Werke, darunter Brunnen und
Tierparkfiguren in Arnstadt, Kreuze für Kirchen und
Gemeinderäume, die Weihnachtskrippe des Marienstiftes
und den Flügelaltar in der Kapelle.

Professor Günther Laufer
geb. 1907 in Eisenach
gest. 1992 in Eisenach
Professor an der Hochschule für Formgestaltung
Giebichenstein Halle
Laufer schafft zahlreiche öffentliche Kunstwerke
(Drachenbrunnen Wartburg).
1972 Schmiederelief am Eingang des Neubaus
»Orthopädisches Kinderpflegeheim« Marienstift

Gerald Götting

geb. 1923 in Nietleben
gest. 2015 in Berlin
Politiker
1966 bis 1989 Vorsitzender der Ost-CDU
1969 bis 1976 Präsident der Volkskammer der DDR
Während der Friedlichen Revolution 1989
trat Götting als CDU-Vorsitzender zurück und
wurde 1991 aus der CDU ausgeschlossen.
Götting soll seit 1953 IM der Staatssicherheit
gewesen sein und duldete als Parteichef
ab Mitte der 1970er Jahre Spitzeleinsätze der
CDU-Basis gegen Christen und Oppositionelle.

Heinrich Behr

geb. 1927
gest. 2015
Pfarrer/Kirchenrat
Behr wurde 1958 in Nachfolge seines Vaters Friedrich
durch den Verwaltungsrat zum Direktor gewählt und
leitete die Stiftung mehr als 30 Jahre.

Gerhard Schöne

geb. 1952 in Coswig
stammt aus einer Pfarrfamilie
Liedermacher
1989 Nationalpreis der DDR
1994 Verdienstorden des Landes Berlin
Er veröffentlichte zahlreiche LPs für Kinder und
Erwachsene und trat oft auch in kirchlichen
Räumen auf.
Schöne beseelt und mahnt bis heute seine Hörer.

Zum Autor

Andreas Müller
Jahrgang 1958, ist seit 2009 Direktor
im Marienstift Arnstadt.
Zuvor war er Pfarrer in Gerstungen
und Arnstadt und Superintendent
in Bad Salzungen.
Er ist verheiratet, hat drei Kinder,
eine Enkeltochter und lebt in Arnstadt.

.

Bettina Röder

Axel Noack

Biografie eines
frohgemuten
Protestanten

ca. 224 Seiten | 13 x 21,5 cm
Hardcover
ISBN 978-3-86160-565-2
EUR ca. 18,00 [D]
erscheint 09.2019

Pfarrer, Bischof, Bürgerrechtler: Axel Noack gilt als einer der Wegbereiter der Friedlichen Revolution in der DDR. Die pointiert erzählte Biografie zeichnet wichtige Lebensstationen nach. Mitte der 80er Jahre übernahm er – allen katastrophalen Umweltbedingungen zum Trotz – das Pfarramt in Wolfen-Bitterfeld. Dort hat er auch beim Umbruch in den 90er Jahren und bei der Aufarbeitung der Stasi-Vergangenheit eine wichtige Rolle gespielt: mit Bodenhaftung und einem untrüglichen Gespür für die Nöte der Menschen. Er selbst hat sich einmal als »fromm und links« bezeichnet. Ein Ruf, der ihn nicht nur als Magdeburger Bischof begleitete, sondern auch in den Leitungen des DDR-Kirchenbundes und der EKD. Als Pazifist, streitbarer Theologe und Zeithistoriker war er nicht immer bequem. Sein Engagement hat er sich etwas kosten lassen. So schlägt das Buch eine Brücke in die Gegenwart und zeigt, wie Verantwortung gelebt werden kann.

Wartburg Ⓦ **Verlag**

Tel +49 (0) 341/ 7 11 41 -44   buch@wartburgverlag.de

Matthieu Arnold
Albert Schweitzer
Seine Jahre im Elsass
(1875–1913)

368 Seiten | 13 x 21,5 cm
Hardcover
ISBN 978-3-374-06103-7
EUR 25,00 [D]

Matthieu Arnold legt eine gründliche Untersuchung über Albert Schweitzers elsässischen Lebensabschnitt bis zur Ausreise nach Afrika vor (1875–1913). Er stützt sich dabei auf bisher kaum ausgewertete deutsche und französische Quellen sowie unveröffentlichte Dokumente (Briefwechsel). Detailliert wird Schweitzers Entscheidung zum Aufbruch nach Afrika nachgezeichnet. Dabei kommen auch die unverbrüchliche Freundschaft und Unterstützung von Helene Bresslau (seiner späteren Frau), sein langes medizinisches Vollstudium und die – wegen der politischen Spannungen zwischen Deutschland und Frankreich – aufreibenden Verhandlungen mit der Pariser Missionsgesellschaft zur Sprache.

EVANGELISCHE VERLAGSANSTALT
Leipzig   www.eva-leipzig.de

Tel +49 (0) 341/ 7 11 41 -44   shop@eva-leipzig.de